四川大学法学院主办
《民商法制创新与实践》系列学术著作

民商法争鸣

（第 14 辑）

主　编　杨遂全
副主编　刘　坚　谭一之　蒋佶良

本 书 编 委：杨遂全　王　竹　徐铁英　张金海
　　　　　　　王　蓓　陈　实　张晓远　李　旭
本辑执行主编：王　竹

中国财经出版传媒集团
经济科学出版社
Economic Science Press

图书在版编目（CIP）数据

民商法争鸣. 第 14 辑／杨遂全主编. —北京：经济
科学出版社，2018.12
ISBN 978 - 7 - 5218 - 0045 - 6

Ⅰ. ①民… Ⅱ. ①杨… Ⅲ. ①民商法 - 中国 - 文集
Ⅳ. ①D923.04 - 53

中国版本图书馆 CIP 数据核字（2018）第 284990 号

责任编辑：崔新艳
责任校对：隗立娜
责任印制：王世伟

民商法争鸣

（第 14 辑）

主编　杨遂全
经济科学出版社出版、发行　新华书店经销
社址：北京市海淀区阜成路甲 28 号　邮编：100142
经管中心电话：010 - 88191335　发行部电话：010 - 88191522
网址：www. esp. com. cn
电子邮件：expcxy@ 126. com
天猫网店：经济科学出版社旗舰店
网址：http://jjkxcbs. tmall. com
北京季蜂印刷有限公司印装
880 × 1230　32 开　9.25 印张　250000 字
2018 年 12 月第 1 版　2018 年 12 月第 1 次印刷
ISBN 978 - 7 - 5218 - 0045 - 6　定价：36.00 元
（图书出现印装问题，本社负责调换。电话：010 - 88191510）
（版权所有　侵权必究　打击盗版　举报热线：010 - 88191661
QQ：2242791300　营销中心电话：010 - 88191537
电子邮箱：dbts@ esp. com. cn）

出版前言

（2018 版）

　　《民商法争鸣》2009 年创办以来，通过近 10 年来的摸索，基本上找到了自己的定位。目前全国出版的同类丛书不少，但是都要求文章功底深厚、体系完美、论证深入、引证全面。我们认为，这些要求虽然正确，但不一定有助于有创意的思想火花的迸发，不一定有利于培育创新思想的幼苗。基于此，本丛书确定以"发现和培育有创意的民商法学术思想幼苗"为己任；约稿和对来稿的选择，理论不一定深厚，但一定要有创意，一定要关注民生。作者也可以在文章被本书收录以后进一步深化、投稿。尽管目前已经出版的著作中，文章作者都是以博士生为主，但编辑本书时我们不太介意作者是博士、硕士还是本科，也无论作者是律师或法官，还是一介平民。

　　由于丛书的资助在经济上时常捉襟见肘，近 10 年间，我们一直不停地问自己，丛书还能够出版多久？细心的读者也会发现，本丛书的出版单位现在已经由法律出版社更换为经济科学出版社了！丛书的编委没有什么有名气的大家，丛书的副主编和编委也在不停地变，一些文章还不成熟。丛书确实还存在着这样或那样的问题。但是，与此同时，细心的读者也会发现，《民商法争鸣》收录文章的质量在不断提高，以丛书为起点的选题不断进入国家哲学社会科学基金项目的视野！越来越多的博士、硕士因本丛书收录的文章通过匿名评审而获得国家奖学金和其他项目资助，从而继续深入自己的研究！

我们在不同职业的作者的支持下提高了丛书质量，同时，很多作者的写作水平也在丛书编委会老师的精心辅导和专家修改稿子的过程中得到了提高。在这方面，《民商法争鸣》起到了摇篮的作用，引导不少作者走上了学术道路。不少作者在走向审判岗位以后，仍希望继续在本丛书的支持和专家指导修改过程中提高自己的学术水平。对于提高稿件质量和作者写作水平，我们已经摸索出一些切实可行的操作办法。比如，副主编一定是学有所成的博士生（他们的时间和能力有保障），编委一定是法学院的骨干教授或博士毕业、学有所成的教学和研究人员，审稿人一定是比较负责任的博士生或对某问题研究比较深入的专业人士。基于此，我们能够郑重地承诺，未来，我们一定会将丛书长期办下去，一定会不断地提高丛书各方面的质量并发挥培育新人的功用，不辜负四川大学法学院的资助，不辜负读者、作者和编者的人生！

在未来，无论《民商法争鸣》的路能走多远，我们都会继续努力，不断发掘能够及时服务于社会的各种民商制度创新课题，坚持力戒"无病呻吟"或"为标新立异而标新立异"的争鸣，以为我国社会生活多元化发展探索制度多样化供给路径！

感谢经济科学出版社的同仁们愿意与我们同行！

《民商法争鸣》编委会

2018 年 4 月 19 日

目　录

— 1 —

民法泛论

民心民意与民法典

杨遂全 *

摘要：立法不能置社会普遍需求而不顾。目前的民法草案尚缺少以下民意回应：（1）总则缺主体认定、姓名确认、实名和网名连接、生死认定法定标准及主体登记规则；（2）人格权编缺人格平等原则、于己无害生命救助义务、矫正致人重伤不如致死、临终自然死亡权、濒死消极治疗和无法自存畸婴安乐死等法则；（3）家庭编缺生育私权和二胎化妇女保护、亲属埋葬权，过分强调个人而伤害了家庭；（4）物权编缺国企私企产权流转平等、民企民主管理与产权平衡、居住权市场化等；（5）合同编缺超过标的30%的违约金上限、好意搭乘规范、区分生活和营利借贷、电子商务、人身行为合同等法则；（6）继承编缺配偶不固定顺序、子女单列第一顺序、遗产税配套；（7）侵权责任编缺举证责任倒置保护善意方等民意的立法彰显。

关键词：民法草案　普遍规则缺失　社会需求　明显错漏

有两个人存在的地方，对同一个问题的想法，就会有不同的意思和看法。对于一个社会的民意，有时一开始好像也必然是有冲突

* 杨遂全：法学博士，四川大学法学院教授，法学院民商法专业博士生导师，经济学院法经济学专业博士生导师。本文受杨遂全主持的 2018 年度国家社会科学基金重大研究专项《平等公正核心价值观融入产权保护立法研究》（批准号 18VHJ007）项目的资助。

的，但是，通过一定的争论和讨论或实践，甚至立法或者执法试点试验，就会逐步走向一致，或者找到协调两种不同民意的法律对策。我们在制定《民法典》的过程中，不能因为对某种规则民意有争论，就回避或者无视民众民心特别需要的法律规则的立法确认。为此，笔者希望通过本文对我国目前制定《民法典》中缺少对民意及时反映的突出立法原则进行粗浅的探究。

一、总则尚未反映的民意：以柜员机地位和姓名确认切入

（一）科技发展引发的机器人等民事主体认定问题

民法总则的主体制度的突破与发展，目前在国内外呼声很高。例如，目前一些国家已经明确承认机器人可以取得法律主体身份。但是，绝大多数国家对机器人能否成为民事主体，还在争论过程中。我国法院已经对柜员机的法律地位作出了不予承认的判决。与此同时，一些地方法院则部分承认了柜员机视为柜员的判决。民意常识是不太认可机器人是独立法律主体的立法理念的。民法总则回避了相关问题，但是，最终不能不承认柜员机具有部分履行设置主体的代表人的法律地位。柜员机错误吐钱或吞卡，都视为银行的过错。

（二）人格和人格利益区分机制的欠缺

作为主体的人格与作为客体的人格利益，即主体资格权及其确认规则与具体人身权内容之区分，事关人格权编设置。是否人人必有的即为主体资格权，还是考虑主体构成要素可以有差别？比如天生没有生育能力！

（三）姓名确认制度和姓名权的关系

在笔者看来，前者是民法总则不可或缺的民事主体确认制度，后者是具体的人身利益和人身权。前者需要确认是否使用以及如何适用"姓名穿透性规则"。

例如，目前我国一部分人认为，至少在表面上看，在一定范围、一定条件下实行网络实名制与个人信息保护以及言论自由宪法

原则相冲突，甚至会助长"人肉搜索"等侵权行为，而检举贪污受贿等正当行为会为此受到打击报复。但是，这种观点忽略了诸多侵害个人信息权益的行为，并不是实名制本身造成的。而检举揭发违法犯罪等公法上的行为，并不需要实名制。

问题的争论表明，只要应用民意最佳保护模式，反映新科技必需的法律规则，完全可以科学地解决民事主体的网名和姓名的关系界定冲突。根据发达国家的网络实名制讨论，总体上在民商法律原则上要为以后确定网名背后的实际民事主体的行为有起码的法律指引的基本规则。这些原则性的规定应当上升到民法总则上来。比如，凡是希望发生民事法律效果的行为，无论是在互联网还是在实际生活中，必须实名制。当然，实名制也还要建立区分法定姓名和曾用名、笔名、艺名、网名等非法定姓名不同效力及其相互连接的法律规则。

二、草案欠缺的人身与人格权保护的民意规则

（一）从撞成重伤不如撞死看对生命权保护的不周

生命权是自然人以其性命维持和生命安全利益为客体内容的人格权。法律上的生命则是指能够独立呼吸并能进行新陈代谢的人身机体及其活动能力。

人是生物的一种。根据生物学的基本原理，人的生命活动的能力在于人体蛋白质的新陈代谢能力，根本在于人脑中枢活动的特性。这种生命活动能力保证人体不断与周围环境进行物质交换，使人体形成、生长、发育、运动和繁殖。这种生命活动能力一旦停止，即意味着生命的终止，人体就变成了尸体。所以，生命权实质上是以保持人体生命活动能力安全地延续不断为根本内容的权利。

人的生命的存在是人的身体区别于尸体的根本标志。因而人的生命权与身体权是相互依赖的两种权利。生命权依赖于身体权，但又不同于身体权。身体器官的部分脱离人体并不会必然导致生命的丧失。只有身体机能完全丧失，才会导致生命终止。生命权也不同

于健康权，更不同于劳动能力。健康和劳动能力的丧失对生命的质量有损害，但不会必然导致生命的丧失。

生命权与生存权有一定的联系，但也不完全相同。目前，一些学者认为，生命权已经增加了尊严权，所以，生命权可以理解为"体面地生存的权利"。[①] 我们认为，生命权是生存权的一种，生存权的范畴比生命权的范畴更广。比如，债务的清偿必须为债务人留下基本生活资料，就是生存权的具体体现，而不属于生命权的范畴。我国学者目前正在探讨生存权由宪法权利进入民事权利的途径。[②]

生命权作为一种对世人的绝对权，其行使通常表现为一种生命延续安全和价值的保持权、排除妨碍请求权，以及正当防卫权。在特殊情况下，也表现为对自己生命利益的支配权，比如舍己救人。这些权利的内容在权利本质上是同时存在的，但是，生命利益支配权中的处分权的行使应受到合理限制。所以，目前国内正在进行安乐死的讨论。

生命健康权与其他人格权一样，原则上不能转让、放弃，得依照社会公德行使。自杀和自残的行为是为我国法律和社会公德所不取的。因而，帮助他人自杀和自残的行为同样也是为我国法律和社会公德所不能鼓励的。根据我国有关法规，负有特殊职责的人不得以行使自己的生命健康权为由，逃避职责。在不影响自身生命健康的前提下，公民可以捐赠身体分离物给他人或社会。

目前，国外对生命权的保护以及在不同公民之间的生命权保护发生冲突时立法应该如何处置，讨论比较激烈。比如，德国宪法规定德国政府有义务去保护每个公民的生命权，民法规定每个公民享有生命权。结果，德国前些年发生了很多绑架案件，这些绑架分子就提出将监狱同伙放掉或者给多少钱，然后再送到安全地方。开

[①] 徐显明：《公民权利义务通论》，群众出版社1991年版，第242页。

[②] 杨遂全：《生存权：从宪法权利到民事权利》，载2003年2月《中国—日本长崎市法学研讨会论文集》。

始，德国政府片面理解了法律规定，认为如果不满足绑架分子的要求，他就要撕票，那么就违反了宪法规定的保障公民生命权的义务了。所以，在德国有一段时间，绑架分子提出任何要求，政府一律满足，而这却鼓励了绑架，导致绑架事件越来越多，慢慢地政府就反思这个问题了，这样做到底是保护了公民的生命权还是侵犯了公民的生命权呢。后来，有一批人绑架了德国一架航空公司的一架航班，并向政府提出系列要求，从那次开始德国政府就不答应了。最后，被绑架人的子女对政府的这个决定不服，认为这侵害了他们父亲的生命权，应当承担国家赔偿，于是到普通法院去起诉。法院认为德国政府的这个决定并没有违反宪法要求德国政府保障公民生命权的规定，而是从更深层次更多范围来保障公民生命权，牺牲他一人保障更多人，所以从比例原则出发作出这个决定，并没有违反宪法和民法的规定，因此驳回了。① 不过，许多学者认为国家对受害人的赔偿义务没有免除，或者至少可以说，尽管多数人的生命权大于单个人的生命权，而其他生命权受益人的民事公平补偿责任不能免除。

《中华人民共和国民法（草案）》在第四编"人格权法"第二章"生命健康权"第十二条提出："自然人因自然灾害、事故等原因致使生命健康处于危险状态，急需抢救而不能立即支付医疗费用，有关医疗机构应当救助。"

目前在理论界和司法界不少人对生命权和生命权保护的内涵的理解还存在着偏差。他们把生命权的内涵和生命权的保护割裂开来。一些人甚至将"生命权利益交易"纳入立法建议。对生命权的上述几种权利内涵，基本上没有大的争议。但是，具体到处理侵害生命权的赔偿时，绝大部分人都主张必须有受害人死亡的结果发生才算是侵害了生命权。这种错误的理论和实践，导致了致人死亡没有致人伤残赔偿多的怪现象，甚至因此导致了一些加害人在过失

---

① 见胡锦光：《三个博士上书全国人大案》，《中国民商法律网》，2003 年 8 月 19 日，最后访问日期为 2018 年 10 月 7 日。

致人伤残时为了少赔偿而故意将受害人杀死。

（二） 于己无害生命救助义务立法确认问题

目前许多地方法规对见义勇为进行表彰，但是对见死不救的处罚却仅仅见于对一些公务员的道德要求。国外很多国家增加了对见死不救行为的刑事处罚，以保障公民的生命权。一些发达国家已经将于己无害生命救助义务用立法予以确认，使之成为每个公民对他人生命权尊重观念的民意张扬。笔者认为，无论如何，作为现代文明基本体现的《民法典》，不能完全缺少对人的生命保护的基本法律底线，把见义勇为仍然保留在生命保护领域的道德层面。我们的法律应当告诉每一个人，今天你不救他人的生命，明天可能因此死亡的是自己。法律不能过高要求公民素质，生命救助应当成为做人的基本要求。

（三） 从消极医疗权的确认看生命权与安乐死

制度供给多样化和建立包容性民商制度的需要，决定了立法不能太武断，特别是关于生命取舍的立法。以前的医学伦理委员会一般都是用非此即彼的伦理评价体系决定事关生命的取舍大事。这种线性思维逻辑存在诸多弊端，应当用辩证逻辑，即模糊逻辑评价法进行。我们主张运用人工智能系统做初步的生命伦理评价，即运用模糊逻辑评价体系，综合各种相关逻辑前提必须考虑的因素和各种轻重指标，最终达成科学立法决断。

目前突出的问题是消极治疗、主动安乐死、生活不能自理的畸婴安乐死的认定。畸婴生命的伦理评价至少必须综合考虑未来的医疗技术可能达到的水平能否使其以后能够生活自理，或者能够有尊严地生活；其次，还要考虑家庭和社会可以承受的经济负担。当然，很多人主张依照父母的意愿决定。在现实中，需要综合评价的不仅是上述诸种因素，有时父母意见也会不一致。单独依照某种意愿或伦理标准决定，都可能造成人权上的重大伤害。

对《民法典·人格权编》反映民意相关论题的思考，笔者认为至少还可能包括：（1）生存权和发展权融入人格权法；（2）生命保护与分娩后脐带血的强制利用；（3）生命延续人格权与基因遗传权；（4）生命保护与立法奖惩并用，即见义勇为奖与见死不救罪；（5）生命伦理判定的法定程序：生命伦理委员会的设立。

（四）遗体保护规则与亲属埋葬权民意的立法彰显

我国台湾地区民法规定，亲属遗体为亲属埋葬权的客体。而大陆虽然有污辱尸体和掘墓罪，也有对死者亲属精神损害的侵权赔偿责任，但恰恰缺少从正面保护遗体的法律规定。一些人违背民意把遗体当作一般的物体，甚至垃圾来处理，缺少对人类尊严最起码的尊重。

（五）符合民意的生命权制度体系化的一般构成设计

笔者认为，完整的、符合民意的生命权制度，至少包括以下几个方面，且因此与健康权制度区分开来：

（1）生命权产生的认定标准及其程序（独立呼吸且有人脑；生死存亡客观事实与报户口的权利义务）。

（2）生命权自然终止的认定标准及其程序（脑死亡；销户口）。

（3）生命权的行使（自冒风险；见义勇为；手术同意权；自然死亡决定权；安乐死法定代理同意权；执行公务处置个人生命）。

（4）生命权的刑事处置（死刑存废；怀孕妇女；人质生命冲突；防卫避险；濒死可能判死刑者的救治）。

（5）生命权的医疗处置（消极治疗；主动安乐；生活不能自理畸婴安乐死；无偿急救）。

（6）生命权的民事保护（危难救助义务；安保义务）。

（7）侵害生命权的民事救济（死亡赔偿的同命同价；刑事附带民事应当区分清楚；以伤害时的主客观情况认定侵害的是生命，还是身体健康伤害）。

三、婚姻家庭编和继承编适应社会变革民意的突出问题

（一）缺少生育私权规范和二胎化妇女事业家庭平衡机制

现在统一公布出来的《民法典·婚姻家庭编》草案和笔者看

到的最新的修改后的征求意见稿，都取消了婚姻家庭中不可或缺的生育制度私法规范。人的生育行为与婚姻家庭密切相关，在学界把生育完全公法调控的今天，我们的私法民法学界理论上的失误，已经导致生育法越来越远离民意。这种缺少生育规范的婚姻家庭法，更不可能面对人工生育或代孕以及死后基因利用等问题。

2015 年《中华人民共和国人口与计划生育法》第 18 条修订为："国家提倡一对夫妻生育两个子女。符合法律、法规规定条件的，可以要求安排再生育子女。"然而，几年来提高生育率的立法效果并未达到预期，① 国家立法机关开始清理与此相互矛盾的立法，并督导各地删除"因超生而开除公职"的地方法规。②

与此同时，根据党的十八届四中全会决定，编纂《民法典》的工作正在如火如荼地展开。"婚姻家庭编"的全国人民代表大会法律工作委员会民法室"室内稿"（以下简称《室内稿》）已经出台。笔者参加了中国婚姻法研究会根据全国人大常委会法制工作委员指示组织的《室内稿》专题研讨会和草案研讨。然而，各界并没有重视婚姻家庭法中与二胎政策相互矛盾的条款，甚至去掉了任何关于生育私权的规定，这违背了婚姻家庭法调控生育关系的基本职能要求。

基于此，笔者想结合《民法典》各编和我国当前二胎化的政策和法律的实施，深谈编纂《民法典》不该忽视的离婚后生活水平保持义务和离婚后生活困难帮助义务或两者并举的制度抉择问题。笔者认为，这不仅涉及二胎政策，而且涉及婚姻本质和婚姻责任，乃至未来我国婚姻制度功能的立法定位问题。事实上，编纂《民法典》"亲属编"的工作已开展多年，③ 许多重要问题已研究

---

① 走进科学：《国家统计局令人震惊的最新数据：中国的孩子哪去啦？》见于今日中国网 http://www.chinatodayclub.com/news/shishi/16155.html，2017 年 11 月 20 日访问。

② 本文与法律法规直接相关的信息均来自于中国人大网：www.npc.gov.cn，2018 年 9 月 20 日访问。

③ 笔者曾于 2002 年在北京人民大会堂参加过全国人民代表大会法律工作委员会民法室组织的《民法典》（室内稿）"亲属编"的研讨。

得比较深入。编纂法典必须考虑世界性的立法趋势和社会根本性变化，而二胎化直接关系到生育子女的女方的人生前途和生育意愿等根本性私权，必须进行法经济学分析。目前，社会各界（包括法学界）还没有人将二胎化和离婚后生活保持义务联系在一起进行分析。

（二）过分强调财产个人权利而侵害家庭的基本社会功能

夫妻共有财产划分和支配规则必须与作为市场要素的社会性的财产权利区分并对接。婚后长期共同积累财产和消费之后，必须实行"婚后增值共同共有制"取代原财产婚后转化制度的社会功能，保障婚姻家庭各种功能的正常作用，避免各种无视家庭责任的行为合法化。

（三）对婚姻家庭等关乎人生终身大事的过错的处置偏轻

婚姻家庭法一直是重义务规定，不太注重违法处罚规范设置。这可能与婚姻家庭中更多强调自愿的取向有关。但是，清官难断家务事的观念也可能助纣为虐。另外，最大可能的是民意还没有全面反映到法律上。当然，现代社会在婚姻家庭方面的民意两极分化也是其主要原因之一。在一般公民之间可能构成轻伤罪甚至重伤罪的，在婚姻家庭法方面只是按照家庭暴力进行民事制裁。盗窃罪、故意毁坏公私财物罪等也因婚姻家庭关系而减轻或没有惩罚。反之，中国传统的亲亲相为隐的观念在其他公法领域被完全否定。

（四）继承编缺扶养过死者和需死者扶养两者平衡保护

目前，"傍大款"现象不仅出现在恋爱结婚阶段，也出现在继承方面。一些人出于不良动机与老年人结婚，只盼配偶早死，以继承对方的财产。在处理因公（工）死亡案件时，矛盾比较突出的是死者的父母与死者的配偶之间分割遗产的纠纷，特别是年轻的配偶要再婚的情况下。这一方面凸显了遗产增多的社会现实，另一方面也表明社会现实的婚姻家庭规范很难处理重大财产纠纷，很多传统以及新型文明观念及民意还不能适应经济生活和人伦生活的协调发展。对用死者遗产养育死者的未成年子女的基本理念未变，突出的问题是父母扶养过死者和配偶等需死者扶养两者之间利益的平衡保护问题。一笔工伤保险金到手，除了年老的父母，如果又有年幼的子女和年轻的可能改嫁的妻子，遗产处理很难平衡。

现在的征求意见稿对第一继承顺序的变化多次反复，就是很难对此形成一致的民意。不单独把子女作为第一继承顺序，而把父母作为第一顺序，可能出现侄子女和亲生子女争财产的局面，特别是父母和子女基本上同时死亡时，父母的继承人因为子女先死，父母继承后转继承，必然需要侄子女参与继承分割。而不让父母作为第一顺序继承人，则前述的父母倾全家之力抚养子女多年才成才，却因死者年轻的配偶带未成年子女改嫁而可带走全部财产。

发达国家的继承法对此逐步走向为配偶不固定顺序，子女为第一顺序，父母为第二顺序，兄弟姐妹为第三顺序，其他近亲属为第四顺序。同时，实行子女代位继承权独立和代位赡养制度。

基于此，笔者一直主张继承编不能缺少配偶不固定顺序、子女单列第一顺序、遗产税配套。

四、物权法反映民众长远利益和普遍民意实质平等观

（一）从产权和事权的关系把握产权平等保护立法：以民企民主管理为视角

现代民企是不同的私人合伙合作和个体产权的结合，所以，不等于完全的传统意义上的私企。其可能是民众经济民主实现民主管理的一种形式。

产权是财产静态的归属权和使用权，而事权是对人财物动态调控和使用的权利，可能是市场经济机制形成的主要力量和要素。因此有管理也是生产力的说法。动态静态结合的系统的物权法律体系，不可回避物权中的使用权和物的孳息的处理分配权（处分权的）的调整。

结合到当下，一提到民企民主管理，人们就想到"国进民退"和"去私有化"的现象，我们认为很有必要认真研究清楚物权编

的国企私企产权事权平等具体规则。

（二）民企民主管理与产权平衡机制

在这方面突出的是处理好向民营企业派工会主席或建党组织的法律依据问题，一定要处理好资源共享、民主管理以及产权权能之间的法定权利内涵的法定化，且尽可能地在《物权编》用具体条款指明，以免除民营企业的后顾之忧。

（三）居住权市场化的物权保障

自 2007 年《民法典》制定以来，是否设立居住权的论争终于有了结果。如今，居住权终于见于《民法典》物权编征求意见稿的用益物权一章。但是，查看婚姻家庭编和继承编却没有其他发达国家常有的与居住权制度相关的法律条款设计。这不能不让笔者想起在几年前写过的家庭居住权体系化建设的论文及笔者关于继承法修改的建议。① 最先在我国现行法中使用"居住权"一词的是婚姻法规，② 而据笔者了解，在民法典编纂时在物权编明确规定了居住权制度的背景下，婚姻家庭编草案却没有任何相关的规定，这不能不说是民法典编纂的一大疏漏。因而，更不敢奢谈在草案中出现完全市场化的类似于公司为吸引人才而给予单位房屋居住物权的制度。

房地产制度市场化和产权制度多样化变革时期，房地产制度供给不足的负面影响，在房屋产权和用益物权交织之处已然显性化。体系化的居住权制度之于我国立法的必要性此一论题，又一次被置于风口浪尖。宏观上讨论居住权制度必要性的著述颇丰，但都没有确认我国现实的"租售同权"的民意愿望。

---

① 杨遂全：《家庭居住权体系化建设研究》，载梁慧星主编：《民商法论丛》第 55 卷，法律出版社 2013 年版，第 433 页。

② 2001 年 12 月 24 日颁布实施的《最高人民法院关于适用中华人民共和国婚姻法若干问题的解释（一）》（法释〔2001〕30 号）第二十七条第三款规定："离婚时，一方以个人财产中的住房对生活困难者进行帮助的形式，可以是房屋的居住权或者房屋的所有权。"

一些学者认为："分则物权编应围绕居住权的一般规定、居住权的设立、居住权登记、居住权的限制、居住权人的使用权、居住权人的义务、所有权人的义务等十二个方面对居住权制度做出系统性规定，从而在丰富我国用益物权体系的同时，为经济发展与社会变迁提供法律管道，实现我国住房之策由'居住有其屋'向'住有所居'的转变。"[①] 但是，这些著述都还没有触及居住权作为单独权利赠予他人（而只是居住权完全市场化的必要形式），或者作为一种附带权利保留在赠予他人房产以及附带于遗嘱继承和法定继承的"权利样态"的制度设计问题。

当前，征求意见稿突出的缺陷在于事实上限定和阻塞了用人单位以居住权吸引人才和"租售同权"的集体建设用地直接以居住权物权化入市的法律路径，而将居住权仅限于家庭或者财产继承方面。笔者主张无论如何应当适应世界潮流，将居住权物权化的同时，放开此种物权进入市场运行机制中；给用人单位保留房屋所有权以居住物权吸引人才的法律措施；对廉租房、保障房、集体产权房的居住物权给予立法保障。

五、民意上的合同私权意思自治范围和民商秩序

（一）超过合同标的30%的违约金上限的立法肯定

目前，司法解释已经肯定此项法律原则很多年了，但是，一直没有上升到立法层面。作为普遍适用的法律原则，原则上是不能长期仅停留在司法层面的。特别是该原则本质上关系到当事人基本的合同权利问题，立法不能回避。否则，可以认定为司法越权。

（二）合同编缺少邻居或同事朋友好意搭乘规范

某小区建了个顺风车微信群，让邻居们有难处时有找人帮忙的微信平台。特别是一些小区出行不便，公车少，地铁还在建而且堵

---

① 申卫星：《从"居住有其屋"到"住有所居"——我国民法典分则创设居住权制度的立法构想》，载《现代法学》，2018年第2期。

路，有急事时借助这个平台实打实的帮了不少老人和邻居的忙。对这种倡导者和司机均不收费，义务服务，服务中又无过失的，笔者认为即使出了车祸理应不担责任。但是，要完全免责，还需要法律规范和立法。

笔者认为，《道路交通安全法》第七十六条规定："机动车发生交通事故造成人身伤亡、财产损失的，由保险公司在机动车第三者责任强制保险责任限额范围内予以赔偿；不足的部分，按照下列规定承担赔偿责任：机动车之间发生交通事故的，由有过错的一方承担责任；双方都有过错的，按照各自过错的比例分担责任。"《最高院关于审理道路交通事故损害赔偿案件适用法律若干问题的解释》第二十条规定："免费搭乘机动车发生交通事故造成搭乘人损害，被搭乘方有过错的，应当承担赔偿责任，但可以适当减轻其责任。搭乘人有过错的，应当减轻被搭乘方的责任。"所以，邻居之间和朋友之间长期的免费好意搭乘，不承担不合适的责任要有法律上专门的明确免责条款。笔者认为，如果好意搭乘明确收费，可能涉及营运合同和保险公司不赔偿问题！两者之间的自愿捐赠是可避免收费嫌疑的。

为了避免上述这些不尽合理的司法解释规范，该小区在顺风车等车处明确这样写道："我自愿在此搭乘邻居的车，一切事故或意外伤害责任我自行承担。我相信开车人不会有意去出交通事故，这本是出自邻居做好事在帮助我。"借此民间的自我保护措施来弥补法律的漏洞。笔者主张，今后合同编立法对非权利义务型互动行为应明文排除适用合同规则或无因管理规则。对意外事故给予施惠人完全免责。

目前，类似的问题普遍出现在朋友相约出游的事故责任问题上。组织者都需要事先自欺欺人地书面声明大家都是"偶遇"。对此类普遍性很大，涉及众人的法律问题，相应的法律要从反面规范化，以应民意。

（三）民间借贷区分为生活和营利未反映民众需求

由于我国长期没有专门调整民间借贷行为的法律法规，司法实践中只能依据合同法、民法通则和相关司法解释来审理，但部分调整民间借贷的法律规定不明确，操作性不强，导致在实践中对民间借贷的利息纠纷出现司法困境。《民法典·合同编》应尽快进行专门的条款，以立法来规范民间的各种借贷行为，明确规定民事生活借贷的特殊法律地位、适用利率及放贷人的索债方式等；同时区分营利性民间借贷利息和生活消费性民间借贷利息。考虑各地经济发展状况，制定区别性的限制性利率标准，生活借贷是救济性、脱困型借贷，利率应低；完善民法和商事通则及合同编中有关民间借贷利息上限以及计算方式（特别是复利）的规定，使营利性高于生活借贷的利率法律明确化。这事实上是民意的基本反映，特别是对生活暂时出现困难的民众而言。

（四）电子商务和人身行为合同协调等法则

目前我国已经制定了《电子商务法》，事实上是电子合同法。它和2004年出台的《电子签名法》，同时明确规定了电子合同。《网络零售管理条例》在制定后出现了许多新问题。联合国和外国立法有电子商务法，如美国。而联合国有《电子商务法》是规范企业针对商业经营方面采用数据电文形式订立合同、履行义务等行为的立法。

我国《电子签名法》第3条明确规定："民事活动中的合同或者其他文件、单证等文书，当事人可以约定使用或者不使用电子签名、数据电文。当事人约定使用电子签名、数据电文的文书，不得仅因为其采用电子签名、数据电文的形式而否定其法律效力。前款规定不适用于下列文书：（一）涉及婚姻、收养、继承等人身关系的；（二）涉及土地、房屋等不动产权益转让的；（三）涉及停止供水、供热、供气、供电等公用服务的；（四）法律、行政法规规定的不适用电子文书的其他情形。"这也就是说，《电子商务法》的适用与《电子签名法》并行不悖。但是，对人身行为合同，类似于表演或婚礼公司合同，是否适用《电子商务法》还有待进一步协调和明确化。

很显然，对大众而言，在很难区分哪些属于适用电子签名法的合同，哪些不属于适用电子签名法的电子商务，应当逐步厘清。在法律没有系统列明各种民事行为的适用规则之前，应当作出对民众有利的处理，因为普通民众相对应商业专门人士多数人是弱势群体。

六、保护善意等侵权责任法需反映民意之处

尽管《侵权责任法》刚刚制定不久，对普遍性的新型纠纷已有反映，但是我们在处理相关纠纷时仍会发现一些新的民众愿望和法律不一致之处。典型的表现在《民法典·侵权责任编》缺少特殊保护善意当事人推定无过错等民意基本观念的立法彰显。最典型的是著名的彭宇扶老人被处罚赔偿案，在各方面证据无法判断是否是彭宇碰倒老人致老人骨折的情形下，法官不能依照常理保护彭宇的善意救助老人及付款行为。正确的侵权责任法原则应当是"在证据无法判断责任时立法应特殊保护善意当事人推定其无过错"。

参考文献

［1］杨遂全：《中国之路与中国民法典》，法律出版社 2005 年版。

［2］杨遂全：《比较民商法学》，法律出版社 2007 年版。

［3］梁慧星：《民商法论丛》第 66 卷，社会科学文献出版社 2018 年版。

［4］《中华人民共和国民法典各分编（草案）》，见于四川省人大网：《法工委组织召开〈中华人民共和国民法典各分编（草案）〉省级有关部门征求意见座谈会》，http://www.scspc.gov.cn/lfgz/lfdt/201804/t20180420_34342.html。

自主性机器人的法律责任新型问题探究

徐格云 *

摘要：现有的机器人的法律地位为"产品"，其责任也可通过当前责任体系进行解决，对于实现自主化的机器人，主体地位和责任问题并不明确。本文从权利主体自然人和法人获得主体地位的历史演变和理论上机器人更符合法律关于主体理性的界定，赞同应承认机器人的独立地位。在责任承担方面，以当前侵权责任体系中的过错责任和严格责任为标准，阐述与自主性机器人相关的生产者、销售者和所有人依据当前现有的责任体系承担责任的可能性，得出自主性机器人可以独立承担责任，并建议可采用强制责任保险制度、建立机器人团体机构特别是基金形式和加强体系化管理生成机器人专属编号，来完善机器人责任体系，解决人类对机器人的"歧视"。

关键词：自主化机器人　法律主体地位　责任承担

一、引言

网络化社会—大数据时代—人工智能的无间隙发展，使得我们很难以确定的时点来划分三者的主导时期，社会的进步速度令我们瞠目结舌。新事物的发展必然引起新一轮的研究热潮，2018 年我国发布了《人工智能标准化白皮书（2018 版）》，自 2016 年起相关政策就进入爆发期，这推动人工智能久居话题高度。人工智能的应

---

* 徐格云：民商法硕士研究生，上海政法学院法学系。

用范围广泛，其中最为熟知的是常出现于科幻作品的机器人。有学者对机器人以弱、强、超进行划分，笔者认为可根据自主性程度的不同，对于完全按照指令以及输入的算法进行操作的机器人定义为非自主性机器人，对于可根据海量数据进行深度学习和在实践环境中的新数据实时改变自己规则的机器人归于自主性机器人范围，与之对应的即是强人工智能和超人工智能。

出现在大众视野中的机器人的相关学术研究，主要集中于机器人的伦理道德问题和法律问题，伦理道德问题主要包括人权伦理、道德伦理以及环境伦理等，法律问题则集中于独立的地位和独立的责任。本文主要研究的是机器人的法律问题，且局限于自主性机器人。以机器臂为代表的工业化机器人，根据输入的规则进行重复性的单一活动，在法律上仍看作为"产品"，其发生的侵权事件，责任主体、赔偿范围依据《产品质量法》及《侵权责任法》即可得到清晰的界定，并不是困惑和争议之处。自主性机器人基于其自主学习能力高，智能开发水平接近于人类甚至在未来达到超人类，虽然目前达到理想状态的自主性机器人并不存在，但高智能机器人已初现规模，例如谷歌 AlphaGo 战胜围棋高手李世石和柯洁，继 AlphaGo 退役后，最强版 AlphaGo Zero 在三天内自学成才，又成为顶级高手。2017 年女性机器人索菲亚在沙特被授予沙特公民身份，被称为史上第一个被颁发身份证的机器人。这一系列令人惊讶的机器人事件，是理论上自主性机器人的雏形。对现有的高智能机器人进行法律上的定性，是"机器"还是一种特殊的"人"，为确定自主性机器人的法律地位以及承担责任的主体奠定基础。

二、人工智能法律问题现状

索菲亚与人的高度相似性，使其创建者汉森坚定地认为"我们将进入与机器人共存的时代。"从目前看来，机器人的智能程度并不局限于扫地、装配产品等初级工作，人们在感慨科技发展速度的同时，担忧远胜于喜悦，"人工智能威胁论"① 的衍生使人们在继续开发更加智能的机器人与维护人类对世界的主导地位之间面临着抉择。

人工智能（Artificial Intelligence）简称 AI，是研究、开发用于模拟、更新和扩展人的智能的理论方法、技术及应用系统的一门新的技术科学，旨在了解智能的实质，并生产出一种新的能以人类智能相似方式做出反应的智能机器。② 人工智能在 20 世纪 50 年代就已经提出，并不算一个新的概念，如今人工智能的发展速度及成果，使我们不得不重新审视这个存在了 60 多年的"老家伙"。对人工智能的法律问题的思考，并不是法学家无病呻吟，虚无缥缈的想象，而是基于近几年发生的机器人侵权案件，现有的法律体系已无法进行准确的定性和公平的责任划分。有专家预言，在未来 20 多年后，自动驾驶汽车将会占据汽车市场的 75%，但自动驾驶汽车的"交通"等相关法律问题仍未得到解决。特莱斯的自动驾驶汽车在 2016 年、2017 年两年均发生交通事故，并造成部分人员伤亡。美国谷歌公司的无人驾驶汽车在研发后，也曾与公交车发生相撞。对自动驾驶汽车的法律主体资格认定，争论较大。2016 年，美国国家公路安全交通管理局认定，谷歌的无人驾驶汽车采用的人工智能系统可以被视为"司机"，这就在一定程度上肯定了其虚拟的"法律主体资格"。③ 法律地位的确立，也就相应地确定了责任主体以及承担责任的方式，但该种认定只是一家之言，并未达成共识。2017 年百度创始人李彦宏在北京驾驶无人汽车，被交警拦下，同年我国首次确定对自动驾驶汽车的临时上路放宽限制，但对测试期间的交通事故责任，是归于测试驾驶员承担，可见我国目前并未承认无人驾驶汽车的法律地位。认定自动驾驶汽车在法律上的定性

---

① 参见：http://finance.jrj.com.cn/2017/09/06174023071643.shtml.
② 吴汉东：《人工智能时代的制度安排与法律规制》，载《法律科学》，2017 年第 5 期。
③ 张艳：《人工智能给法律带来四大挑战》，载《社会科学报》，2016 年 8 月 4 日。

仍为"产品",是各国法律的主流。回顾以往,科技的发展速度应给我们敲响警钟,法律存在滞后性,但法学家的眼光应有前瞻性。依据现有的发展程度,我们完全可以预想到自动驾驶汽车脱离科研人员的指令,根据输入的庞大数据自主性学习和驾驶过程中遇到的新情况实时调整行驶状态,达到理想的自动驾驶汽车共享时代。在这种高度的自主性下,再将责任完全归于汽车生产商、使用者以及智能系统的研发者难谓公平公正。

确定自主性机器人的法律资格,最大的阻碍是人们的"自我中心主义",是"本体论"在作祟。早在 1864 年,美国麻省理工学院的普特南教授就认为适用于人类的心理学法则同样可以对机器人适用,他还强调机器人的本质是机器还是人类创造出的生物体并不取决于科学发现,而是由人类自己做决定。[①] 人们对机器人的看法,是"产品"还是"其他人",影响着未来社会的发展方向,人们不应以自私的主宰者身份阻碍科技的进步。在高科技社会,什么样的发展状况都是可能存在的,面对这种未知和不确定性,最佳方案就是通过法律进行规制,"依法"才是社会平稳发展的有力保障。

三、自主性机器人的法律地位

2016 年欧盟委员会法律事务委员会提交动议,要求将最先进的机器人"工人"定位于"电子人",并赋予特定的权利,如著作权、劳动权,该项动议表明自主性机器人可能会在欧盟获得法律身份。在瑞士,也已有雇主为机器人缴纳雇员税的先例。自主性机器人真的应该赋予其法律资格吗?是应定性为"产品""其他人"还是"电子人"?

(一)自主性机器人主体地位确定的历史正当性

从目前已获得权利主体资格的自然人和法人而言,主体地位的

---

① Frank Pasquale & Hilary Putnam, Robots: Machines or Artificially Created Life? (The Journal of Philosophy. 61, 1964), pp. 668 – 691.

取得并不是一蹴而就的。谈及自然人的主体地位的历史演变，首先想到的是奴隶社会时期，奴隶处于社会底层，作为货物进行贩卖是奴隶的生存常态。某一群体主体资格取得的基础应是普遍处于同一等级，不存在优劣之分，因此在奴隶社会时期，具有自然属性的人并不是法律上的人。但随着奴隶阶层的力量发展壮大，部分权利意识觉醒，奴隶主被迫赋予奴隶越来越多的权利，社会的发展趋势要求奴隶获得解放，阶级鸿沟缩小。当奴隶不再被称为奴隶时，种族的差异导致的种族歧视席卷而来。在美国，黑人受到种族歧视，"黑人奴隶"是对黑人社会地位的精准概括，美国前教育部长威廉·贝内特认为"降低美国犯罪率的唯一方法是让所有的黑人妇女流产"。① 随着黑人民权运动的高涨和反对种族歧视的白人的支持，如今黑人在美国已享有更多的教育待遇和社会福利。与种族差异相类似的是性别差异，男尊女卑在历史舞台上也曾占据着主导风向，旧社会妇女并不存在姓名权，在出嫁后，女子必须随夫姓，冠以"某氏"，中华人民共和国成立后，这种妻随夫姓的陋习在大陆逐渐被废除；随着女性教育文化水平的提高，自身权利意识使女性拥有自己的姓名，并且婚后子女也可随母姓，这都是女性权利地位提高的表现。对于法人，在这种团体形式刚刚兴起时，学者也对其法律本质争执不下，主要以"法人实在说""法人否定说"以及"法人拟制说"为代表。立法者采用"拟制性人格"的方法确认了其权利主体资格，即法人是法律上拟制的人。法律主体资格确定后，法人的民事权利能力、行为能力和责任能力也随之确定，因此法人作为现代社会经济发展的重要形态，改变着人们的日常交往方式。

自主性机器人正处于法人刚刚崭露头角时的状态，将人们从危险繁重的工作中拯救出来，改变人们的出行工作方式，给社会带来可喜的变化，"利他行为"的属性使人们无法回避机器人的存在。

---

① 2005年美国的人权纪录. http://news. xinhuanet. com/world/2006 - 03/09/content_4279299_4. htm，2006 - 03 - 09/2015 - 05 - 02.

从权利主体范围的变化来看，社会的发展进程带来的新事物，在占据一定的社会份额后，将成为新的权利主体，权利主体范围的扩大，使未来的自主性机器人完全有可能被包含。机器人的研发速度远高于人们的进化速度，自主性机器人的智能程度超越人类并不是空想，就如同劳斯莱斯公司谈论无人商船："十年后海上运输将出现无人商船，实现这一目标已经不是技术问题，而是大量的法律问题"。① 这句话在机器人上也是同样适用，授予自主性机器人法律地位在历史上具有正当性，也是社会发展的必然趋势。

（二）自主性机器人主体地位确定的理论正当性

机器人是表现人工智能的一种形式，其组成部分包含了一个传感器或其他转入机制，一个起控制作用的运算法则以及对外界做出回应的能力。② 这种"感知—思考—行动"的模式是依据人脑对事物的反应过程所构想的，以期望机器人可以像人类一样思考，一样工作。索菲亚机器人引起世界震惊原因之一即是与人的高度相似性。对机器人智能化的研究不仅面向工作能力，还注重机器人外表与人的高仿性——细微丰富的表情与真实的人类真假难辨；但仅仅依据外表的近似和原理相同的大脑运转模式就确定机器人的权利主体资格，未免显得过于轻率。在研究机器人应否赋予权利主体资格时，我们需要明确两大概念——自然社会的"人"与法律中的"人"。通常当我们谈论法律主体时，是以"自然人"为一类，自然人就是自然状态出生下的人，在法律条文中的自然人是否与现实生活中的自然人为同一内涵，对二者进行区别实属必要。法律上的主体是基于理性人的一种假设，这种理性人是经过法律形式化处理的，涤除了个性、偏好、情感等非理性因素。③ 对"法律中的人"

---

① 封锡盛：《机器人不是人，是机器，但须当人看》，载《科学与社会》，2015 年第 2 期。

② ［德］霍斯特·艾丹米勒，李飞、郭小匣译：《机器人崛起与人类的法律》，载《法治现代研究》，2017 年第 4 期。

③ 李永军：《民法上的人及其理性基础》，载《法学研究》，2005 年第 5 期。

我们要求他理性，在刑法中的体现尤为明显，就具体罪名"故意杀人罪"而言，法律要求一个理性的人不能因为"杀人偿命""罪大恶极""德行败坏"等原因去剥夺他人的生命，即使这些理由在道德观上会得到支持，也不影响故意杀人罪的认定。权利与权利的界限要求理性的人对自己的行为加以限制，在从事法律行为时摒弃感性和一切不理性的行为。因而，虽说同用"自然人"这一概念，法律上的"自然人"内涵应限缩为一个理性的人，以此为标准，确定机器人为法律主体要求其应达到理性的高度。智能机器人如何达到理性，可转换为寻求最佳解决方案。罗素认为，智能机器人应该具有"有界优化"，在给定可用信息和计算资源的情况下，能够产生最大的成功行为。① 在给出最佳解决方案的问题上，就机器人目前的发展进程而言，机器人就已经强于人类，围棋高手败于AlphaGo，表明机器人在储存信息、整合资源、运算的能力上超过人类。人类自认为强于机器人的是人有感情，在这一点上机器人目前直至未来的很长时间内都不可能实现，这只能代表机器人与人不能画上等号，评判应否有法律上的主体地位，并不是以人类作为模具，一丝一毫不能有差距，而是看是否符合法律上的标准，去除感性等干扰因素，成为法律上理性的"人"。自主性机器人具有天生的优势，受外界的妨碍较小，更不可能存在感情困扰的情形，比人类更加接近法律的要求，因此，就理性这个因素，机器人为更加合格的法律主体。

（三）自主性机器人主体地位的总结

对机器人主体地位的定性，学界主要有工具说、奴隶说、代理人说等。工具说忽略了机器人的智能发展程度，即未来自主性机器人也只是为人类的工具，在一定程度上否定了科研人员的研究成果；奴隶说认为机器人应该24小时不停止的工作，没有休息的必要，该说存在虐待机器人的嫌疑；代理人说较前两种学说的优越之

---

① Stuart Russel. Rationality and intelligence, Artificial Intelligene. 57 – 77, 1997.

处在于肯定了机器人的法律主体地位，但认为机器人作出的所有行为产生的后果均由被代理人承担，并不能解决法律主体公平承担责任的问题。上述三种学说均不宜采用。机器人具有高度的智慧性以及随着研发进程的推进而加深的独立决策能力，意味着必须认定机器人是具有独立意思表示的特殊主体，可借鉴法人主体资格确定的方法——拟制性人格，对机器人使用"电子人"或"其他人"等概念。

在肯定了机器人的法律地位后，能否如自然人、法人一样赋予完全的法律人格，这里应承认三者之间存在较大差距，目前自主性机器人应界定为有限的法律人格。法律人格是法律规定享有权利、承担义务的资格，机器人的法律人格有所限制主要有两方面的考量。一方面虽然立法者有权独立进行法律规定，但仍需考虑到民众的声音，"人类自我中心主义"难以接受由人类制造改进的"机器"在法律上与人竟是同等地位，获得相同的权利，即使自主化机器人已经面世，超出人类大脑的智能化程度也难完全消除人类的"歧视"。未来的机器人自主化究竟会发展到何种程度，我们无法预料，但对机器人的首次立法就确立其完全的法律人格，并不适宜，可根据机器人的研发进程逐步放宽限制，因此为确保机器人的发展和应用在合理稳定的环境中，应认为机器人的法律人格有限。另一方面是从机器人本身出发，机器人的运转模式是以大量的数据为前提，在机器人的权利类型中，应该有获取数据权，机器人获取数据与人类信息泄露相对应，数据是机器人的生存根基，而信息是人类的人格权，二者的冲突意味着机器人并不能享有完全的获取数据权。这只是机器人可能获得的权利中的一种，在其他权利中例如著作权、劳动权均可能与自然人或法人等权利主体的权利产生交叉，交叉的部分，谁更应该后退一步取决于立法者的权益衡量。

本文主要讨论的是自主性机器人的法律主体地位，理论上的自主性机器人目前并未研发出来，急于确定该问题，主要是考虑法律的滞后性。在新兴事物刚刚出现时，我国立法者往往处于观望的态度，人工智能名词已提出 60 多年，虽然国家出台相关政策，明确指示要大力发展人工智能，但对人工智能的法律问题不够重视，从伦理规范到法律问题，只是近几年在学界引发讨论热潮，相关立法并未作出反应。通常只有在该事物发展到一定程度，立法者感觉将脱离掌控，才会启动立法，但相关法律的出台需要一定的时间，机器人的发展进程远快于立法决策速度，所以当法律出台时可能与现实的机器人状况存在差距。并且在法律尚未回应时，部分企业把握先机，进行机器人的开发应用，由于缺少相关法律规制，这部分企业发展更快，累积的财富更多，这与在法律颁布后发展机器人产业的企业之间形成了较大的差距，由此也可能形成市场垄断的局面。2017 年，欧盟法律委员会在通过的决议中提出一些立法建议，要求对机器人和人工智能提出立法提案。域外对机器人法律问题的应对提醒我们对新事物最好的措施就是通过法律进行调整和引导，解决机器人的法律问题最首要的即是在法律上进行定性，权利能力、行为能力、责任能力才有谈及的必要。

四、自主性机器人的责任

2015 年，瑞士的一个机器人在暗网（dark web）上购买了摇头丸和一本伪造的匈牙利护照，还有其他东西，机器人因为非法行为被圣加仑的警察局逮捕，并在三个月后释放。[①] 对于无人驾驶汽车，沃尔法在 2015 年承认对其承担责任，其大胆的宣言表明对技术的完全信任。机器人在广泛推进市场，给社会带来进步的同时，发生的侵权事件引出的责任承担问题让我们喜忧参半。确定机器人为法律上的"人"，并不能因此认定机器人为责任承担主体，可能存在无民事行为能力人或限制民事行为能力人的状况，这就产生代理的问题，但这并不是本文研究的重点，故不深究。传统的机器人在法律上被认定为产品，在发生侵权事故时，依据现有的责任体系，可在生产者、销售者和使用者之间寻求归责主体，认定责任主

---

① 参见 http://fusion. net/story/122192/robot-that-bought-ecstasy-and-a-fake-passport-online-released-from-swiss-prison（last visited on 9 march 2017）.

体和赔偿方式的过程完全符合我国法律规定。自主性机器人以其高智能化、不可预测性以及超强的学习能力区别于传统的机器人，现有的责任体系是否可以游刃有余的包含该类机器人所引发的侵权事件，是下文论述的重点。

（一）自主性机器人与现有责任体系的"碰撞"

1. 过错责任

构成过错责任要求主观上具有过错，所谓"主观"就是凭借自己的感情去看待事物，并作结论、决策和行为反应，而不能与其他不同看法的人仔细商讨，称为主观。① 适用这一原则解决机器人侵权事件，需要认定机器人的主观问题，机器人与人类最大的区别在于缺乏感情，机器人的大脑是通过输入的学习算法，对数据库进行分析整合得出最佳解决方案的运转过程，这一过程如果被认定为"主观"，也就意味着生活中电脑所进行的一切编程活动都是主观化的，将主观的定义扩大到涵盖这种情形，是过于牵强且不合理的。如何达到"过错"在自主性机器人中也是难以认定，机器人的算法是透明的，对于科研人员和该领域的专家，不同智能程度的机器人的算法规则是"公开的"；机器人的算法又是不透明的，这针对机器人在脱离起初的人工输入指令后进行的深度学习能力，机器人在投入实践环境中遇到的新经历不断改变着内在运算规则，"黑箱"的算法程序是研发人员无法掌控的情况，这种不可预测和难以解释是发生侵权时过错无法认定的主要原因。因此过错责任可能适用于有人的因素介入的情形，例如国外学者建议自动驾驶汽车需配置一名驾驶员，该驾驶员仍需保持高度的注意力，以便及时转换为人工驾驶模式，如果事故的发生为驾驶员的过错，驾驶员需承担责任。

2. 严格责任

不需要考虑主观和过错，该种归责原则可以合理地认为机器人为责任主体。如上所述，我们论述了赋予自主性机器人权利能力是

---

① 参见 https：//baike. so. com/doc/1291028 - 1365021. html.

时代发展的导向，机器人承担责任也是理所应当，由于机器人还涉及生产者、销售者、所有人及使用人这些主体，研究他们应否承担责任，是完善机器人责任体系不可逾越的一步。有学者认为，生产者与销售者应承担无过错责任，彼此之间是不真正连带责任，这也与我国《侵权责任法》的规定相符合，理由是：生产者与销售者熟知整体构造，"控制着"核心技术，能够最大限度地控制风险，在交易过程中，生产者与销售者与交易对方相比，是利益的最大获得者，他们有能力承担赔偿金额，并与收益达到平衡，是"最低成本避免者"，因此由生产者和销售者承担责任更容易被受害者接受。除了生产者和销售者，所有人或使用人是对机器人具有最大控制力的主体，根据喜好和生活方式决定机器人使用方向的行为也影响着机器人的责任机制，若机器人从事的是"代理或代表"的行为，就会有替代责任的产生。不同的行为层面，会有不同的责任方式，在侵害后果产生后，所有人或使用人与生产者和销售者共同承担责任，也可能是一种容易被公众接受的解决方案。在设想了与机器人相关的主体可能的责任承担方式，我们需要回归到问题的核心，即机器人作为独立的主体承担责任能否成为现实。民事责任中，金钱是损害赔偿的主要方式，机器人若成为归责主体，则需要拥有自己的财产，高智能化的思考模式及操作能力的硬件配套，获得财产的方式可能是作为合同一方订立合同或者有请求雇主支付报酬的权利，这在未来或许是普遍的形式。假设更为严重一些，涉及刑事和行政法层面，金钱赔偿将处于次要层面，对机器人进行人身控制的可行性以及采取这类限制自由的惩罚措施对于非由血肉组成的个体是否有价值，是支持者与反对者争执的焦点。对此，瑞士的做法是对机器人实施逮捕，情节严重的情况下，可对机器人实施拆解，这并不是毫无意义的做法，机器人已经不仅仅是个机器，它凝结了大量的人力、物力、财力和科研人员的核心研究成果，并且自主化程度越高的机器人蕴含的价值越大，因此分解、销毁机器人的惩罚方式有存在的必要。也有学者提出可否采用罗马法中的"缴出赔偿"（noxoe deditio）原则（即把机器人交给受害者或其家属处置），① 当然该种做法有"同态复仇"的嫌疑，未从机器人为独立主体的角度出发，不符合当前机器人的发展现状。立法者在落实"法律人格"带来的责任能力规则时，采取何种方案，需要根据社会发展状况，结合多方面的因素，才能做出抉择。

（二）构建自主性机器人责任体系的建议

独立责任的前提是独立地位，未来法律中应明确自主性机器人占据主体地位的一席之地，在不改变机器人独立主体资格的前提下，定义为"电子人"或"其他人"均可。在全新的责任体系中，可参照法人和自然人的相关责任承担规定，但对比看来，机器人与自然人更为相似。以民法和刑法为例，或可对应自然人的无责任能力、限制责任能力和完全责任能力的划分，根据机器人的自主化程度的高低，自主化程度越高者应为完全责任能力，以此类推，具体界定标准应依据机器人内部数据规定在研发项目的登记备案中。在侵权责任法中，增加自主性机器人侵权后应承担赔偿损失、恢复原状等责任，在有机器人相关主体的介入时，根据原有规定，相关主体成为归责主体的一部分；在刑法中，对自然人适用的监禁、思想教育和终结生命等惩罚措施在考量机器人的独特之处后，适度调整以适用于机器人。针对机器人发展潜力大，应用范围广的特点，在具体领域如何实现受害者权益实现的最大化，相应的配套措施必不可少，社会管理方面也应重视起这支新兴"势力"。

1. 强制责任保险

2016 年，英国议会提出一份有关无人驾驶汽车法律责任问题的提案，提出将汽车强制险适用扩大到产品责任，在驾驶者将汽车控制权完全交给自动驾驶系统时为其提供保障。② 构建机器人强制责任险制度，可借鉴机动车强制险，保险的目的是让有强大资力的保险公司介入，保障受害方及时获得赔偿，减轻车主在巨额赔偿金

---

① 郑戈：《人工智能与法律的未来》，载《探索与争鸣》，2017 年第 10 期。

② 参见宋云霞等：《海上丝绸之路安全保障法律问题研究》，载《中国海商法研究》，2015 年第 2 期。

下的负担，尽快地解决民事纠纷。规定机器人强制责任保险，是考虑到机器人主体的特殊性，虽然机器人在未来取得财产具有可实现性，但如何获得、获得多少以及具体时间都是模糊不定的。相对于责任承担，机器人法律主体地位的确定是大势所趋，拥有在社会中进行民事活动的资格，损害的发生不可避免。主体地位的确定性与责任承担的不确定性，会增加公众的不安全感，减少这种未知性带来的社会不安情绪，保险公司的加入无疑是一剂强心针。保险费的缴纳，目前看来，规定为生产者、销售者以及所有人的义务更为适宜，在机器人投入使用前，强制上述主体购买责任险，以较小的经济付出，获得更大的风险保障利益，当然，保险公司可基于机器人自主性程度的高低，划定不同的保险档次，自主性程度越高的机器人，损害事件的发生概率越小，相关主体的责任也就越小，保险费的高低，也应根据缴纳主体普遍的经济水平来定。

2. 机器人团体机构

反对机器人在法律上占据一席之地的主要原因是实力对比的差距缩小，自主化机器人可以自由独立地进行社会活动，智能化的发展脱离人类掌控并可能占据世界的主导地位。法人制度是现在社会普遍的经济发展形式，立法者以"拟制化人格"确立法律主体地位，人类作为机关和成员实则掌握着法人的运转模式及发展方向。两者对比得出，机器人相关法律体系中，人对机器人事务的干涉必不可少，可以形成机器人团体机构，由人来掌控机器人的大小事务，其中包括责任承担问题。首先可采用法人章程的形式，在团体内部确立责任承担的原则，并对加入该团体的所有机器人有拘束力；其次，机器人需要庞大的资金后备力量，除去研发和社会活动的消耗，赔偿金额也应计算在内，因此可以发展专门管理机器人基金的团体，基金的来源包括投资、捐赠、机器人获得的财产以及机器人受损害获得的赔偿金等，强制责任保险并不是完全覆盖赔偿范围，尚未赔偿的领域，可由赔偿基金进行弥补。多方位赔偿措施的目的，一方面是减轻生产者、销售者和所有者在机器人赔偿责任问题方面的担忧，为科研人员"松绑"，以便专心投入提高机器人智能程度的研究，为机器人的进步提供体系上的保障；另一方面，完善的赔偿机制的建立，是民众无所忧虑的接受机器人的首要步骤。

3. 体系化的管理

强制责任保险与基金制度大体上填补了受害方的损失，在赔偿金额方面，上述措施可以解除机器人的一部分"威胁"。然而实际操作问题是一大难题，在侵权事故发生后，受害者首先应确定的是侵权主体，不可能存在完全一样的人，却存在完全一样的机器人，为避免这种技术带来的相似性，应授予机器人"身份编号"，外观和内部构造完全一样的机器人因"身份编号"的不同具有识别性，也方便受害者进行对号入座。编号的获得就存在一个人为的管理过程——机器人的体系化管理。首先，在研发项目开展之前进行审批，筛选出无价值且对社会有潜在危险的项目，以此在源头上减少侵害事件发生概率。其次，强制规定机器人投入商用，需进行登记注册，以获得专属编号，该编号同时记录在基金组织中，与基金的赔偿作用相衔接。编号的设置应具有一定的规律性，与机器人最为密切的因素是数据，研究内部数据是区分机器人差异性的有效手段，因此编号的排列可与数据相结合，在保留机器人特色的同时体现管理的优越性。最后，管理人员的资格应是具备人工智能技术和法律知识的双方面人才，人工智能与法律的融合才能保障机器人不走上畸形发展道路。

五、结语

人工智能学家把人工智能达到人类的智能水平的技术程度称为"奇点"，在"奇点"来临之时，机器人将可通过人工智能进行自我完善，超过人类本身，开启一个新的时代。[1] 从科幻小说到现实生活，跨越式的发展在人们还未来得及反应的情形下呈现在眼前，"奇点"话题高度膨胀，使人们对机器人惴惴不安，从权力谱系方

---

[1] 雷·库兹韦尔著，李庆诚等译：《奇点临近》，机械工业出版社 2011 年版。

面，"适者生存、优胜劣汰"的竞争法则在实力对比略显一筹的机器人上得到了诠释。但人类又似乎不必恐慌机器人，从研发目的而言，机器人是为了人类社会服务，改变现有的生活模式，提高生活质量而存在，国家对此是处于保护的态度，鼓励支持发展人工智能，技术中立原则也要求对待机器人要从"非歧视"的角度。目前的问题不是人工智能的威胁力度有多大，而是人类对机器人的眼光需要转换，这是解决恐慌心理的关键。新事物的产生必将给法律带来诸多挑战，机器人的发展潮流不可阻挡，法律本身也将面临着重构。法律主体资格和损害分配原则的确定，是立法者不可回避的问题，当然除去这两方面，还有监管的缺失、相关法律的不同步以及机器人的"上岗"和工人的失业所带来的利益分享问题，都是机器人以"人"的姿态融入社会的障碍。要求法律对机器人做出回应，似乎推翻了法学家关于法律决定人工智能未来的宣言，但谁占据主导地位，最终目的都是实现法律与人工智能的同步发展。

参考文献

［1］吴汉东：《人工智能时代的制度安排与法律规制》，载《法律科学》，2017 年第 5 期。

［2］司晓、曹建峰：《论人工智能的民事责任：以自动驾驶汽车和智能机器人为切入点》，载《法律科学》，2017 年第 5 期。

［3］张艳：《人工智能给法律带来四大挑战》，载《社会科学报》，2016 年 8 月 4 日。

［4］《2005 年美国的人权纪录》，http://news.xinhuanet.com/world/2006 - 03/09/content_4279299_4.htm，2006 年 3 月 9 日。

［5］张玉洁：《论人工智能时代的机器人权利及其风险规制》，载《东方法学》，2017 年第 6 期。

［6］娄斌：《人工智能在社会应用中的法律问题研究》，河南师范大学，2017 年。

［7］封锡盛：《机器人不是人，是机器，但须当人看》，载《科学与社会》，2015 年第 2 期。

［8］［德］霍斯特·艾丹米勒，李飞、郭小匣译：《机器人崛起与人类的

法律》，载《法治现代研究》，2017 年第 4 期。

［9］李永军：《民法上的人及其理性基础》，载《法学研究》，2005 年第
5 期。

［10］沈建铭：《论人工智能实体的法律主体资格——以权利能力为视
角》，华中师范大学，2017 年。

［11］袁曾：《人工智能有限法律人格审视》，载《东方法学》，2017 年第
5 期。

［12］郑戈：《人工智能与法律的未来》，载《探索与争鸣》，2017 年第
10 期。

［13］胡玥：《机器人致害损害赔偿问题研究》，河北大学，2017 年。

［14］参见宋云霞等：《海上丝绸之路安全保障法律问题研究》，载《中
国海商法研究》，2015 年第 2 期。

［15］Frank Pasquale & Hilary Putnam, Robots: Machines or Artificially Cre-
ated Life? (The Journal of Philosophy. 61, 1964), pp . 668 - 691.

［16］Stuart Russel. Rationality and intelligence, Artificial Intelligence. 1997:
57 - 77.

人身人格权法新论

从健康权平等看城乡医疗保险权利平等

谭一之　冯雪颖 *

摘要：基本医疗保险作为社会保障关乎公平正义和公民生命健康福祉。我国基本医疗保险因人而异的制度现状，已引起社会各界反思。未来，在研究我国基本医疗保险制度立法发展和现状的基础上，应当对比国外发达国家几种典型的医疗保险模式，进一步思考如何建立我国统一、多层次、公平的医疗保险体系。针对"看病难""农民因医疗返贫"及"税收转移支付平衡社会弱势群体不足"等现实问题，有必要进一步分析我国医疗保险城乡分割的现实局限性，深究我国目前包括医疗保险在内的社会保障不均等的深层次问题，以整合城乡居民基本医疗保险制度，健全《基本医疗卫生与健康促进法》中的医疗保障制度，实施公平合理的财政转移支付等措施，来破解农村居民健康权保障不足的制度问题。

关键词：统一基本医疗保险　均等化　城乡医保并轨　转移支付

中国共产党第十九次全国代表大会报告提出，公平正义是中国

---

* 谭一之，四川大学法学院 2018 级宪法学博士研究生。冯雪颖，四川大学法学院 2017 级法律硕士。

本文受杨遂全主持的 2018 年度国家社会科学基金重大研究专项《平等公正核心价值观融入产权保护立法研究》（批准号 18VHJ007）项目资助。

特色社会主义的内在要求，要逐步建立以权利公平、机会公平、规则公平为主要内容的社会公平保障体系。2013 年，第十二届全国人大常委会将制定卫生基本法列入了立法规划。党的十九大明确要求，要实施健康中国战略，全面建立中国特色基本医疗卫生制度；要加强社会保障体系建设，全面建成覆盖全民、城乡统筹、权责清晰、保障适度、可持续的多层次社会保障体系。2017 年 12 月，《中华人民共和国基本医疗卫生与健康促进法（草案）》（以下简称《基本医疗卫生与健康促进法草案》）提请第十二届全国人大常委会审议，并由全国人大常委会在各种媒体和制度要求的渠道全文公布，以向全国各界广泛征求意见。

毫无疑问，制定《基本医疗卫生与健康促进法》是落实我国宪法体现的基本权利之一——健康权的必然选择，也是协调、整合我国现行大量碎片化的单行卫生立法，促进基本医疗卫生服务工作法制化的制度路径。该法的制定，有望通过宏观、科学的顶层设计为未来卫生领域的重大改革和发展指明方向，并做出制度安排。然而，就目前已经出台的立法草案而言，尚明显缺少对于全民医疗保险基本制度的全社会统一和城乡社会均等化的考虑。

本文拟通过研究探索，进一步细化实现基本医疗保险均等化的合理路径。

一、国内外现有的基本医疗保险制度评介

我国的基本医疗保险制度长期处于城乡分割状态，城镇职工基本医疗保险制度、新型农村医疗保险制度、城镇居民基本医疗保险制度分别于 1998 年、2003 年、2007 年建立。制度的碎片化及其所展现出来的不平等性，引发各界的持续性探讨。城镇的劳保医疗与公费医疗制度，分别向普通居民，机关、事业单位及国企的职工和自费患者提供，包括免费预防保健服务，免费医疗和低收费。农村医疗合作制度以农村居民为保障对象、群众自愿为原则，通过集体和个人集资，为农村居民提供低费的医疗服务。诚然，这一系列医疗保险制度对保障国民健康都发挥过重要作用。但随着市场经济体

制的建立，原有的制度越来越不适应经济发展水平，单纯福利性的医疗保障体制受到巨大冲击。医院的运营管理效率偏低、基本医疗保险不够均等的问题日益突出。加快建立、完善与经济发展水平相适应，符合我国和谐社会愿景的均等化基本医疗保险制度迫在眉睫。

（一）我国基本医疗保险的立法现状

《中华人民共和国宪法》第14条规定："国家建立健全同经济发展水平相适应的社会保障制度。"第21条第1款规定："国家发展医疗卫生事业，发展现代医药和我国传统医药，鼓励和支持农村集体经济组织、国家企业事业组织和街道组织举办各种医疗卫生设施，开展群众性的卫生活动，保护人民健康。"第45条第1款规定："中华人民共和国公民在年老、疾病或者丧失劳动能力的情况下，有从国家和社会获得物质帮助的权利。国家发展为公民享受这些权利所需要的社会保险、社会救济和医疗卫生事业。"这一系列规定表明《宪法》虽未明示"公民健康权"概念，但明确了公民获得医疗服务的权利、国家发展医疗卫生事业、保障公民健康的义务。①《民法总则》第110条规定："自然人享有生命权、身体权、健康权、姓名权、肖像权、名誉权、荣誉权、隐私权、婚姻自主权等权利。"

《中华人民共和国社会保险法》第23条到第32条规定了基本医疗保险，其中第31条规定："社会保险经办机构根据管理服务的需要，可以与医疗机构、药品经营单位签订服务协议，规范医疗服务行为。医疗机构应当为参保人员提供合理、必要的医疗服务"，但就目前的情况来看，各方参与人的医疗服务行为仍需具体规范。例如，药品经营单位应当按照统一的国家药品目录来提供药品，以免出现串通骗取医疗保险基金的情形。该法第32条规定："个人跨统筹地区就业的，其基本医疗保险关系随本人转移，缴费

---

① 陈云良：《基本医疗卫生立法基本问题研究——兼评我国〈基本医疗卫生与健康促进法（草案）〉》，载《政治与法律》，2018年第5期。

年限累计计算。"但实践中，由于医疗保险的转移接续规定比较简单，参加医保的病人异地就医即时结算的问题长期未被有效解决。

目前，我国在制度层面基本实现了全民医保，即基本医疗保险、补充医疗保险和医疗救助制度。全面医保基本上覆盖了不同人群，但暂时并未达到人人公平地享受同等的保障待遇。全民均等化的医保体系也尚未完善。① 可喜的是，对于全民基本医疗保险的改革措施也在稳步推进。2016 年 1 月，《国务院关于整合城乡居民基本医疗保险制度的意见》提出，各省（区、市）要于 2016 年 6 月底前对整合城乡医保制度做出规划和部署，各统筹区域要于 2016 年 12 月底前出台具体实施方案。2016 年 12 月，为推进生育保险和基本医疗保险合并实施改革，第十二届全国人民代表大会常务委员会决定授权国务院在沈阳市、重庆市、内江市等 12 个试点城市行政区域暂时调整适用《中华人民共和国社会保险法》第六十四条、第六十六条关于生育保险基金单独建账、核算以及编制预算的规定，将生育保险基金并入职工基本医疗保险基金征缴和管理；2017 年 9 月国务院新闻办发表的《中国健康事业的发展与人权进步》白皮书指出，截至 2016 年年底，全国基本医疗保险参保人数超过 13 亿人，参保覆盖率稳固在 95% 以上。② 国家于 2016 年正式启动城镇居民基本医疗保险和新型农村合作医疗两项制度整合，统一覆盖范围、统一筹资政策、统一保障待遇、统一医保目录、统一定点管理、统一基金管理，逐步在全国范围内建立统一的城乡居民基本医疗保险制度，最终实现城乡居民公平享有基本医疗保险权益。

（二）国外的健康权保护及基本医疗保险模式

1919 年德国《魏玛宪法》确立了健康保险制度，对所有德国公民的健康进行保护，健康权由此成为一项宪法保护的基本权利。

---

① 严妮，胡瑞宁：《基于城乡居民医保整合背景的全民医保制度反思》，载《社会保障研究》，2017 年第 3 期。

② 载于中华人民共和国国务院新闻办公室：http://www.scio.gov.cn/ztk/dtzt/36048/37159/37161/Document/1565175/1565175.htm，最后访问时间：2018 年 10 月 6 日.

1925 年，智利宪法第一次将健康权保护确定为国家义务。随后，各国宪法相继以各种形式作出保护公民健康权的规定。据统计，全世界三分之二以上的宪法中规定了保障健康权的条款。1883 年德国颁布《疾病保险法》，规定低工资的工人必须参加互助会，再由互助会提供医疗保险金，工人们看病的费用由互助会这种保险团体支付。此后，各国开始效仿建立各种医疗保险制度，推行"福利国家"政策。其中最具代表性的三类，分别为全民医疗保险模式、社会医疗保险模式和商业医疗保险模式。

全民医疗保险模式是指政府通过税收筹集医疗保险基金，将医疗保险资金分配给医疗机构，向国民提供免费或者低费的医疗服务，实现医疗服务机构国有化。典型的，包括英国、澳洲等。英国政府实行统一的管理，对医院实行国有化；医疗服务体系分为中央医疗服务机构、大区医疗服务机构和社区医疗服务机构；卫生服务资源均匀地分布于全国各地，由地方政府负责规划医院和分配预算经费；筹资方式中，国家财政拨款占到 80% 以上，而社会保险费（用于医疗保险开支的部分）占 10% 左右。由此可见，英国的医疗服务资源分配较为均等，福利性偏高，医疗保险覆盖全面，就医费用低廉，但也因此存在服务效率偏低等问题。澳大利亚全民均享有医疗服务保险、获得公立医院的免费服务，也鼓励公民自愿购买私人医疗保险，对此联邦政府给予 30% 的补助。在医疗保险的资金供给方面，政府供给高于 80%，其余 10% 为私人医疗保险筹资，居民自费仅占 6% ~ 7%，城乡医疗保险服务差别较小。[①] 很显然，上述这些国家都没有区分城乡。

社会医疗保险模式是指国家通过立法方式强制实施，实行个人、单位缴费和国家补贴统筹，由社会医疗保险机构提供医疗服务。典型的是德国，全国没有统一的医疗保险缴费率，由各地医保经办单位自行确定，鼓励竞争，投保人自由选择保险机构。保

---

① 樊丽明、郭健：《城乡基本公共服务均等化的国际比较：进程与经验》，载《中央财经大学学报》，2012 年第 7 期。

险机构支付医疗费用，被保险人无须支付费用。其法定医保覆盖90％的人群，私人医保覆盖10％的人群。其优势在于投保人拥有较大的选择权，医疗保险的服务范围较为全面。但其筹资模式导致社保基金抗风险能力较弱，第三方付费制度使得公众过分依赖，也造成了医疗费用的上涨，不利于公民健康权的平等保护。

商业医疗保险模式是指将医疗保险作为一种特殊商品由市场调控自由经营的保险形式，政府不干预或很少干预。典型的是美国。其医疗保险体系由三大部分构成：社会医疗保险、私人医疗保险和管理型保健计划。前者以政府为主导，针对特殊人群如老年人、儿童、少数民族、军人的医疗保险制度。后两者则以自愿投保为主，采用第三方付费制度。大多数的保险组织是以营利为目的。由此，政府承担有限责任，节约了大量的公共资源，但医疗费用昂贵，部分人甚至没有任何医疗保障的现象仍然存在。所以，为了切实保障公民的健康权平等，绝大多数国家都是仅将商业保险作为辅助性的医疗保障制度。

二、我国基本医疗保险体系城乡分割的局限性

我国长期的二元户籍制度、二元就业制度、二元社会保障制度等，造就了我国城乡不平等的制度根源。城乡分割，不仅妨碍了人口资源的自由流动，也与国家对公民生存权、发展权的平等保障相背离。[①] 当然，这与城乡经济发展不平衡、城乡医疗卫生发展水平及公共设施的断裂等客观现实不可分离。城乡居民可支配收入的较大差异，也为医保资金筹集的高度统一带来一定的操作困难。长远来看，城乡居民公平享有医疗保险权益，必定是我国医疗保障制度发展的重要方向。在公民平等的生命健康权与个体的经济收入水平差异之间，政府责任与市场机制之间，谋求合理、均等、平衡的制

---

① 付钦太：《我国城乡不平等的制度根源及对策研究》，载《理论前沿》，2003 年第 22 期。

度设计应是制度改革和制度建设的关键。

医疗保险改革，涉及公民切身利益的重大公共政策调整，也将是一个复杂且漫长的制度改革过程。稳步实现城乡医保并轨既是促进社会平等的题中之意，也是加强社会成员间医疗互助、风险共担的有效途径。目前各地区、各险种的医保政策、参保水平、报销范围等参差不齐，呈现出医疗保险权不均衡的态势。为此，本文主要提出以下几点认识和评价。

（一）基本医疗保险制度统筹层次低

虽然基本医疗保险已经实现全覆盖，但由于基本医疗保险制度是以城乡地域和不同职业为划分，且统筹层次低（多以市县一级为统筹），各地的医保报销比例参差不齐，甚至各地基本药物目录也不同。"碎片化"的制度使得公共卫生资源的分配均等化受到挑战。因此，需要制定专门的法律法规来规范医疗保险制度，调整医疗保险法律关系，明确医疗保障的程序，合理地调节分配各方主体的利益。在实现基本医疗保险均等化的进程中，由于各地经济发展水平不同，跨区域的横向整合难度大、情况复杂，在当前几乎不可能，相对来说纵向的医保制度间的整合可行性更大。

（二）异地就医结算制度亟须完善

虽然跨区域的横向完全整合在当前存在较大难度，但户籍制度的先行改革、人口长期大规模的自由流动也为横向整合提供了新需求、新思路。2017 年 11 月 10 日，国家卫生和计划生育委员会发布的第八部《中国流动人口发展报告 2017》指出，2016 年我国流动人口规模为 2.45 亿。[①] 新生代流动人口成为主力军，追随儿女异地养老的人群也越来越大，因此大量的老龄人口、慢病患者等对异地就医报销将有着越来越迫切的需求。

①　载于国务院妇女儿童工作委员会，http://www.nwccw.gov.cn/2017 – 11/13/content_184848.htm，最后访问时间：2018 年 10 月 6 日。

（三）城乡医疗卫生服务资源供给不平衡

总体来讲，城乡医疗条件相差普遍较大，主要体现在医疗水平、医疗设备、医疗服务种类等方面，城乡居民因此享受到的基本医疗服务、预防保健、妇幼生计等也不尽相同，这一问题不仅体现在城乡之间，各区域之间亦存在，因此在考虑城乡医疗保险均等化及全民医保改革中都须谨慎考虑这种状况。

（四）医保资金的统筹使用及给付

对于筹资渠道、缴费模式、保障与待遇水平均不相同的制度衔接，必须事先解决好资金的统筹使用及未来的资金筹集设计。既要确保资金的相对合理、公平分配，也要确保在提升非固定收入群体医疗保障待遇的同时，不削弱原基本医疗保险覆盖群体的福利待遇。另外，未来的医保资金给付能力也应当予以考虑，城乡经济水平差异不容忽视，可以适当给予财政支持并避免医疗保障资金的浪费。全民医保不仅是指现阶段制度本身的覆盖，更应将重点放在基本医疗保险上，达到基本医疗保障的统筹和均等化。在此之后，根据不同参保群体的收入、需求等建立分层保障，实现医疗保障体系的完善。

三、实现城乡医疗保险权利平等的路径探究

（一）构建我国基本医疗保险制度的基础理念

我国社会目前处在转型期、改革期，就业方式、收入水平、价值观念等造就的差异性社会是构建我国基本医疗保险制度的主要社会基础，但不能因此而忽略基本医疗保险的公平原则。基本医疗保险应该做到在全国范围内保障每个公民医疗保险的平等权益，差异性社会需求可以通过其他补充医疗保险形式得以满足。城乡医疗保险权利平等不是一味追求绝对的结果平等，而是首先做到起点平等，尊重、保护实现公民所享有的生存权、发展权、健康保障等基本权利。

（二）健全医疗保障制度

基本医疗保险制度需要法律的调整、保障，医疗服务医患双方的复杂关系，医疗保险各方主体的利益平衡，医疗保险保障的程序等均须具体、明细地加以规范。目前，我国规制基本医疗保险的法律法规主要有《中华人民共和国社会保险法》《中华人民共和国城镇职工基本医疗保险条例》《社会救助暂行办法》等，部分试点城市行政区域已暂时调整适用《中华人民共和国社会保险法》。

据此看来，在医疗保险领域尚缺乏一部专门性、有效性的法律作为指导。《基本医疗卫生与健康促进法》对于《社会保险法》的部分具体内容可不做重复，但鉴于其作为基础性医疗卫生制度立法，建议将城乡医疗保险权利均等化至少在其总则中予以考虑。当然，也可以考虑制定一部整合医疗保险法规的专门性法律。

笔者认为，医疗保险制度从属于卫生服务领域，与诊疗服务、医患关系、保险机构之间联系紧密。如果单独立法，反而会削弱其操作性及制度衔接性。不如直接抓住《基本医疗卫生与健康促进法》的立法契机，补充城乡医疗保险权利均等化的原则性指引，健全基本医疗卫生法中的医疗保障制度。

（三）整合城乡居民基本医疗保险

随着我国社会主义市场经济体制的不断发展，城乡二元经济结构之间社会经济发展不平衡的现状对我国构建医疗保障体系带来深刻影响。目前我国的基本医疗保险制度具有较强的地域性、身份性，三类基本医疗保险制度设计、参保群体待遇差别显著，具体包括筹资渠道、缴费标准、补偿水平、受益对象以及基金管理等方面。总体呈现出城乡分割、跨区失灵的医疗保险"孤岛现象"，甚至产生诸多因参保群体医疗保障待遇不同而提供不同医疗卫生服务的道德、执业风险。① 零星化、多元分割的基本医疗保险体系不符

---

① 王琬：《城乡医保制度整合研究：基于地方经验的考察》，载《学术研究》，2018 年第 1 期。

合制度公平及公共卫生服务均等化的特性，制度运行"碎片式"与"打补丁"的格局也日益暴露出明显缺陷。诸如此类的制度现状均已成为实现城乡基本医疗保险均等化的现实障碍。

2016 年 1 月，国务院发布了《关于整合城乡居民基本医疗保险制度的意见》，明确提出整合城镇居民基本医疗保险与新农村合作医疗两项制度，建立统一的城乡居民基本医疗保险。具体包括"六统一"整合要求：（1）统一覆盖范围，增加覆盖除城镇就业人口以外的其他城乡居民。（2）统一筹资政策。确定城乡统一的筹资标准，坚持多个渠道筹资，对于缴费标准差距大的地区，可采取差别缴费。（3）统一保障待遇。统一保障范围和支付标准，住院费用支付比例保持在 75%，随后再提高门诊保障水平。（4）统一医保目录。根据现有的城镇居民医保和新农合医保目录，合理地制定统一的医保目录。（5）统一定点管理。健全对医疗服务机构的考评，实行统一定点协议管理，对于医疗服务差的医疗机构，可采取推出机制。（6）统一基金管理。实行统一的内控管理，外部监督制度，调剂结余，防控风险。

（四）提高异地就医即时结算统筹层次

随着经济的不断发展，流动人口大量增加，对异地就医即时结算提出了极高的需求。就各省省内来看，山东、浙江、江苏、广东、福建、四川等省份目前已经实现了省内异地联网结算。例如，四川省已于 2014 年 10 月 1 日建成运行四川省异地就医即时结算省级平台；截至 2016 年 11 月底，四川省 21 个市（州）和省本级开通了省内异地住院联网结算的医院达 353 家。各省之间主要通过签订就医结算合作协议的方式实现异地结算，如海南省已与 30 个省份签订了合作协议，率先实现了异地就医结算的全覆盖。

目前，在各地积极尝试解决医保异地结算的过程中，也暴露出较多制度缺陷问题。首先是个人账户及统筹基金的层次较低，异地就医医保结算到底以患者户籍所在地的标准报销还是以就医地的标准报销暂未达成统一共识。其次是建立异地就医信息管理系统，实现医疗保险全国联网。当前我国的三大医疗保险各自使用的系统不同，也尚未建立全国统一的医保信息技术规范及标准，各地的医疗保险系统开发情况、系统联通、资源共享都存在较大现实和技术障碍。

笔者认为，医保统筹层次的提高可逐步实现。2016 年 4 月，人力资源和社会保障部提出"三步走"的思路：先在市一级进行统筹，再将省内异地就医医保系统联系到一起，最后解决跨省异地就医问题，形成一个全国统一的联网系统。同时，可以借鉴加拿大的医保监管模式，即以省级医保管理机构为主导，监督监管所属各市县的医保实施工作，由省级医保机构制定医疗服务的价格，支配医保基金的使用。除此之外，还应结合我国国情，思考如何打破各医保统筹区的界限，实现药品目录、诊疗目录、服务设施目录等的统一。

（五）国外医疗保险和健康权保障制度经验综合借鉴

基于我国医疗保障体系起步较晚、医疗保健观念尚不健全的现实需求，建构我国基本医疗保险制度不仅要立足我国国情和经济发展水平，也需适当借鉴国外的医疗保险制度经验。本文主要提出以下几点启示：（1）加快实现医药分家。据统计，德国目前仅保留了 10 个大的药品批发商，美国的药品批发商仅为 70 家。[①] 我国目前各地纷纷就医改提出了一些取消药品加成的改革办法。如成都市于 2016 年 12 月发布《成都市城市公立医院取消药品加成补偿办法》，实施取消药品加成改革，实行药品零差率销售，以多渠道补偿取消药品加成减少的收入。（2）要建立多层次的医疗保险体系。应当在完善基本社会医疗保险的前提下，构建能够满足不同医保需求的公民的医保制度。鼓励发展商业医疗保险，鼓励企业和个人参加多种形式的补充医疗保险，"将鸡蛋装进多个篮子"。（3）应当加强基层医疗服务建设，实行分级诊疗制度。如英国在社区服务体系中建立的全科医生制度，患者必须在诊所取得全科医生的转诊证

---

① 高安妮：《走向有管理的竞争：国外医疗保险改革及对中国的启示》，载《辽宁公安司法管理干部学院学报》，2016 年第 2 期。

明才能去医院进行诊疗。通过源头的分流能够更好地保证卫生资源的合理分配，但须防范基层医疗腐败风险。（4）建立最高医保管理机构，从上至下，分级管理。与英国同属全民医疗保险模式的加拿大，医疗保险制度的监管和实施工作由省、地区政府承担。而我国地方医保机构以市县一级为统筹单位，中央医保机构城镇职工医保和城镇居民医保由人力资源和社会保障部管理，新农村合作医疗由卫生部管理，城乡医疗救助归民政部管理。各管理机构之间信息系统不同、医保政策不同不仅加重了政府的管理管理成本，也阻碍了城乡医疗保险并轨的协调统一。

参考文献

［1］刘炫麟：《公民健康权利与义务立法研究——兼评〈基本医疗卫生与健康促进法（草案）〉第2章》，载《法学杂志》，2018年第5期。

［2］陈云良：《基本医疗卫生立法基本问题研究——兼评我国〈基本医疗卫生与健康促进法（草案)〉》，载《政治与法律》，2018年第5期。

［3］宿钟文：《对社会主义核心价值观中"平等"的思考——浅析"平等"在城乡一体化实现过程中的重要性》，载《中央民族大学学报（哲学社会科学版)》，2015年S1期。

［4］王俊华：《基于差异的正义：我国全民基本医疗保险制度理论与思路研究》，载《政治学研究》，2012年第5期。

［5］瞿方明：《我国基本医疗保险制度发展的价值取向：差异化还是均等化?》，载《湖北社会科学》，2016年第4期。

［6］陈仰东：《医保分合的制度考量》，载《中国社会保障》，2017年第1期。

［7］姒建敏：《早日实现全民基本医疗保险统一待遇》，载《中国人大》，2009年。

［8］郑功成：《全民医保在健康中国建设中应有新作为》，载《中国医疗保险》，2017年第3期。

［9］Lawrence O. Gostin, Global Health Law, Cambridge, Mass：Harvard University Press, 2014. 263.

［10］Wilkinson D, Blue I. The new rural health. South Melbourne：Oxford University Press, 2004. 100.

大数据时代的隐私权保护疑难问题研究

许 政[*]

摘要： 随着数据时代的来临，传统上法律对隐私权的保护已经不能适应时代发展的需要，隐私权的内涵应得到重新建构，对个人数据的不正当收集、分析以及使用分析数据后得到的信息应当归入隐私权的范畴。大数据时代下数据信息具有了更多的财产性质，同时兼具了公共利益和个人利益，加之网络时代的来临，数据隐私的保护更加困难。我们应当在完善立法的同时，发挥行业自律和个人自主的优势，以期为数据隐私提供全方位的保障。

关键词： 大数据　隐私权保护　行业自律　激励机制

一、大数据内涵界定

顾名思义，大数据所体现的是数据量的庞大。大数据的产生源于科技进步的助力，但其核心动力来源于人类测量、记录和分析世界的渴望。随着智能计算机技术的发展与应用，掌握这些技术的企业、政府机构拥有了收集、分析这些庞大数据的能力，这在以前是人力难以完成的。大数据时代建立在海量数据之上，是随着网络和计算机技术发展而产生的。但是，简单的数据堆积并不是大数据时代的核心内涵。正如舍恩伯格在《大数据时代》中所说，"大数据的核心是预测。它是将数学算法运用到海量的数据上来预测事情发

---

* 许政，上海政法学院民商法学 2017 级研究生。

生的可能性。"① 海量的数据只是基础，更重要的是通过对这些海量的数据进行收集、分析并使用，从而利用这些数据为这个时代服务。现实生活中也确实如此，不论是政府还是企业都在收集着个人信息数据，从而为管理社会打下良好基础和向消费者提供更加精细化的服务，与此同时大数据也必然对个人信息数据产生巨大威胁。我们正享受着大数据带给我们的便利，同时也承担着巨大的风险。

二、隐私权内涵之再定义

隐私权是一种体现着人类基本尊严的人格权利，对于人类来说，隐私是人与人之间保持安全距离的界限，越过了这条线就会引起个人的不适甚至双方之间的冲突。传统的隐私权作为一项具体人格权，是指自然人享有的私人生活安宁与私人信息秘密依法受到保护，不被他人非法侵扰、知悉、搜集、利用和公开的一种人格权。② 现代各国一般都在其国内的法律中明文规定了公民的隐私权，并对公民的隐私权提供相应的保护。虽然各个国家的规定具有一定差异，但是，不可否认的是，隐私权是一种开放性的权利，不仅受到地域的影响，而且随着时代变迁也在不断地发展。

在新的时代环境下，随着信息数据技术的发展，传统隐私权的内涵已经不能满足人们对于隐私权保护的要求。正如在网络时代隐私权的内涵延伸到在互联网中对隐私保护的要求一样，在数据时代，隐私权的内涵也应当重新界定，个人数据的收集、传播、使用等应当纳入其中。这些数据中包含着人们海量的信息，通过对这些信息的分析，人们的隐私在这个时代毫无保留的暴露在公众视野下。由此，有的学者认为，应当从传统的隐私权中引申出数据隐私权，即数据所有者对个人数据的采集、传播、使用等所享有的控制

---

① 【英】维克托·迈尔—舍恩伯格、肯尼斯·库克耶著，周涛译：《大数据时代》，浙江人民出版社 2013 年版，第 16 页。

② 王利明：《隐私权概念的再界定》，载《法学家》，2012 年第 1 期。

使用权，是人格权在网络 web3.0 空间的延伸。① 笔者认为，大数据时代下的隐私权当然包含传统隐私权的内涵，同时应当有其特有的内质，这些特有的内质应该包括对个人数据进行收集、分析，以及通过分析数据所得的信息，也包括如何使用这些信息等，这些特质也是本文所讨论的重点所在。

三、个人隐私权与个人信息权辨析

在区分个人隐私权与个人信息权之前，我们需要明确数据与信息的关系。从广义上来讲，数据其实也是一种信息的载体，信息的存贮是需要载体的，很多情况下我们会收集信息并以数据的形式存储起来并加以利用。如前所述，大数据时代的基础是海量的数据，这些数据在不进行使用的情况下，仅仅是一些静态的数据，可以说它就是一种特殊的信息载体，通过分析处理后，我们就获得了相应的信息。对数据进行处理已经不仅仅是人类的思维活动了，通过一些数据分析的工具以及所必需的设备，我们不需要人类思维的参与就可以完成这些工作，而且在大多数情况下，人类思维的参与是不效率的；而对信息进行整合的过程如果没有人力的参与很难完成对其进行深层次的挖掘。其实我们所处的世界以及人类都是由信息所联结起来的，个人数据其实就是一种变形的个人信息，只是在这个新兴的时代下，我们对信息的存储、处理方式发生了变化。

基于上述对于信息与数据的讨论，我们再来比较个人隐私权与个人信息权。有的学者认为个人信息权已经发展成熟，应当从一般人格权中独立出来，作为一种独立人格权加以规定。原因在于，在新时代下，个人信息权在内涵、范围、内容、价值、保护形式上均发展出独特内涵，再将其回归隐私权在理论上已经无法自洽。② 笔

---

① 田新玲、黄芝晓：《"公共数据开放"与"个人隐私保护"的悖论》，载《新媒体》，2014 年第 6 期。

② 张里安、韩旭至：《大数据时代下个人信息权的私法属性》，载《法学论坛》，2016 年第 5 期。

者认为个人信息应当属于隐私权客体的一种，单独将其从隐私权中抽出加以保护并无太大的实际意义，且既然能在现有的权利范围内为个人信息找到容身之所，自无强行将其从中抽出的必要。其实，依据隐私权保护的客体就是所谓的信息，只是在过去的条件下，信息并没有太多的财产属性，人们对于普通的不涉及私密的信息没有过多关注，因而仅仅认为其客体只是私密的个人信息。主流的关于隐私权的定义都包含两项内容，即生活安宁和信息自主。从隐私权的概念中，我们也可以看出，信息是归入到隐私权保护的客体中的。还有部分学者认为，隐私与个人信息的范围是不一致的，比如电话号码、工作单位、住址等信息难以归入隐私权范畴。笔者认为，隐私是具有相对性的，比如患者的病情相对医疗机构来说就是一个已知的信息，但这不能阻碍它成为患者隐私的事实。同时个人也可以将其信息隐私进行公布，但是对隐私信息知情和对该信息进行使用则是另外的情形，即隐私权中内含的对信息的支配、控制。

四、大数据时代下隐私面临的新风险

在大数据时代，隐私权面临的风险是多样化的，笔者仅就其中三个方面进行简单介绍。

（一）商业发展与消费者的隐私

相信大家都有过去大型超市购物的经验，很多情况下，我们在买一个东西时，不自觉地就会被旁边的东西吸引而购买许多原本并不在计划内的商品。可能当时我们并没有察觉，但事后我们总会有这么一种感觉，难道超市的管理人能够未卜先知？其实，这一现象产生的原因就在于商业企业通过对消费者大数据的收集、分析得出了消费者购买商品的行为习惯，从而将具有相关性的商品摆放在一起，以达到激发客户需求、提升营业额的目的。全球第二大零售商——沃尔玛的数据库不仅包括每位客户的购物清单、消费金额、结算时间与结算方式，甚至连购买日的天气状况也被一一记录在案。另外，依据大数据分析得出的消费者的购物偏好，生产商家就可以依据这个结论调整自己的生产结构，取得竞争优势。因此，这种大数据带有明显的财产利益属性，在这种情况下，很难想象商家会自觉地维护消费者的隐私。

一个比较典型的例子是《纽约时报》在 2011 年报道的一则故事。[①] 百货商店塔吉特通过分析数据，挖掘数据背后的信息来提升销量。在报道中，塔吉特发现女人在生育后会大改购物习惯。因此它利用这一点，雇用统计员确定了几项物品，如女性怀孕时会购买的产前维生素和大得足够容纳尿布的手包，然后发放优惠券给那些认定的准妈妈，以鼓励她们多到塔吉特购物。塔吉特利用这一策略获得了巨大的成功，但后来它们意识到了准妈妈们对于这一行为表现出反感，就调整了策略，将优惠券和一些无关的物品一起发送，以免暴露它对客户私人信息的了解。现实生活中这种情况普遍存在，只是我们并不一定意识到我们的隐私被侵犯了。

（二）政府治理与公民的隐私

现实生活中，对我们的信息最了如指掌的应该属政府部门。大街上无处不在的摄像头，以及固定的信息普查等，公权力的属性决定了其最容易获取公民信息的特点。政府之所以有获取公民信息的欲望，原因在于通过大数据分析能够使得政府部门之间的数据进行整合，加强部门之间的信息合作，从而提高政府工作效率。同时，大数据技术所特有的基数大、真实性、高速等特点，使得政府部门在决策时能够更加科学和高效，避免信息的滞后与现实的不匹配等情况。另外，基于社会秩序的监管，也需要政府实时掌握社会上的各种信息。

政府庞大的信息数据库是政府高效治理的前提，但这样的数据库的产生必然伴随着对公民隐私的侵犯。无所不在的监控，让公民几乎时刻处于透明的状态。那么问题就在于政府是否能够无条件的征用公民的信息，如果不是，那么其界限在哪里？这其中伴随的是

---

① 【美】特蕾莎·M·佩顿、西奥多·克莱普尔著，郑淑红译：《大数据时代下的隐私》，上海科学技术出版社 2017 年版，第 13 页。

公共利益与个人利益冲突的问题。政府收集、分析和使用个人信息的行为又应该由谁来监管？如果政府收集的公民信息遭到了泄露，侵犯了公民的隐私时，又该如何救济？我国目前关于政府泄露隐私的案件并无先例，但这不意味着在现实生活中不存在，美国"棱镜门"事件就是对我们最好的警告。在当前政府作为最大信息数据拥有者的时代前提下，这些问题迫切需要解决。

（三）医疗事业与患者的隐私

大数据的发展同样渗透到医疗领域之中，最为典型的事例莫过于谷歌公司运用大数据分析得出的结论，预测了 H1N1 流感的爆发。在 2009 年甲型 H1N1 流感爆发时，与传统的卫生组织落后的信息收集相比较，谷歌通过观察人们的搜索记录，并经过大数据分析，得出的结论与官方结论不谋而合。[①] 大数据可以说给医疗产业的发展注入了新鲜血液，为人类解决传统医疗上的疑难问题提供了新的途径和思路，对于医疗事业的发展具有巨大的促进作用。但大数据在医疗机构中的发展不可避免地也会产生上面企业和政府中面临的问题，出现侵犯隐私权的情形，而且这种侵权较传统的侵权后果更加严重。原因在于，随着大数据时代的到来，计算机和互联网的普及，越来越多的医疗机构由传统的纸质档案保存患者信息变成以数据形式存储在数据接收终端中。在这种情况下，一旦患者的数据被泄露，那么就是批量性的泄露，相较于过去的小规模的泄露而言增加了泄露的风险性。而且，在患者信息数据泄露后，如果被上传到网上，又会被其他诸如商业公司、不法分子等利用，对患者造成不可恢复的伤害。

五、大数据时代下隐私权的特点

基于前文所述，笔者认为大数据时代下的隐私权至少具有如下几个特点。

---

① 【英】维克托·迈尔—舍恩伯格、肯尼斯·库克耶著，周涛译：《大数据时代》，浙江人民出版社 2013 年版，第 3~4 页。

（一）隐私权的保护难度大大提升

1. 侵权手段更加隐蔽

随着数据隐私权的产生，隐私权的载体发生了变化。在大数据时代，隐私权的载体以"数据"形式存储在各种智能的计算机等设备中，在这种情况下，如果没有一个高效的防护手段，通过一定的技术手段，任何人都可以获取这些数据，这就使得侵犯隐私权的行为变得更加隐蔽。

2. 侵权主体匿名化

个人数据存在虚拟的网络世界中，在数据传输、分析、使用中不可避免地被公开，个人根本没有力量支配、控制自己的数据。基于侵权行为的隐蔽性和网络世界的虚拟性，人们很难知道自己的隐私什么时候被侵犯以及是被谁侵犯了。作为一个普通的消费者，往往在面对侵犯其隐私权的这些主体时是无力的，财产地位的不对等以及技术手段的不对等都会造成这一现象。由此产生的结果就是许多人明知道自己的隐私被泄露了，却不知道是谁做的，也不知道该如何制止这些行为。

（二）兼有人身性质和财产性质

信息被认为是有价值的，这一点是毋庸置疑的。只不过不同的信息产生不同的价值而已。或许一条信息一文不值，但是无数的数据堆积起来就能产生一个庞大的价值，当然，这是从最朴素的角度来看，但不无道理。之所以在大数据时代到来之前，数据的价值没有得到体现，原因在于数据的收集、储存和分析受到了限制。但是随着大数据技术的到来，情况发生了变化。数据的收集、存储和分析已经不再是困扰我们的问题，这个时候其价值性就得到了体现。而且，由于其非物质性的特点，这种价值并不会随着使用而减少，这就为数据能够流通提供了便利的条件。正是由于其财产性质更加突出，使得其遭受侵害的可能性大大提高了。

（三）公共利益与个人利益的矛盾结合体

这一特点体现在两方面。从大数据自身的角度来看，海量数据的混杂使得个人数据与公共数据混杂在一起，非经特殊的技术手段难以将其分离，且分离的成本也是非常高的。从整个社会群体角度来看，在某些情况下大数据的收集、分析对于整个社会群体来说具有重要意义。比如通过对社会实施监控，不仅能对潜在的犯罪分子形成威慑，同时使得犯罪分子的行踪能够被相关部门实时掌握；再比如企业通过分析消费者的购物习惯，获得消费者的消费需求，从而制定合理的生产计划和销售策略。公共卫生部门通过数据分析能够获得关于疾病暴发与传播的相关信息，这对于疾病防控与治理具有重要意义。以上是基于社会整体利益角度去衡量大数据给我们带来的优势，但是，不可否认享受这种利益的同时，我们的隐私权在不知不觉中已经变得不那么的隐私了。

六、比较法视野下的数据隐私权保护

相较于国内来说，域外关于数据隐私保护的法规相对完善。笔者从以下几个方面简单介绍域外保护数据隐私的规定，以期能为我国完善法规提供有益经验。

（一）以欧盟为代表的立法主导模式

欧盟是世界上对于隐私保护最为关注的国家组织，致力于制定统一的个人信息保护法，其在数据隐私立法方面的成就可以说是达到其他国家难以企及的高度。欧盟对于数据保护的立法是当今世界上第一个采用综合立法方式为数据隐私提供全面保护的法律制度，这是其最显著的特色。欧盟关于数据隐私的保护可以追溯到20世纪80年代欧洲议会制定的《保护自动化处理个人资料公约》，1995年又制定了《个人数据保护指令》《关于电子通信领域个人数据处理和隐私保护的指令》等一系列指令和规章。这些指令和规章的内容明确规定了关于保护网络隐私权的原则，同时详细列出了网络服务商和网络用户各自的权利和义务。具体包括：在收集用户相关的个人隐私数据信息时必须合法，公平对待用户的个人隐私数据；收集用户信息必须在合法的目的或范围之内，禁止超出此目的

或范围收集和处理用户信息；信息的收集管理者有义务保障个人隐私数据的安全，即不被非法泄露；个人信息的享有者有权知悉自己的个人信息所处状态，并有权要求信息管理者对那些不准确的信息进行修改的权利等。① 欧盟关于网络中数据隐私主体的权利义务规定对我国立法具有参考意义。权利不是说说而已，只有明确了权利的主体和义务的主体才能使得权利的保护落到实处，而不至于沦为"纸面上的权利"。

（二）德国数据保护官制度

德国在保护数据隐私方面主要有两方面的建树：一是将隐私权作为一种宪法性权利进行保护；二是设立了数据保护官制度。根据《德国联邦数据保护法》的规定，凡是"自动收集、处理和使用个人数据的公共机构和私法主体，应书面任命一名数据保护官，保护官应具备相关专业知识与履职必需的责任感，保守数据主体秘密，独立自主开展工作，履行职责时不受任何干涉。公共机构和私法主体应为数据保护官提供工作场所、设备和其他资源。数据主体可在任何时间接触数据保护官。"② 在数据隐私保护上，使用数据的主体以及数据所有权主体都有其固有的限制，德国的数据保护官制度为我们提供了一种新的思路，即通过专门的第三方媒介来对数据隐私进行保护。其能够在一定程度上突破使用主体与权利主体在保护数据隐私上的限制，一方面避免使用数据的主体滥用其使用的权利，另一方面可以弥补权利人相关专业知识和技术的欠缺。它对我国数据隐私保护制度的设计具有借鉴意义。

（三）以美国为代表的行业自律模式

以美国为代表的国家注重对数据隐私保护的行业自律，但是并不意味着这些国家不注重立法。在行业自律模式主导下，一般是以

① 臧阳旭：《大数据时代网络隐私权法律保护研究》，郑州大学 2016 年专业硕士学位论文，第 26 页。

② 《德国联邦数据保护法》第 4f 条，转引自童拿云：《大数据时代的个人隐私保护》，上海师范大学硕士学位论文，第 28 页。

分散立法、行业自律和政府引导相结合的方式来对数据隐私进行保护。美国不仅制定了各种保护公民隐私的法律规范，拥有专门保护隐私权的《隐私权法》，还制订了各种法案以保护公民的隐私权，隐私权也是"联邦宪法所保障的基本人权"。同时，美国注重通过建立行业间的自律组织，通过这些组织内部的规范规制行业主体的行为。其中比较有特点的制度类似于知识产权中的"驰名商标"制度，即通过给一些自律性的企业颁发证书，用以证明其在维护隐私方面具有良好的信誉，一旦发现其发生了侵犯隐私权的行为，则取消对其颁发的证书，从而在行业间形成一个奖惩机制，达到鼓励企业自觉维护消费者隐私的目的。美国隐私保护的特点之一，就在于追求经济发展和个人隐私保护之间的平衡。这种模式一方面是受英美法系不重视建立系统的法典的传统影响，一方面与美国重视经济发展、推动新兴技术发展的初衷不无关系。美国作为工业革命的最大受益者，非常清楚科技对于国家经济和综合实力的影响，因而在某种程度上，为了推动国家经济、科技、国防等各方面的进步，不得不在新技术与隐私之间做出一定的妥协。

七、大数据时代下我国隐私权保护的缺陷及建议

（一）目前我国数据隐私保护现状

截至目前，我国对于个人信息数据的保护并无专门的立法，相关立法散见在各个法律、法规及规章中。我国《宪法》并无具体规定隐私权的条文，因此可以说我国并未将隐私权作为一种宪法上的权利，是隐私权宪法保护的缺失。是否应当将隐私权入宪也是值得讨论的。其他法律诸如《民法总则》第一百一十条规定了自然人享有隐私权、《刑法》第二百五十三条和《侵权责任法》第三十六条分别对侵犯他人网络权益和出售他人信息做出了规定。2012年全国人大常委会颁布实施的《全国人大常委会关于加强网络信息保护的决定》是一部关于网络隐私权保护的具体规定，诸如《决定》的第二条、第三条明确赋予网络服务提供者以告知和保护

义务，为大数据时代保护网络隐私起到了很好的指引作用，具有极高的实际操作价值。国务院于 2012 年 12 月 26 日公布的《征信业管理条例》对征信业主体对公民信息数据保护做出了相关规定：第十三条规定了征信机构采集信息必须征得被采集者的同意；第十四条规定了禁止采集的信息的种类；第 15～20 条等具体规定了个人信息数据的获得、使用规则。① 这些规定具体明白，对实践操作具有极大的指导作用。其他的相关规章还有 2013 年 9 月 18 日颁布施行的《电信和互联网用户个人信息保护规定》等。

　　虽然这些规范对网络隐私的保护具有明确的指引作用，对公民隐私保护具有积极的意义，但始终缺乏更高效力层次的法律规范。

---

　　① 《征信业管理条例》第十三条 采集个人信息应当经信息主体本人同意，未经本人同意不得采集。但是，依照法律、行政法规规定公开的信息除外。

　　企业的董事、监事、高级管理人员与其履行职务相关的信息，不作为个人信息。

　　第十四条 禁止征信机构采集个人的宗教信仰、基因、指纹、血型、疾病和病史信息以及法律、行政法规规定禁止采集的其他个人信息。

　　征信机构不得采集个人的收入、存款、有价证券、商业保险、不动产的信息和纳税数额信息。但是，征信机构明确告知信息主体提供该信息可能产生的不利后果，并取得其书面同意的除外。

　　第十五条 信息提供者向征信机构提供个人不良信息，应当事先告知信息主体本人。但是，依照法律、行政法规规定公开的不良信息除外。

　　第十六条 征信机构对个人不良信息的保存期限，自不良行为或者事件终止之日起为 5 年；超过 5 年的，应当予以删除。

　　在不良信息保存期限内，信息主体可以对不良信息作出说明，征信机构应当予以记载。

　　第十七条 信息主体可以向征信机构查询自身信息。个人信息主体有权每年两次免费获取本人的信用报告。

　　第十八条 向征信机构查询个人信息的，应当取得信息主体本人的书面同意并约定用途。但是，法律规定可以不经同意查询的除外。

　　征信机构不得违反前款规定提供个人信息。

　　第十九条 征信机构或者信息提供者、信息使用者采用格式合同条款取得个人信息主体同意的，应当在合同中作出足以引起信息主体注意的提示，并按照信息主体的要求作出明确说明。

　　第二十条 信息使用者应当按照与个人信息主体约定的用途使用个人信息，不得用作约定以外的用途，不得未经个人信息主体同意向第三方提供。

值得称赞的是，2016 年《网络安全法》的出台以及正在由全国人大常委会审议的《电子商务法（草案）》弥补了这一缺陷，在法律层面上对个人数据信息的保护作出了相关规定。《电子商务法（草案）》第四十五条是对个人信息进行的定义，同时在第四十六条中规定了电子商务经营主体收集用户个人信息的具体规则。[①] 这些都体现着我国在立法方面对个人信息数据保护方面的努力。

但是从整体来看，我国在立法方面仍然存在些许不足，诸如专门立法保护的缺失及网络隐私保护行业自律的缺陷等。

（二）完善大数据时代隐私权保护的一些建议

基于上述对欧盟、美国、德国等对于数据信息保护的论述，笔者认为当前我国在数据隐私保护方面缺乏专门的法律规范，同时行业起步较晚，个人意识尚未觉醒，单独的一种模式难以适应我国的实际。切实保护个人数据信息既需要立法工作的大力支持，更需要行业相关规范的约束，同时个人提高保护意识也是一个重要因素。

1. 完善相关的立法工作

纵观西方发达国家，其对信息数据的保护无不十分重视，原因在于信息数据涉及巨大的经济利益，同时与人格权利密切相关。在我国将要构建独立的人格权法之际，应当在其中明确地将数据信息

---

① 《电子商务法》第四十五条 电子商务用户依法享有对其个人信息自主决定的权利。

本法所称个人信息，是指电子商务经营主体在电子商务活动中收集的姓名、身份证件号码、住址、联系方式、位置信息、银行卡信息、交易记录、支付记录、快递物流记录等能够单独或者与其他信息结合识别特定用户的信息。

第四十六条 电子商务经营主体收集用户个人信息，应当遵循合法、正当、必要原则，事先向用户明示信息收集、处理和利用的规则，并征得用户的同意。

电子商务经营主体不得以拒绝为用户提供服务为由强迫用户同意其收集、处理、利用个人信息。

禁止采用非法交易、非法入侵、欺诈、胁迫或者其他未经用户授权的手段收集个人信息。

电子商务经营主体修改个人信息收集、处理、利用规则的，应当取得用户的同意。用户不同意的，电子商务经营主体应当提供相应的救济方法。

的收集、分析和使用作为隐私权保护的范围。同时，仍需制定保护个人数据信息的专门法律，以期为网络数据时代的隐私权保护提供完善的保护。一方面，目前我国的法律规范本身对于数据隐私问题的规定并不充分，无法最大程度保护公民个人数据安全。另一方面，传统的隐私权规范是否能够在大数据网络时代承担起全面保护公民个人信息数据安全的任务值得商榷。系统完整的个人数据保护立法对于保护个人信息数据具有重要意义。为了应对大数据时代个人信息安全面临的新挑战，有必要查漏补缺，对现有的法律规范进行编撰，在此基础上制定专门的法律规范，借鉴德国式的统一立法模式，强化个人数据信息危机的法律应对。通过规定信息收集、分析和使用以及泄露时的告知义务，强化对个人信息侵权的预防和救济制度设计，对个人信息数据给予全方位保障。

2. 完善行业自律，构建相关激励机制

完善行业自律首先要构建完善的行业自律规范，自不待言，但如何在行业内部建立一个激励机制是笔者重点考虑的问题。笔者认为可以结合德国"数据官制度"以及美国的行业自律的激励模式，构建我国相关的行业激励机制。设立一个专门的部门，其主要职责为：（1）对需要进行数据收集、使用的企业、机构等进行审核、登记；（2）对收集、使用这些个人信息的企业、单位进行信用评级，颁发相应的证书，并将这些评级对社会进行公示，让个人能够了解到收集、使用个人信息的企业的信用情况，从而对这些企业、单位施加压力，让市场逼迫它们自觉地维护自己的信誉，达到一定的自律效果；（3）与个人进行对接，发挥个人的监督作用，从而获取企业、单位实际操作中对数据信息收集、使用是否规范的信息，作为对收集、使用数据信息的主体进行信用评定的依据之一；（4）与相关政府部门进行对接，避免单纯的市场自觉规制存在的缺陷，发挥政府在监管方面的作用，要对那些信用评级过低的企业、单位以行政手段的方法进行规制，以达到强制的效果。

3. 提高个人信息数据保护意识

无论是立法还是行业规制都是通过外部手段进行规制，这些手段总是有其局限性，因此强化个人隐私法律保护意识就成了重要的一环。因为个人在数据信息保护中也发挥着十分重要的作用。一方面，在提供信息的时候，我们就要培养保护个人信息隐私的习惯。另一方面，就是对自己被收集、被使用的信息给予充分关注。如上述的行业自律模式中，如果个人对于自己的数据信息在现实生活中被企业、单位不正当的收集和使用漠不关心，那么即使有这种行业监管和法律的存在，其效果也可想而知。个人如果能够积极地对自己的数据信息进行跟踪，密切关注收集、使用其信息的企业的情况，与上述专门机构进行主动对接，这对于维护自身信息数据具有非常现实的意义。

参考文献

［1］［英］维克托·迈尔—舍恩伯格、肯尼斯·库克耶著，周涛译：《大数据时代》，浙江人民出版社 2013 年版。

［2］［美］特蕾莎·M·佩顿、西奥多·克莱普尔著，郑淑红译：《大数据时代下的隐私》，上海科学技术出版社 2017 年版。

［3］王利明：《隐私权概念的再界定》，载《法学家》，2012 年第 1 期。

［4］王利明：《论个人信息权的法律保护——以个人信息权与隐私权的界分为中心》，载《现代法学》，2013 年第 7 期。

［5］田新玲：《公共数据开放与个人隐私保护的悖论》，载《新媒体》，2014 年第 6 期。

［6］张茂月：《大数据时代公民个人信息数据面临的风险及应对》，载《情报理论与实践》，2015 年第 6 期。

［7］张里安、韩旭至：《大数据时代下个人信息权的私法属性》，载《法学论坛》，2016 年第 5 期。

［8］余芳：《大数据背景下网络消费者个人信息保护的研究》，载《吉林工商学院学报》，2017 年第 2 期。

［9］张兰廷：《大数据的社会价值与战略选择》，中共中央党校博士学位论文，2014 年第 6 期。

［10］臧阳旭：《大数据时代网络隐私权法律保护研究》，郑州大学专业硕士学位论文，2016 年。

产权保护立法专题*

物权法与平等公正观融入

———————

* 本专题受杨遂全主持的 2018 年度国家社会科学基金重大研究专项《平等公正核心价值观融入产权保护立法研究》（批准号 18VHJ007）项目资助。

从物权的保护看村民小组的去留

李俊蓉　杨遂全 *

摘要： 中华人民共和国成立初期，以各户土改分到的土地作为载体组成的生产队，后来逐步转换成了村民小组。农业税取消以后，大规模的合村并组导致其陷入了空转，致使村民小组的作用微弱，呼吁取消村民小组的声音此起彼伏。然而，很多地方的村民小组作为土地所有权现实的法定主体掌握着村民实体权利的命脉，事实上仍担负着村集体经济组织的职能。所以说，主张完全取消村民小组的做法过于武断。目前，国务院已在全国各地开展村民小组登记赋码工作。未来，应以法律形式确认村民小组可以代替村集体经济组织行使经营管理职能的特别法人组织地位，并探索以村民小组为起点循序渐进推动产权改制，依法振兴乡村。

关键词： 村民小组　集体经济组织　乡村治理　村民自治

随着中央对农村实行进一步的产权改制，以及市场经济和《民法总则》对集体经济组织地位的关注，村民小组在某些功能上的弱化已成为既定事实。特别是在取消农业税以后，大规模的合村并组导致多地村民小组名存实亡，部分村民小组陷入空转，作用极其微弱，呼吁取消村民小组的声音此起彼伏。

---

* 李俊蓉，四川大学法学院 2017 级民商法学专业硕士研究生。杨遂全：法学博士，四川大学法学院教授，法学院民商法专业博士生导师，经济学院法经济学专业博士生导师。本文受杨遂全主持的 2018 年度国家社会科学基金重大研究专项《平等公正核心价值观融入产权保护立法研究》（批准号 18VHJ007）项目资助。

然而，很多地方的村民小组作为土地所有权现实的代行主体，事实上担负着集体经济组织的职能；新产生的各种类似于农业公司或合作社的集体经济组织无力完全涵盖甚至彻底替代村民小组。因此，完全取消村民小组的主张很明显过于武断。村民小组在农村生活、生产、交往互助等各个方面仍发挥着不可取代的天然优势。尤其是作为农村集体土地最普遍的所有者和发包方，奠定了村民小组在乡村治理中的基础性地位。

笔者认为，通过厘清农村自治组织间的混乱关系，以法律形式确认村民小组可以代替村集体经济组织行使经营管理职能的特别法人组织地位。同时，探索以村民小组为起点，进行循序渐进的产权改制改革，可以将基层组织载体的效能发挥到最大，从而最终达到完善乡村治理和建设社会主义新农村的目的。

一、村民小组问题概述

（一）村民小组的历史演进

由于农村社会的历史复杂性，需要我们从制度变迁的视角以及实证分析的方向分析村民小组的演进。

中国土地制度的演变历程历经了土地私有、农民自愿互助组、初级社、高级社，到了人民公社阶段方才彻底根除生产资料私有制度，明确了集体所有。在人民公社时期，农村土地等生产资料及其管理实行"三级所有，队为基础"，三级是指公社、生产大队与生产小队，其中"队为基础"的"队"指的就是生产小队。这一制度充分将产权与治权关联起来，减少了很多矛盾。

20 世纪 80 年代，随着家庭联产承包责任制的推行，以集体统一经营为特征的经济组织岌岌可危，针对这一形势的变化，在人民公社基础上设立乡镇政府，在生产大队基础上设立村民委员会，开始建立政社分离的制度。原来人民公社的行政职能划分给乡镇政府。乡村集体经济组织实际上就是原来以人民公社为载体的经济职能剥离后形成的，主要包括两个部分：一是生产大队，一般以一个自然村界划分范围，分割行政职能与经济职能后，出现了村委会（行政性组织）和村集体经济组织（原来生产大队为载体的集体经济组织，例如农业公司、农业合作社），二是以生产小队为载体的集体经济组织（例如，单一的小公司或个人合伙、家族合伙的两合公司）。① 之前的生产小队丧失了原有生产组织功能，农产品分配的功能失去了存在的基础，只是在责任田的调整、山林或鱼塘、林场、果园等的发包方面发挥一定的作用，此时的生产小队几乎被村民小组替代了。

我国现行乡村基层组织体系就是从上述"三级所有，队为基础"的人民公社体制演变而来，乡、村、组三级结构组成了我国现行农村的公共管理体制。乡镇政府是国家设立在农村的最后一级正式权力机构，地位处于国家政权末梢；村组联动模式对乡村治理绩效的提高存在重大影响；村民小组作为乡村组三级组织中的最小细胞，农村各种活动都以村民小组为基本单位展开。

（二）民法总则新规定间接影响村民小组的职能

我国实行社会主义公有制，土地归属于国家和集体。集体土地归集体经济组织的成员集体所有。然而，农民集体是一个宽泛且无精确内涵的概念，其意指许多人合起来的有组织的整体。以此基础构建起的"农民集体"难以被我国法律准确定性，其高度抽象性使得我国农村之中并不存在一个叫作"农民集体"的组织，亦不能作为土地所有权的行使主体直接对土地进行管理，需要有组织载体代行所有权。② 由于原来人民公社、生产大队和生产小队将"行政职能"与"土地所有和财产权"角色分离，加上各地做法不尽相同，使得"集体所有"的代行主体非常混乱。长期以来，农村集体经济组织与村民委员会、村民小组三者交织

---

① 李永军：《集体经济组织法人的历史变迁和法律结构》，载《比较法研究》，2017年第4期，第42页。
② 徐英兰：《试论我国农村集体土地所有权主体制度之改革路径》，载《行政与法》，2015年第7期，第62页。

在一起，彼此关系没有理顺。这为我国集体土地引起的权利矛盾埋下了体制上的根源，伴随土地征用、土地流转，这一利益冲突更加突出。

按照我国法律法规，集体经济组织是村民财产所有权包括土地所有权当然之组织形式，其以经济发展为主要，甚至唯一的目标。中华人民共和国建立后，农村社会主义改造过程中成立的农业生产合作组织，已经具有存在的历史性。历经人民公社、联产承包责任制等时代变迁，其作为组织体始终存在，财产一直存续，功能在不同程度地发挥着作用。我国此次《民法总则》一大亮点是特意区分了农村集体经济组织作为不同的"特别法人"，此举在中国具有里程碑式的意义。① 在这之前，我国民事立法一般都是将"集体经济组织"当作"非法人组织"来对待。这种做法导致集体经济组织有法律地位，却没法人地位，村民小组原来的公章作废，未颁发新的公章。一些农村集体经济组织无法在银行开户，无法与其他市场主体展开顺畅的交易，影响交易安全，阻碍农村集体经济的发展。② 基层政权组织与集体经济组织形式混同，政社不分现象延续，事实上也削弱了农村集体经济组织的地位。《民法总则》第99条施行以后，对于已存在的农村集体经济组织而言，符合条件的农村集体经济组织作为特定法人，依法登记，取得法人资格，并将之前以各种类型称呼存在的农村集体经济组织在性质上以特别法人的形式予以统一，让其改造后代表农村村民依法参与各种社会和经济活动，以利于其更好地参与民事生活。

《民法总则》反映了当前农村发展经济的必要选择，否则，再现政经合一，可能导致农户自主权和集体经济利益得不到切实保障。鉴于我国农村情况千差万别，集体经济组织各地状况很不相同，甚至有些地方压根就没设立集体经济组织。幻想一步到位，切实履行相应的经济职能发挥其应然效益不太现实。相较而言，很多

---

① 参见《民法总则》第九十九条。
② 见于杨遂全国家重点项目《农村房地产权城乡间流转与遗产继承》结题报告。

地方，人们仍然习惯于由村民小组行使集体土地所有权，村民小组实质上承担着中国大部分乡村社会中最普遍的集体经济组织职能。面对法律地位的缺失，事实功能的弱化，村民小组去留问题以及职能革新亟待解决。

二、村民小组存废观点评析

（一）村民小组去留的学界风向

自税费改革，尤其是 2006 年全面取消农业税以来，[①] 乡村两级治权弱化成为学界共识。在"不要粮、不要钱"的情况下，村级组织对农民的约束几乎为零，村干部与普通村民的交集也越来越少。在乡村两级尚且对农民没有约制力的情况下，侈谈让村民小组在基层治理中发挥多大作用。相反，取消村民小组或者让村干部兼任小组长的职位，可以减少村级支出，缓解税费改革后乡村财政捉襟见肘的困境。

基于此，围绕村民小组的争议，学术界主要存在两种声音。一种是客观阐述现在的村民小组职能陷入空转，以至于在基层治理中流于形式。另一种则是呼吁"一刀切"，完全取消村民小组以实现所谓的"扁平化"治理，由乡村两级直接对接分散的小农。后一种观点很大程度上是建立在前一种的认知基础上，既然村民小组已经陷入空壳，在基层治理中的作用微乎其微，索性将其取消，与其名存实亡不如就地消失。

如此看来，在集体经济组织、村委会各乡村自治组织普遍共存的现况下，村民小组确实没有存在的必要了？对此，笔者不敢苟同。作为生产共同体的村民小组确实走向弱化，但是作为治理单元的村民小组仍然需要从制度框架的层面重建和强化，其内在的治理能力和治理潜力之于基层治理的意义值得开掘。

---

① 2005 年 12 月 29 日，十届全国人大常委会第十九次会议高票通过决定，自 2006 年 1 月 1 日起废止《农业税条例》，取消除烟叶以外的农业特产税、全部免征牧业税，中国延续了 2600 多年的"皇粮国税"走进了历史博物馆。

（二）保留村民小组的理由

1. 以法律形式确认村民小组为经济组织符合我国现状

农村社会经济条件复杂，很多村民小组与集体经济组织相互交织、彼此依赖，明为两块招牌实则一套班子的组织结构屡见不鲜。有关数据显示，国内将近 84.4% 的村内农民集体均未建立集体经济组织，连同村民小组长在内的村民并不了解农村集体经济组织到底是什么，更不清楚其定位与职能，设立独立的农村集体经济组织极少。[①] 更多数的表现为农村集体土地掌握在村民小组手中，小组事实上成了共同生产单位，平时都由村民小组行使土地所有权，经营管理村集体资产。追根溯源，划分村民小组时，并不是简单将某一部分人口划分为一个小组，同时还附加了一定数量的土地和相应财产。村民小组形成一个集体，在其拥有的耕地和农业资源不变的前提下，土地调整、收益分配在该村民小组范围内进行。国土部《关于农村集体土地确权登记发证的若干意见》[②] 中指出，凡是村民小组土地权属界线存在的，土地应确认给村民小组农民集体所有，发证到村民小组。因此村民小组并不是一级可有可无的组织。在农村，绝大部分农民进行集体收益分配时，往往以村民小组为最基本的核算单位。过去的生产队是农村土地所有权的实际承担者，现在的村民小组的土地只能由本组村民承包，在本组之间进行调整，一般不会跨越到其他组去，一个组内共用水源、沟渠、道路。

---

① 余敬、唐欣瑜：《农民集体权利主体地位的追溯、缺陷与重塑》，载《海南大学学报人文社会科学版》，2018 年第 1 期，第 117 页。

② 《国土资源部、中央农村工作领导小组办公室、财政部、农业部关于农村集体土地确权登记发证的若干意见》确定农村集体土地所有权主体遵循"主体平等"和"村民自治"的原则，按照乡（镇）、村和村民小组农民集体三类所有权主体，将农村集体土地所有权确认到每个具有所有权的农民集体。凡是村民小组（原生产队）土地权属界线存在的，土地应确认给村民小组农民集体所有，发证到村民小组农民集体；对于村民小组（原生产队）土地权属界线不存在、并得到绝大多数村民认可的，应本着尊重历史、承认现实的原则，对这部分土地承认现状，明确由村农民集体所有。参见《关于印发确定土地所有权和使用权的若干规定的通知》第二十条：村农民集体所有的土地，按目前该村农民集体实际使用的本集体土地所有权界线确定所有权。

以农村土地征用为例：一旦某村民小组的土地被征用，土地只能在村民小组的范围内作以调整。由于土地地界的连接等问题，在村的范围内做调整的成本太大并且必然受到其他村民小组和村民的强烈抵制。同时，对于征地款的使用和发放，如果面向全村，该村民小组本身也会引发强烈反弹。另外，法律规定土地承包经营权转让需要经发包人同意，由村民小组代行这一权利的现象极为普遍。一方面，村民小组与农民的联系最为直接，对农地所有权制度运行的认识最为清晰。另一方面，村民小组与乡镇政府都保持着一定距离，这也有效地阻隔了行政权力对农民权益的侵害。总体而言，村民小组在农村具有存在的普遍性以及发挥作用的积极性，范围涉及农民集体成员用地、征地补偿费使用分配方案及其他集体财产处分事项。这些均关乎农民集体成员的实体利益。① 即使是已经具备集体经济组织的地区，涉及农民集体全体成员切身利益的经营决策和利益分配事项，村民小组仍享有全面监督的权利。

充分考虑不同资产的形成过程和历史沿革，从保护村民实体权利出发，从有利于管理出发，从兼顾国家与集体利益和维护农村社会稳定大局出发，尊重历史、照顾现实，未设立集体经济组织的地区，由村民小组代集体经济组织行使经营管理职能符合我国现状。

2. 村级组织间存在差异

村民小组的设立与组织，属于村民自治范畴。在漫长的过渡期间，村民小组由原来集政治、经济、社会功能为一体的生产队逐步分离为如今只有部分经济功能和承担一定社会功能（如小组内部各种自治活动、村民小组长参与纠纷调解等）的群众性自治组织，村民自治活动的外延远大于对集体财产的经营管理，职能也应当与村内集体经济组织相区分。因居住相对集中，同一个村民小组的组民之间存在很高的利益关联性，公共舆论和传统习俗都保留较为完整。可以说村民小组是乡村组织中为数不多可以与农民保持着较强

---

① 徐勇、邓大才：《中国农村村民自治有效实现形式研究》，中国社会科学出版社2015年版。

亲和力的组织。对组内的村民来说就好像一个"大家庭"，不论生产的互助还是闲暇的娱乐都能够让大伙体会到归属感，这一优势成为村民小组实现良治的社会资本，也是维系乡村秩序状态的纽带。而集体经济组织设立的初衷在于从繁重的行政事务中解放出来，以专心发展经济为目标。二者目的不同，履行职能方向各有侧重。集体经济组织着力于保护的经济权益难以完全替代村民小组所发挥的作用。

此外，组内村民与集体成员也并不是完全重合。面对村庄边界日益扩展，人口流动越趋频繁。某人因取得该村户籍或者长期居住于村内，当然作为村民有参与自治的权利，但却不一定能够取得集体成员资格，受到成员权的保护。集体成员资格的判定不以户口作为唯一标准，还以是否承包土地、是否在村组实际生产生活、村民会议是否同意、是否与农村集体经济组织形成权利义务关系等作为参照标准。

结合立法原意也并不是因为出台新的规定而要求全面改变现行的集体土地所有权等相关实体利益行使的主体形式，而是应当在民法基本理论的基础上结合农村实际，照顾既定事实。

3. 合村并组遗患无穷

近年来，虽合村并组势头不减，但在深入乡村社会充分调查之后，笔者发现取消村民小组其实存在着不少弊端。村民小组作为能够影响乡村治理模式形成的不可忽视的变量，层级虽低且管辖范围相对狭窄，但其所涉及事务细碎烦琐，如发包土地、社区服务、农田水利设施建设、村民小组集体资产管理、协助征兵和发放国家补贴救助资金等，这些活动都与村民生活息息相关，都需要对实体利益进行配置。基层治理有"小微治理"的典型特征，这些细小琐碎的事务要么难以纳入行政治理体系，要么治理成本过高，但对这些事务及时回应却关乎基层治理乃至国家治理的整体绩效。① 即便

---

① 李永萍、慈勤英：《村民小组：乡村治理的最小单元》，载《武汉大学学报》，2017 年第 5 期，第 77～78 页。

村民小组的功能有所弱化，也并不能改变其作为中国农村基层治理最小单元的现实。若在乡村治理中缺乏村民小组，等同于切断了乡级政府与普通村民之间连接节点，无疑会增加乡村治理难度。反之，村委会的存在固然加强了国家对农村基层的管治，但作为人们眼中具有基层行政管理功能的"行政村"，势必为自上而下的政府任务驱动。加之村域范围大，人口多，自治困难，村民在村民委员会这一层级发挥民主决策、民主管理和民主监督的作用难。二合一之后，无法取得理想的治理效果。

综上，只要村民小组重要地位不曾改变，那么，作为村民直接面对的最底层的基层社会组织，村民小组在乡村治理中的地位和作用也是毋庸置疑的。农民合作离不开组织依托，而村民小组在实现互助合作方面，具有无法比拟的潜在组织优势。该组织关乎农民实体利益的分配，予以保留独立形式，既是尊重历史又是照顾现实的需要。现阶段仍要积极探索"组为基础"，以村民小组为集体所有制产权改革的基本单元。特别是在一些村民小组本来是由不同家族整合而来的历史情况下，合并起来，会产生更多的矛盾。

三、村民小组现存问题的制约因素

（一）实践中村民小组缺乏应有法律地位

如前所述，在照顾既成事实下，村民小组作为中国乡村社会最普遍的组织形态理论上可以承担经济管理权能，弥补未设农村集体经济组织地区的经济职能缺失。根据许多法律和行政法规都可推定，如果集体经济组织没有设置自己的机构的，可由"村民小组"代行。我国《物权法》第 60 条，就是针对这种情况作出的灵活性规定。[1] 但是相关国家法律法规始终没有将村民小组的经济权能和地位明确下来，加之与村委会、集体经济组织间的法律关系模糊不清，形成灰色地带，从而有碍农民实体权利的保障。特别在土地越

---

[1]　参见《物权法》第 60 条。

来越具有流动性的当下，村民小组因没有法定地位而面临诸多困境。典型矛盾就是村民小组没有公章，不能自主决定对土地的处置。如土地征用和转让中，村民小组因无公章，其决定不具有法定效力。虽然组织形态客观存在，但没有组织机构、账户、公章等身份要素，权利就难以得到落实，更难以作为经营管理集体土地的代表，也难以独立承担民事经济责任。

（二）小组长职能逐步虚化

在调研中，笔者采访的村支部书记、村主任以及其他村干部在谈到村民小组长的作用时，形象地用了两个比喻"喇叭筒"和"机械手"，"喇叭筒"是指小组长协助村干部宣传政策方针，"机械手"是指小组长协助村干部发放传单、垃圾桶等上级指派分发的物品。为何在村干部眼中，村民小组长在村庄中的作用仅限于"帮助宣传"和"发东西"，其他的村务都不参与？为何今天的农村日益面临着无人愿意当小组长，甚至需要村干部出面以私人感情来"请"人当小组长呢？

小组长待遇低，这是多数调研中普遍反映的一个问题。小组长在十多年前的津贴是 200～300 元/年，现在的津贴也就 500 元/年。这样的待遇使得农民对担任小组长普遍不热心。与低津贴相对应的是小组长的低度责任感，在"拿多少钱办多少事"的情况下，小组长普遍抱着得过且过的心态，无心参与村务，仅完成协助发放传单、通知、评低保等"规定动作"，对其他事务则表现出消极怠工。在村干部—组长—村民的三级结构中，小组长的职能日益虚化。在村干部、村民都觉得小组长可有可无的时候，村庄内部会自动"取消"小组长，当真的没有小组长的时候，本就脆弱的村庄治理会面临更大挑战。农村工作难以做到过去那般缜密，各种意外将防不胜防。[①] 因为小组长作用微弱就呼吁取消村民小组，这无异于"自断双臂"。村民小组长应当作为村干部治理村庄的左膀右

---

① 参见贺雪峰：《乡村的前途：新农村建设与中国道路》，山东人民出版社 2007 年版，第 142 页。

臂，在"双臂"功能出现退化的情况下，正确的做法应当是强身健体，力图恢复，而非"双臂无用，自废武功"。

四、加强村民小组的建设的各种可能性进路

村民小组上对接国家政权，下连接村民生产生活，若取缔村民小组，只会导致机会成本增高、管理难度增加、利益表达渠道中断及组内凝聚力下降，变相强化村级治理的集权化、行政化。当前情况下，非但不能取消村民小组，反而要积极探索加强小组建设的可能性进路，让村民小组在乡村治理中发挥积极作用。

（一）完善将村民小组确认为经济组织的各种法律形式

现行村民自治的法律法规大部分聚焦于村一级层级上，很少条款涉及村民小组，《村委会组织法》论及村民小组的规定只有一条，[1] 实操中缺乏具体规定。《民法总则》此次虽明确了集体经济组织与村委会的法人地位，却未触及村民小组的法律定位，其权利、义务和责任都需进行明确的界定，责权不对称问题如果处理不当，无可避免将产生很多法律纠纷。

目前，国务院已经明确规定要在全国开展作为集体经济组织的村民小组的赋码登记工作。[2] 农业农村部、中国人民银行、国家市场监督管理总局《关于开展农村集体经济组织登记赋码工作的通知》中明确规定："农村集体经济组织登记赋码的对象主要是农村集体产权制度改革后，将农村集体资产以股份或份额的形式量化到本集体成员而成立的新型农村集体经济组织，包括组、村、乡（镇）三级。各级农业农村管理部门要指导有集体统一经营资产的组、村、乡（镇）建立健全农村集体经济组织，并把农村集体资产的所有权确权到不同层级的农村集体经济组织成员集体，依法由农村集体经济组织代表集体行使所有权。"从物权保护的角度出

---

① 参见《中华人民共和国村民委员会组织法》第二十八条。
② 参见农业农村部、中国人民银行、国家市场监督管理总局《关于开展农村集体经济组织登记赋码工作的通知》。

发，未来我国立法确认以村民小组作为农村特别法人的现实社会基础已经完全具备，其他相互配套的相应法律措施应随时跟进，以实现事实权力与法定权力的一致。例如，基于政府依照国务院行政法规实施的机构编码电子系统的确认，村民小组首先可以有名实相符的公章，① 可以开立对公的银行账户。如果缺少财会人员，可以委托村委会、村集体经济组织或者会计师事务所设立账簿。

依照物权法的观点，应进行集体组织成员资格的立法、集体经济组织章程的制定（包括负责人的选任、罢免、法律责任等）、财务管理制度、自治程序的衔接等。针对增加小组长报酬，规范村民小组机构设置、会议召开程序及权力行使范围等，都需做出更为具体、有指导性和可操作性的规定，从公法角度保护好村民小组的物权。

与此同时，应增加《物权法》中成员权制度和财产共有及其处分规则，增加《村民委员会法》中集体经济组织和村民自治衔接程序规则，厘清两者之间财产制度和财务管理关系。

（二）政府给予财政支持，赋予农户自决权

对村民小组集体资产的管理开展组内清产核资工作，确定属于该集体的责任财产。在此过程中，政府应当给予充分财政支持。毕竟受限于范围和规模，随着市场经济发展和城镇化拓展，仅仅依靠村民小组代管农村集体土地是有限的。许多地方的村民小组功能弱化，难以充分行使好经济管理的职能。尽管如此，从体制上确认村民小组为集体所有制的基本单元，作为村集体成员的农民是欢迎。在此基础上，法律还应赋予农民自我决定权，对已具备集体经济组织且体制较为完备的地区，应充分考虑到村民小组与集体经济组织实则"一套班子"的情况，允许农民自由决定是否将村民小组转化为以实现经济目的为主的集体经济组织然后予以赋码登

---

① 根据农业农村部、中国人民银行、国家市场监督管理总局《关于开展农村集体经济组织登记赋码工作的通知》规定，一些保留生产队公章的村民小组可以直接凭原有公章置换为新的集体经济组织的公章。

记。对于那些尚不具备成立集体经济组织条件的农民集体不强制改变现状，集体土地所有权仍由原来的主体代为行使，循序渐进探索以村民小组为起点的产权改制。时机成熟时由农民自我取决，在行使集体资产管理方面拥有更多自主裁量空间，才能更好地维护农民的实体权益。

（三）吸纳精英型人才，由一元化领导向多方民主共商转化

在村庄治理中，缺失了农民尤其是中下层农民的"代言人"，动员所有人来参与村庄治理很不实际，所以，村庄治理需要依靠与精英合作。农村的精英在个人能力、群众威望等方面都较普通民众更胜一筹。农村也急需那些懂经营、善管理、有能力的干部，成为农村致富的带头人。社会的分化和农民的流动促使有能力的年轻精英能够执掌权力。过往，往往看重村民小组长一人的能力，着重强调小组长的带头示范作用，相当长的时间内，都实行的是一元化领导，极容易蜕化为个人本位，失去为农民争取利益的动力。随着村内公共事务增多，社会结构多样化、一人当家已不足以应对，良策是将权力分散给更多人执掌，提高议事决策能力，建立财产和社会治理权力制约机制。

五、结语

人民公社时期"三级所有、队为基础"的建制之所以得到保留，根深蒂固地存活于我国农村实际，自有其土壤和养分，应当积极发挥村民小组基层治理中的内在价值。《民法总则》赋予了农村集体经济组织的特别法人地位，顺应了市场化经济发展的要求，意义重大，但成为废除村民小组的理由尚且不足。考虑到我国乡村实际，将村民小组直接转化成村内集体经济组织或与上层村委会合并的时机并不成熟。凡涉及乡村两级改革，一定要谨慎而为，先从试点开始；多考察现行体制存在的合理性，因地制宜地规范当地村民小组组织，完善村民小组制度；将更多的选择权交给农户本身，还原乡村自治的本质。待到条件完备，逐步探索政经分离，从而保证

村民自治体系运转协调顺畅，推进村民自治不断向前发展。

参考文献

[1] 李永军：《集体经济组织法人的历史变迁和法律结构》，载《比较法研究》，2017 年第 4 期。

[2] 徐英兰：《试论我国农村集体土地所有权主体制度之改革路径》，载《行政与法》，2015 年第 7 期。

[3] 余敬、唐欣瑜：《农民集体权利主体地位的追溯、缺陷与重塑》，载《海南大学学报（人文社会科学版)》，2018 年第 1 期。

[4] 徐勇、邓大才：《中国农村村民自治有效实现形式研究》，中国社会科学出版社 2015 年版。

[5] 李永萍、慈勤英：《村民小组：乡村治理的最小单元》，载《武汉大学学报》，2017 年第 5 期。

[6] 贺雪峰：《乡村的前途：新农村建设与中国道路》，山东人民出版社 2007 年版。

[7] 贺雪峰：《乡村社会的关键词——进入 21 世纪的中国乡村素描》，山东人民出版社 2010 年版。

[8] 柳琳：《农村集体土地所有权主体问题探讨》，载《湖北民族学院学报（哲学社会科学版)》，2005 年第 1 期。

土地承包经营权承包户外流转秩序的制度设计

——以亲属物权权利流转成员身份利益为视角

王 健[*]

摘要：土地承包经营权流转是集体利益在成员中分配的一种方式，关乎成员资格财产保障的落实，也关乎集体组织功能的实现。"三权分置"理论为讨论土地承包经营权流转创造了机会。目前，土地承包经营权的流转限度与范围不是完全的自由，也并非完全的限制，平衡点在于使绝大多数成员实际享有土地承包经营权。但成员缺乏请求权，尤其在家庭成员分立当中。试点地区试图以社团组织权利或亲属权利作为成员获取请求权的基础。未来，应将主体范围扩展至承包户，增强承包户的独立性，以承包户成员财产权承载集体利益；或凭借集体成员身份的双重性，以亲属权利流转集体利益，从而为集体成员（包括家庭成员个人）维护身份利益提供法律上的请求权，也为集体权益保障提供制度支持。

关键词：土地承包经营权 承包户 家庭 继承

一、引言

土地承包经营权流转是集体利益在成员中配置状态的形成方式之一。合理的土地流转状态既关乎集体价值目标的实现，使每个成

---

[*] 王健，四川大学法学院 2015 级民商法学硕士研究生。

员直接或者间接享有承包地利益，又关乎成员的职业选择和生存大计，因土地收益而获取生存与生产资料。目前就土地流转而言，讨论的重心多落在了土地经营权流转，但土地利用的稳定性是由权属来决定的。如果土地承包经营权的流转都缺乏法律秩序，那么土地经营权的流转只是实现了利用价值，而集体价值目标的落实仍充满了不确定性。[①]

四川大学法学院杨遂全教授认为，现有的土地承包经营权流转秩序的形成依赖以家庭为核心的联产承包责任制度，缺少对家庭成员的个体权利保护机制。从目前的土地制度改革的过渡阶段看，任何制度都受限于一定的历史阶段，当其所依靠的社会基础发生改变的时候，制度应该适时地做出回应。

为了使得我们的以下讨论富有理论和实践意义，本文将对现存的土地承包经营权流转秩序形成的制度结构以及作用机制做一番梳理。此后，介绍目前偏离集体价值目标的土地承包经营权流转情形，结合对现实问题与既有制度的认识，在以集体价值目标为前提的情况下，讨论、评价各种在现有制度基础上补充、修正的可能方案，进而提出我们的建议。如果对现有制度的修补不足以解决问题，那么将以现有的中央政策目标、现实为导向，引入新因素与现有制度相互补充、相互协调，从而建立可维护既有承包地秩序与集体成员分享集体利益目标的体系。

二、土地承包经营权流转的限度与作用机制

（一）土地承包经营权流转的限度

农民集体应该是一个家庭或者集体成员个人共有的集体，而不应是另一个主体来当土地的主人。集体不是一个超越所有成员之上

---

① 高飞：《论集体土地所有权制度的缺失根源及解决路径》，载《云南大学学报（法学版）》，2010 第 4 期。

的单独个体，集体利益最终归属于所有的集体成员。① 集体以承包地为物质保障的载体，将集体利益分享给所有集体成员。在集体成员利用土地且生产效率高的背景下，集体成员可自由地实现对于承包地的利用。承包地按照需要、能力等因素合理地在集体成员之间配置土地，或者将承包地按照人口平均分配。成员取得了土地承包经营权，这无疑是一个理想的土地资源配置模式，充分实现了集体对于所有成员的财产保障。维护土地利用状态的稳定，保证既有权利人对承包地的预期投入等决定了集体土地需要与成员建立一种相对的稳定性，② 难以时常调整土地在成员中的配置。因而，承包地的配置依赖于土地承包经营权在集体成员内部的流转。人口的增长与承包地数量的固定，使得成员资格的财产保障逐渐被虚化，流转秩序的恰当与否决定了成员是否可以获得集体保障。调整承包地流转的秩序，就是调整集体利益在成员之间的分配。土地承包经营权的流转秩序由流转的限度、范围以及效果来表现。

就土地承包经营权流转而言，流转需要保持在一个适当的限度之内。按人口平均分配土地体现了集体对所有集体成员的保障。但是，单个集体的土地面积在一段时期内是一定的，而人口增长在短期内是绝对值的扩大。在集体土地被分割殆尽的情况下，生产力发展的滞后与成员劳动能力的有限，使得成员依赖承包地作为生存手段以及职业选择。为了保障集体内部新增人口可以获得承包地，承包地需要一定范围流转，以优化土地资源的配置及保障个体获得集体财产的保障。

不受限的自由流转，会将承包地逐渐集中在一部分成员手中。如此有可能实现土地利用效率的最大化，事实上形成了类似于土地兼并的效果。在集体仍以承包地作为主要集体财产保障的情况下，

---

① 孙宪宗：《推进农村土地"三权分置"需要解决的法律认识问题》，载《行政管理改革》，2016 第 2 期。

② 崔红志：《农村土地承包关系：内涵、挑战与建议》，载《农村经济》，2016 第 3 期。

部分成员因承包地的丧失而失去了获得集体财产保障的可能性，这就有违集体组织的设立目标。如何使土地承包经营权流转的自由度保持在一个恰当的区间？

（二）土地承包经营权流转限度实现的作用机制

无法考究是制度，还是实践，最终选择了承包户制度，而从该制度实施之后所发生的效果来看，承包户在土地承包经营权流转中，充当了一个合理的制度关口。从维护身份利益来说，每个成员都有获得承包地的权利。这是承包户之间发生承包地流转的前提。但是，集体的价值是使每个集体成员享有承包地。完全的承包地流转会形成承包地集中的风险，因而，需要承包户维持一个相对稳定的承包关系，使得每个承包户的成员都可以获得集体保障。

就限制土地承包经营权流转而言，以成员之间家庭关系作为构成基础的承包户限制了土地承包经营权人对于承包地的肆意处置。其发生作用的机制在于：（1）《土地承包法》规定了只有作为承包方的承包户才可以以出租、转让、转包和调换等方式来流转承包地。如此形成了以承包户为行使权利的主体，以成员为权利主体的权利结构，防止成员肆意流转土地承包经营权。[1]（2）承包户以家庭作为构建基础，传统的家庭观念使得作为行权主体的承包户几乎难以发生肆意转让承包地的情形。为子孙谋划生计的观念几乎根植于中华民族的血液当中，将土地彻底地转让，意味着后人失去了以此为生计的可能性。这背离了农村社会的道德风俗。以户作为行权主体，意味着承包地可以永久在户内传承下去。承包户制度限制了土地承包经营权的流转范围与频率，在一定程度上抑制了对承包地最大效率地利用，但并未完全禁止土地承包经营权的合理流转。

就鼓励土地承包经营权流转而言，在承包户内，承包地会发生

---

[1] 王廷勇、杨遂全：《承包经营权再分离的继承问题研究》，载《农村经济》，2017第7期。

承包户继受的情形。① 此种方式不同于继承，不强调个人对于土地承包经营权的享有以及处分，即伴随着户内成员的生老病死而将承包地转让给户内其他成员。这构成了一定成员范围内的流转。该种流转方式的实现是以成员之间的亲属关系为前提。做一个假设，以理解承包户在土地承包经营权流转中所发挥的作用：假设承包户不是以家庭作为构建基础，而是以不具有亲属关系的集体成员任意组合而成的生产、分配组织，且土地承包经营权属于成员为前提，那么该成员是否可能会将自己的土地承包经营权自愿无偿地转让给户内其他需要承包地的成员？答案是否定的。

以家庭为构建基础的承包户中的户内成员之间至少具有两种身份关系：集体成员身份与亲属身份。从亲属身份解读，户内成员之间所发生的承包地转让是受亲属利益所驱动，似乎与集体保障的目标相去甚远。但若从集体成员身份解读，此种承包地转让的无偿性以及按照需要流转正是集体落实保障的最佳方式。因而，不必过于计较其中因亲属身份所发生的承包地流转。集体财产保障借助亲属身份发生流转，关键在于成员是否可以获得承包地的保障。

发生在承包户之间的土地承包经营权流转，以承包户作为行使权利的单位，并且受制于户内的整体意志，但其归根结底还是以个人权利作为基础。② 承包户之间的土地承包经营权流转限度与范围由承包户的流转意愿来决定。此种流转意愿会受到各种利益的驱动，流转的限度与范围扩大，但因承包户中亲属利益而受限。发生在承包户之间的土地承包经营权流转，如果以承包户之间是否存在亲属关系作为划分标准，可以将之区分为承包户成员之间存在亲属关系和不存在亲属关系的土地承包经营权流转。一般来说，发生在亲属承包户成员之间的土地承包经营权流转则是无偿的。但相互不

① 陈甦：《土地承包经营权继承机制及其阐释辩证》，载《清华法学》，2016 年第 3 期。

② 汪洋：《土地承包经营权继承问题研究——对现行规范的法构造阐释与法政策考量》，载《清华法学》，2014 年第 4 期。

是对应关系，存在例外。此种范围及方式的土地承包经营权流转，也是落实集体财产保障的主要方式，毕竟现存的集体土地基本上被分割殆尽。

综上可以得出结论，从落实集体对成员的财产保障来说，发生在承包户之间的土地承包经营权流转自由度与范围需要保持在一个合理的区间内。承包户有意或无意地构成了对于土地承包经营权流转的控制阀，防止了流转的泛滥。但是，集体成员需求的多样化会促使土地承包经营权发生流转，实现资源的有效配置。制度的设计有其历史局限性。目前，就土地承包经营权流转来说，承包户制度所担负的价值目标在实际运行中开始偏离初衷。

三、土地承包经营权流转对成员利益保障不足的表现形式

（一）承包户分立对成员身份请求权缺失的表现

因子女结婚独立成家立业或家庭成员太多，会发生承包户分家析产的问题。原承包户（分家析产）分立之后，新分离出来的承包户出现无承包地的状态，法律是否规定给新承包户转让部分承包地？如果没有规定，那么新承包户如何获得承包地？如果没有承包地，新承包户因其集体身份而获得的财产保障从何而来？

由上一部分分析得知，土地承包经营权以成员为权利人，以承包户为单位，未分户的成员尚有从户内的其他成员手中获取土地承包经营权的可能性。而因承包户分立出现的新承包户，法律并未规定该承包户享有向原承包户请求获得承包地的权利，也没有规定新承包户的成员自身被赋予向原承包户的请求权。该成员已经不再是原承包户中的成员，失去了承包地继受的可能性。这种情况下，新承包户失去了向原承包户请求获得土地承包经营权的权利基础。此种风险不在于新承包户是否缺乏从原承包户手中获得土地承包经营权的可能性，例如，原承包户无偿将承包地转让给新承包户或者新承包户自愿放弃权利，而在于新承包户缺乏维护其期待身份利益的请求权，即身为集体成员有获得集体保障——承包地利益之可能。

而承包户自身承担着为户内成员分配承包地利益的功能，从承包户中分立的成员当然得有获取承包地利益之可能。但是，一旦发生分立，新承包户无权从原承包户手中获得承包地。以至于同为具有亲属身份的集体成员，却因分立而失去了请求获得承包地的可能，而只能依赖于原承包户的意愿，这样的获取方式本身就是脆弱的。从行使承包地权利的单位（承包户）或权利主体来看，新承包户缺乏从原承包户获得承包地的法定请求权。

为了使得所有的讨论富有意义，仍有必要检查一下问题的前提是否是肯定的。

（二）对承包户分立现象预设前提的验证

承包地对于新承包户是否一定是必要的？从原承包户手中获得承包地是否一定是必要的？承包地既然是集体保障的物质表现形式，当然应该承载集体的价值目标。从集体身份利益来讲，成员有理由从集体或者原承包户处获得承包地保障。一般来说，承包地是集体最大的财产，也是集体成员可供分享的身份利益，即使集体利益的分享采用股份化，只要集体收益仍然是以集体土地作为作用对象，那么承包地就是一个重要的参考标准。承包地对于承包户以及户内成员分享集体利益意义重大。虽然新承包户没有从原承包户获得承包地不意味着没有获得承包地的保障，毕竟还可以通过原承包户的授权来利用承包地以获取收益。但承包地的利用依赖于土地承包经营权，倘若没有取得土地承包经营权，虽然新承包户可以通过承包地来收益，但新承包户并未获得集体保障。如果新承包户不能从原承包户处获得承包地，集体土地又被分割殆尽，那么集体财产保障如何获取？

那么，是否可以禁止分户以保障承包户成员通过从承包户处继受的方式来获得土地？分户的发生有其特定的缘由，并不能通过禁止来阻止其发生。从根本上说，分户是由生产力决定的，农业生产方式的现代化使得劳动力得以解放，以传统大家庭为基础的承包户逐渐被核心家庭式的承包户所取代，个人凭借自身能力来实现农业耕种等土地利用，当然，个人权利意识的觉醒在其中也发挥着一定的作用。即使强行限制了承包户的分立，但却无法阻止承包户内部在对土地利用方式上的分化，承包户分立本来就是户内成员希望实现可获得利益的独立化，勉强地将之限制在同一个承包户内，而户内成员的利益乃至对于土地的利用出现了分化，那么对一个承包户来说，其组织体的整体性已经荡然无存，该组织体是否还可以被视为一个统一的组织体都会令人生疑。因而，分户现象难以被禁止，并且采取禁止措施来阻止承包户分立则是回避了解决问题的可能性。

由此可知，分户现象的出现不可被禁止，而由分户现象所引发的新承包户丧失请求权也缺乏法律规定，问题讨论依赖对于问题的深化，为什么法律未规定新承包户对于原承包户的请求权？

（三）集体成员维护身份利益请求权缺失的缘由

将对土地承包经营权的流转权限赋予承包户，承包户对此享有几乎完全的自由。其背后的假定在于承包户的户内成员是亲属关系，基于亲属身份的利益，户内成员之间、存在亲属关系的承包户之间发生承包地转移的概率较大。此种假定所依赖的是道德信念，而道德信念不具有强制力，如何期望土地承包经营权流转会符合集体财产保障的目标。承包户可以不将土地流转给新承包户，使得集体保障的目标落空，也可以肆意流转承包地，致使承包户无继受的承包地，致使具有期待可能性的户内成员不能获得集体保障。让承包户享有不受限制的承包地处分权的假定基础是薄弱的，土地承包经营权流转秩序有不适之处在所难免。

原则上，土地承包经营权流转的理想模式是以成员为权利主体，以承包户作为行权单位，而事实上就整个土地承包经营权流转而言，土地承包经营权的行权主体既是成员又是承包户，生在承包户内的成员继受承包地是以亲属身份来实现集体利益的流转，行权主体是成员，但通常法律并不介入，而是由承包户内部进行协定；而发生在承包户之间的承包地流转只能以承包户为行权主体，以承包户之间的意思自治决定流转的发生，排除个人行权的可能性，防止个人滥用权利，危及承包户的价值功能。土地承包经营权是一项身份利益，无论是权利人或是对权利有期待可能的当事人都有行权之必要。问题集中体现在了分户当中，分户成员作为一个组织成员，亦是依据一定的身份，却无任何请求权基础从原承包户处获得承包地。建立在成员身份基础上的土地承包经营权，成员在流转过程中却无权利来请求获得。为成员寻求一个流转环节中对土地承包经营权的请求基础，焦点在于土地承包经营权权利主体是成员，行权主体是承包户，实际运行中个人有作为行权主体的情况。解决的方案可以预设为：第一种，以个人作为土地承包经营权的权利主体和行权主体。如果将个人作为土地承包经营权的权利主体与行权主体，姑且不说缺乏社会实践基础，光是如何使无承包地的成员分享承包地利益就需要相应的配套制度，并且将目前本来由承包户来协调的分配矛盾再一次归入集体分配矛盾，现有的分配政策尚不足以由集体有效解决个人作为分配主体的利益冲突，此方案排除；第二种，以承包户作为土地承包经营权的权利主体和行权主体，将承包户建设成为一个组织，赋予其成员退出组织时对组织财产的请求权，使承包地资源在成员中得到配置；第三种，以权利人作为权利主体，以承包户作为行权主体，但为成员提供一个对承包地的请求权，不改变承包户作为行权主体的地位。其中第二种方案和第三种方案有讨论之必要，试论一二。

四、探讨以承包户组织权利承载成员身份利益

土地承包经营权既会沿着身份关系发生流转，也会由承包户作为行权主体来行使，那么是否可以将土地承包经营权的权利主体扩充至承包户。如果是将承包户作为土地承包经营权的权利主体与行权主体，承包户就是一个完整、独立的组织体，那么承包户分立中的请求权缺失就可以转化为成员退出时对于承包户财产所享有的请求分割组织财产的请求权。问题是承包户是否具备成为一个独立、完整组织体的可能？此种独立需要体现在财产、组织以及责任负担等各个方面。

承包户以从事劳动生产、创造物质财富为目的，户内成员以具有家庭亲属关系来组织建立，将之定位为一个组织体，从而使得评

价标准得以统一，为分立的户内成员赋予一项因退出而享有的财产请求权。但事实上承包户不是也不能成为一个纯粹的生产小组。承包户以家庭为基础构建，家庭与承包户在成员范围上经常是重叠的，家庭是一个包括了生产、生活等多种功能的社会最小组成单位，承包户因此缺失了与家庭的区别性，即承包户不仅具有生产功能。正因为承包户功能失去区别性使得本属于家庭的生产作业与职业选择的分化被认为发生在承包户。同一承包户内，部分成员从事对土地的利用生产，而部分成员则外出经商、务工等，此种职业选择的分化使得承包户以一个独立的主体来承担责任充满争议，让不从事农业生产的户内成员为从事农业生产的成员清偿债务或者取得收益显然不合理。但如果消除了在责任负担上的统一，那么承包户是否还可以被认为是一个独立的组织体。

此外，就算以上的不足可以通过适当的措施来弥补，承包户整体意志的形成缺陷以及价值和事实假定条件的变化仍有阻碍。承包户以家庭为基础而建立，亲属关系具有隶属性、情感性等特征，假使采取了相似于法人或者合伙的协商，亲属关系的隶属性使得户内成员不能自由平等地表达意志，承包户的整体意志受制于户内中强势的成员意志，不能形成合意。再者，一般承包户基于生活保障、照顾后代等等观念不会转让承包地给其他非亲属关系的承包户，但伴随着职业选择机会的增加以及生活保障体系的完善，集体成员与土地之间的依赖性在降低，土地预估价值增加促使着承包户折现意愿的增加。实践中，典型地体现在了成都改革试验区中，部分成员为了获得短期利益而希望可以将承包地转让给其他集体成员，这剥夺了户内成员基于身份的可期待利益。当然，可以通过为户内成员提供同等条件下的优先购买权来保障其获得承包地优先于其他集体成员，但户内成员的支付能力不足有可能使得优先购买权制度的目的落空。集体内部完全自由的承包地流转秩序在现阶段会扰乱集体利益分享的秩序以及成员职业选择，放任承包地自由流转使得相当一部分成员丧失以农民作为职业选择的机会，但社会其他行业并没有做好为该部分劳动力转移提供相当数量不低于原有生活水平的职业岗位。集体土地被集中在一个或几个成员手中，不是利用关系上的集中，而是承包关系上的集中，在土地调整非常态化的背景下，集体土地利益如何被分享到其他成员手中？与此种垄断土地的集体成员相交易的相对方需要支付多少对价才可以获得对土地的利用？综上，完全自由地流转承包地并不适合，而以承包户作为承包地的权利主体与行权主体的制度设想并不能摆脱承包地自由流转发生的可能，也难以形成真正的合意。

此外，成员集体财产保障的获得，一方面源于承包户作为权利主体，成员作为承包户组织的成员，当然地分享利益；① 另一方面在于成员从承包户退出时，可以分割承包户组织的整个土地承包经营权来实现。什么样的条件可以构成成员退出承包户，进而分割由承包户作为权利主体的土地承包经营权，如果无任何限制，那么承包户的稳定性会被破坏。

由此可知，以承包户为土地承包经营权权利主体的路径存在障碍，此种方式虽能为成员提供表达意志的机会，与完全由承包户来自由调配承包地相比有了些许进步，但是在承包地流转过程中，保障户内成员对于承包地的可期待，进而使得多数成员可以有权利获得承包地保障、将承包地的流转限制在一个适当的范围的目标仍未实现，而且此种设想使得成员形象从集体中消失，取而代之的是承包户。既然将承包户设置成独立的组织，以组织权利承担集体利益的流转并不能妥善解决问题，那么可以考虑适当放开个人行权限度。

五、探讨以亲属权利承载成员的身份利益

（一）赋予成员行权的社会现实

放开对个人行权的限制有其特定的社会现实。土地经营权的分

---

① 任丹丽：《关于集体成员资格和集体财产权的思考》，载《南京农业大学学报》，2008 第 3 期。

置促使对土地最大效率的利用，同时也为土地承包经营权的流转限度及范围的探讨提供了可能性。换言之，在土地利用不成问题的前提下，对于归属的探讨有了可能。城镇化的持续发展、劳动力转移以及农村熟人社会的解体等因素在重新塑造着集体内部人与人之间的关系，包括承包户内部成员之间的关系。过去因生产力落后、户口限制等导致的承包户利益共同体的牢固性在变低，成员之间联系的紧密性在削弱，职业选择的多样化促使户内成员与土地的链接放松，也使得户内成员的联系降低，熟人社会的解体带来的是传统道德规范拘束力的减弱，承包户之前的价值假定与事实假定都在改变，个人始终处于一个弱势地位。承包户对于承包地的处分并不能受到任何内部成员权利的限制，少数服从多数，不一定是民主，有可能是多数人的暴政，成员对于土地承包经营权的权利或者期待可能性等身份利益得不到有效的保护。因此赋予个人对土地承包经营权行权存在可能性与必要性，问题在于个人行权的介入以什么为基础。

（二）亲属权利承载成员身份利益的可能性

既有的承包户制度在一定程度上利用户内成员之间的亲属关系来实现集体所要求的价值目标，这是由户内成员之间具有亲属身份与集体身份所决定的，将亲属关系搭建集体利益的范围限制在了承包户之内。虽然同样对于承包地并无请求权，但是却可以因承包户的整体性而获得财产保障，而在具有亲属关系的承包户之间，就承包地流转而言缺乏获得承包地的保障或者请求流转的权利。承包地不是一个完全的私产，而是身份利益，既然是身份利益，当然应该符合所在组织的要求，即保障集体成员对集体利益的分享。既然以承包户作为权利主体缺乏可行性，那么是否可以适当地赋予成员对承包地以请求权，以亲属关系作为集体利益的承载权利。

既然中心在于成员缺乏对于承包地的请求权，那么应该按照什么样的要求赋予成员恰当的请求权。为了防止个人滥用土地承包经营权致使保障成员的目的落空，赋予成员对于承包地的请求权是为个人提供了对土地承包经营权行权的可能性，这会对以承包户作为行权单位的承包户制度造成一定的冲击。因而，此种行权应该被限制在一定的条件之内。首先，对既有权利人利用承包地的尊重。承包关系需要长期稳定，如果成员不加任何限制地享有对于承包地流转的请求权，那么对于既有权利人来说，权利状态的稳定性就得不到保障。其次，成员之所以可以享有对承包地流转的请求权，这是由集体身份利益赋予的，但并不意味着新成员对承包地的流转权益优先于同具有集体身份的既有成员，应该尊重既有的权利状态，而不是遵循因为需要就可以请求流转的理由来获取。最后，土地承包经营权流转秩序既不可以过于集中（权属集中有可能造成类似土地兼并的效果），又不可以不发生流转以至于承包地失去活性。因而，承包地流转请求权对于既有权利人行权状态的干涉应该保持在最低的限度之内，那么给成员赋予什么样的请求权才符合这样的要求？

利用搭建在亲属关系之上的继承可以实现成员对于承包地流转的请求权。继承符合成员承包地请求权对既有权利人最低限度干涉的要求，继承以被继承人的死亡为发生条件，这意味着既有权利人对土地承包经营权的享有可以一直持续到生命结束，维护了承包关系的稳定性。此外，继承以继承人与被继承人存在家庭亲属关系为前提，如此可以被纳入承包户的评价标准中，使得承包地流转突破承包户范围的限制，发生在承包户之间。被继承人对于自己财产所享有的死因处分权不能使所有的成员享有对承包地的请求权，而且此种权利使得被继承人有滥用自己权利的风险。参考德国继承法中继承人对于遗产应继份额的请求权，应该适当地考虑赋予继承人对承包地的请求权，由此构成对于承包户自由的限制以及被继承人对承包地不当处置的限制，但此种权利的行使应该被严格限制。①

如此就土地承包经营权而言，既有的制度是以成员为权利主体，以承包户为行权主体，构筑了以承包户来限制成员对土地承包

① 雷纳·弗兰克、托比亚斯·海尔姆斯著，王葆莳、林佳业译：《德国继承法》，中国政法大学出版社 2015 年版，第 33 页。

经营权的滥用，以亲属身份利益将承包地的流转限制在一定范围之内。通过继承使得被继承人获得了对于承包地的死因处分权限，继承人获得了对于承包地流转的请求权，被继承人有了对承包地的行权可能性，而继承人可以就承包户或者被继承人对承包地的不当流转进行限制，保证了承包地的流转限度以及流转秩序，最终达成以成员作为土地承包经营权的权利主体，以承包户作为行权主体。就发生在承包户之间的土地承包经营权流转环节而言，为个人行权创造了可能性，但仍是以承包户作为行权主体，个人请求权构成了流转发生的基础。

（三）以继承承载成员身份利益的不足

当然，继承为个人行使土地承包经营权创造了可能，但是具体落实以及可能的社会效果还是需要注意。继承是否会形成土地固化取决于如何解释土地固化。如果说土地固化是土地被某个承包户持续利用，那么承包地的确被固化。但如果说土地固化是指土地被某个家族持续承包，致使其他承包户失去了承包的可能性或该承包户所承包的土地比其他承包户所承包的土地多，甚至其他承包户没有承包地，那么此种说法值得商榷。从亲属身份来说，土地被固化在某个家族承包户中，但若是从集体成员身份来讲，并无不可。而且，现有的承包地配置状态有其特定的历史原因，例如该承包户前期开垦荒地或遵循计划生育等导致土地份额的增加，不能因为现有承包地配置的不均衡就认为土地发生了固化。土地承包经营权的继承人范围是否应该包括集体之外的成员，一般认为不包括不具有集体身份的成员，土地承包经营权是一项身份利益，不应该由非集体成员继承，但是非集体成员可以通过加入集体组织等方式取得成员身份来继承土地承包经营权。

此外，要注意的是土地承包经营权适用于继承是建立在成员双重身份的价值目标一致的情况下，如果价值目标发生了偏差，就需要外部监督来纠正并使其符合集体的价值目标。

如何应对成员所做的价值判断偏离集体价值目标？需要引入第三方。可由土地确权登记机关对土地承包经营权的流转做事实上的程序审查，确认其是否保障了对土地承包经营权存在期待可能性成员的利益，是否取得了成员的同意，以此判断是否形成了合意。监督机构只是对于事实进行一个形式审查，审查的目的不是要求取得所有成员的一致认可，而是保障有丧失身份利益可能性的该部分成员的利益。

六、结论与建议

土地承包经营权流转是集体土地利益在成员中的配置，是对集体价值目标的落实，此种特征使其不仅需要遵循流转效益的最大化。若只追求流转效益最大化，土地承包经营权完全自由地流转可以使资源得到恰当地配置，但集体土地为成员提供财产保障的目的就可能难以实现。承包地是集体组织最大的财产，承包地都被流转到某个或某几个成员手中，失去承包地的成员如何获得集体所提供的保障？为了实现效率与集体保障的实现，土地承包经营权流转范围与限度需要保持在一个合理的区间，处理好稳定与流转的界限。

成员是土地承包经营权的权利主体，但承包户是土地承包经营权的行权主体，承包户影响土地承包经营权流转秩序的形成。单从发生在承包户之间的土地承包经营权流转中，并不能发现土地承包经营权流转的缺陷何在。而在承包户分立当中，新承包户丧失土地承包经营权的现象，暴露出对土地承包经营权存在期待可能性的成员并不能依靠其身份信赖获得土地承包经营权的问题。或许可以通过相关规定直接限制承包户流转土地承包经营权的范围，但却无法保障成员确信地获得土地承包经营权。法律并未规定成员对存在期待可能性的身份利益——土地承包经营权享有任何请求权，如何为成员寻找一个请求权基础？直接赋予成员对可期待的土地承包经营权的请求权，面临的障碍在于土地承包经营权现时属于既有权利人，如何不破坏既有权利人的利益？如果不能影响既有权利人对于土地承包经营权的处分，那么期待利益如何获得保障？对土地承包经营权享有期待可能性的成员如何分割土地承包经营权？基于诸多障碍，考虑借助其他权利体系来输送集体利益。

　　以成员的身份利益作为基础，扩充土地承包经营权的权利主体范围，以承包户作为土地承包经营权的权利主体与行权主体，成员对土地承包经营权的请求权建立在成员对于承包户组织的利益分割请求权上。将土地承包经营权的权利主体变为承包户，可以实现对于所有户内成员的保障，但问题在于承包户不具有成为严密组织体的条件，也无法克服成员分立承包户时，请求分割土地承包经营权对于既有权利状态以及承包户整体利益的冲击。但承包户有其存在的合理性，此方式验证了土地承包经营权仍需要以成员为权利主体，承包户为行权主体，那么仍然需要为成员寻找对土地承包经营权的请求权基础。

　　因承包户成员的双重身份——集体身份与亲属身份，考虑借助亲属身份所形成的权利义务关系，以亲属权利来流转集体利益，进而构建一个稳定的集体资源配置秩序。以继承作为成员获取土地承包经营权的请求权基础，赋予被继承人对于土地承包经营权的死因处分权限、继承人对于继承财产因期待而享有的遗产分割请求权及限制被继承人对遗产的不当处分。继承人的此种请求权的对象一般是必要的生活资料，但此时将其范围扩张至土地承包经营权。

　　以承包户作为土地承包经营权的权利主体和行权主体，利用成员因退出组织而享有的分割财产请求权作为土地承包经营权的请求权基础，其中的集体利益在成员加入承包户时就被赋予，成员对土地承包经营权的请求是将既有的权利份额从整体权利中分割出来。通过继承的方式作为土地承包经营权的请求权基础，则是以身份利益与期待可能性作为前提，成员对土地承包经营权的享有不是一开始就有，而是在原权利人利用完毕之后才获取。两者的不同在于一个是对既有权利的分割，一个是对期待权利的请求。但为了保障成员对于集体利益的获取、承包户对户内成员的照料、成员在承包户中的话语权以及对既有权利状态的维护，个人意志与承包户意志应该并行其中，土地承包经营权是一项身份权利，成员应该被赋予维护身份利益的请求权。

　　在土地承包经营权流转中，承包户仍是行权主体，只在权利人死亡或者承包户对土地承包经营权转让涉及继承的成员时，才需要获得相关成员的认可。除此之外，对于土地的承包经营权的利用都应该被尊重，如此界定承包户与成员土地承包经营权的行权界限。

以上的制度搭建希望为集体成员获得一个在土地承包经营权流转环节中的话语权，进而使其可以通过该权利来获得身份利益，获得集体财产保障。

参考文献

[1] 陈甦：《土地承包经营权继承机制及其阐释辩证》，载《清华法学》，2016 年第 3 期。

[2] 汪洋：《土地承包经营权继承问题研究——对现行规范的法构造阐释与法政策考量》，载《清华法学》，2014 年第 4 期。

[3] 任丹丽：《关于集体成员资格和集体财产权的思考》，载《南京农业大学学报》，2008 第 3 期。

[4] 王廷勇、杨遂全：《承包经营权再分离的继承问题研究》，载《农村经济》，2017 第 7 期。

论农村集体经济组织成员资格的认定

温程鸿*

摘要：农村集体经济组织成员资格认定关乎农民基本权益的保障，且与农村集体经济组织的发展密切相关。我国法律法规尚未对成员资格认定做出规定，实践中依据地方规范性文件或者通过村民自治的方式认定成员资格则存在诸多弊端。地方实践与学界对认定标准的分歧主要在于考量因素的差异，成员资格认定应当首先考虑户籍因素和生产、生活关系因素，再利用基本生活保障因素对其中有争议的成员做出判断，这样才能兼顾公平与效率。通过村民自治的方式认定成员资格有充分的理论基础，其制度构建应贯彻有限自治的理念，对成员的接纳和成员的排除做出不同的限制。

关键词：农村集体经济组织　成员资格　认定标准　村民自治

一、引言

2012 年 12 月 31 日，《中共中央、国务院关于加快发展现代农业进一步增强农村发展活力的若干意见》提出"探索农村集体经济组织成员资格界定的具体办法"。2014 年 7 月 30 日，《国务院关

* 温程鸿：西南政法大学 2016 级民商法专业硕士研究生。本文为杨遂全主持的 2018 年度国家社会科学基金重大研究专项《平等公正核心价值观融入产权保护立法研究》（批准号 18VHJ007）项目资助成果。

于进一步推进户籍制度改革的意见》亦重申，"探索农村集体经济组织成员资格认定办法和集体经济有效实现形式，保护成员的集体财产权和收益分配权"。近年来，地方政府为积极贯彻落实上述规定，仍在不断探索成员资格界定方式或者认定标准。2017 年 10 月 1 日施行的《民法总则》第 99 条第 1 款规定"农村集体经济组织依法取得法人资格"。在将来对相关制度的完善过程中，成员资格的认定是不可回避的问题之一。

由于我国法律法规并没有对农村集体经济组织成员资格认定做出规定，实践中主要依据地方规范性文件或者通过村规民约等村民自治的方式确定成员资格，然而地方规范性文件所采用的认定标准存在较大差异、村民自治方式则普遍存在着侵害成员合法权益的情况。在地方规范性文件和学界既有研究成果中，普遍认为成员资格认定标准应综合多种因素予以考量，其分歧点则在于具体考量因素的不同。此外，学界对能否通过村民自治的方式认定成员资格也是各执一词，有必要进一步研究。

本文首先对农村集体经济组织成员资格认定的必要性进行分析，接着，基于地方规范性文件采用的考量因素以及学界的观点，对各考量因素进行逐一分析，进而提出本文的观点。最后，本文探讨了通过村民自治认定成员资格的现实问题、理论争议和制度构建等。本文主要从实证的角度进行论述，如对 96 份裁判文书①进行了计量分析，其分析结果在各部分的论述中得以体现。

① 本文确定了 12 个省份（直辖市），以"侵害集体经济组织成员权益纠纷"这一案由作为检索关键词，选取裁判日期为 2014～2017 年的二审或者再审裁判文书，从各个省份每年的裁判文书中分别随机选取两个涉及成员资格问题的案例，样本总数为 96 个。这 12 个省份（直辖市）分别是湖北省、广东省、浙江省、天津市、重庆市、陕西省、四川省、江苏省、山东省、安徽省、河南省、湖南省。其中，湖北省、广东省和浙江省专门就农村集体经济组织制定了条例或者管理办法，天津市、重庆市和陕西省的高级人民法院就成员资格认定制定了指导意见或者会议纪要，四川省和江苏省允许有市县（区）级政府制定相应的成员资格认定办法，而山东省、安徽省、河南省、湖南省则未专门出台相关规定。通过对省份（直辖市）的限定，确保了随机选取样本的合理性。

二、农村集体经济组织成员资格认定的必要性分析

（一）成员资格认定关乎农民基本权益的保障

成员资格认定在表面上为成员身份界定的问题，实质上是一种利益分配。取得成员资格是取得农村集体经济组织成员权的前提条件，成员权又关系到农民能否取得土地承包经营权、宅基地使用权、请求分配集体收益的权利、参与集体财产管理与监督的权利和农村集体经济组织内部的选举权和被选举权等权利，这些权利本质上均为一种利益。成员权是取得相应人身、财产利益的基础，由于其利益所在，户籍迁出或者进城的农民不愿放弃其可得利益，而具有农村户籍或者在村庄内生活的农民为了让自身所能分配到的利益最大化，尽可能地排除前者的成员资格。同时，在城市扩张的进程中，农村土地所蕴含的发展潜力进一步提升，土地能够创造更大的经济利益。由此，利益相关者对利益的争夺是成员资格认定产生冲突的根源所在。利益的冲突产生了权利界定的必要，要求通过成员资格的认定以确定利益归属、保障农民的基本权益。

当前立法未对成员资格认定做出统一规定，而是由地方制定规范性文件对成员资格认定做出规定或者将成员资格认定交由村民自治，不利于农民基本权益的保障。以地方规范性文件为例，各地主要是地方性法规、地方政府规章、地方高院会议纪要或者地方政府制定的指导性文件，其效力层级过低，除地方性法规外，其他三者均不得作为法院的裁判依据。由集体利益分配产生的争议往往涉及成员资格问题，从本文检索的案例看，正是由于缺乏效力层级较高的立法，有21%的裁判文书认为涉及成员资格的案件属于自治范畴而不属于司法审查的范围，并以此为由驳回了原告的诉讼请求。此外，各地规范性文件采用了不同的认定标准，直接导致了各地农民权益保障程度的差异。在司法实践中，仅有40%的裁判文书对成员资格的认定标准进行了说明，同时法院对认定标准的见解各有不同，"同案不同判"的现象较为普遍。当前立法现状及司法实践

表明，农民的基本权益尚未得到充分保障，亟待完善成员资格认定相关制度。

（二）成员资格认定与农村集体经济组织的发展密切相关

我国对农村土地有意采取了相对模糊的产权安排，其中的重要表现即在于集体资产所有权主体模糊，如《物权法》第59条第1款规定："农民集体所有的不动产和动产，属于本集体成员集体所有。"这一规定采用了较为模糊的集体概念，引发学界的争论。第60条则规定集体所有的财产"由村集体经济组织或者村民委员会代表集体行使所有权"，又产生了集体是否为农村集体经济组织的疑惑。实践中，各地要么未设立农村集体经济组织，要么虽设立但缺乏独立性、地位被虚化，职能多由村民委员会行使，事实上村民委员会具有民主政治色彩，其经营管理集体资产的合理性是受质疑的。而通过成员资格认定，确定农村集体经济组织的成员，实际上将集体资产确权到农村集体经济组织成员，集体的内涵也得以确立，产权模糊在主体不明确方面的问题也就相应得到了解决。产权得到明晰后，农村集体经济组织及其成员有了充分的动力维护其自身权益，还有效地约束了公权力对集体资产的任意干涉，充分保障了农民的财产性权益。

此外，《民法总则》规定农村集体经济组织可以取得特别法人资格，依托于法人独有的优势，农村集体经济组织进行法人化改造将是有效实现集体经济的重要形式之一，取得法人资格能够使其更加便捷地参与市场活动，降低交易费用，提升集体资产的经营管理效率。农村集体经济组织进行法人化改造时确定其成员范围以及法人化改造完成后的成员变动，都涉及成员资格认定的问题。而当前缺乏统一的成员资格认定标准，显然不能适应法人化改造的需求。

三、农村集体经济组织成员资格认定的一般标准

正如前文所述，各地方规范性文件采用了不同的认定标准。其中，一般标准具有原则性、普遍适用性，各地方规范性文件规定的

一般标准考量了不同的因素，同时，还以该一般标准为基础，通过列举的方式对婚嫁女、入赘婿、服兵役、服刑等特殊情形做出规定，以处理实践中复杂多样的问题。对特殊情形的列举主要是为了适用和认定的便利，实质上是对一般标准的贯彻与落实。本文在对各考量因素进行分析并提出一般标准后，将其运用于司法实践中的复杂、疑难问题的解决。

（一）地方规范性文件采用的一般标准以及学界的观点

1. 地方规范性文件采用的一般标准

（1）单一户籍标准。《湖北省农村集体经济组织管理办法》（1997年）第15条第1句规定："凡户籍在经济合作社或经济联合社范围内，年满16周岁的农民，均为其户籍所在地农村集体经济组织的社员。"在本文所检索的地方规范性文件中，只有湖北省的规定采取了单一户籍标准，可见，单一户籍标准的认可度不高。该标准中的年龄因素也未被其他地方规范性文件所采纳，也有学者指出，能否取得成员资格不应当对年龄进行限制。

（2）户籍与生产、生活关系相结合标准。《广元市昭化区农村集体经济组织成员资格认定办法（试行）》（2016年）第1条规定："农村集体经济组织成员一般是指依法取得本农村集体经济组织所在地常住农业户口，在本农村集体经济组织内生产、生活的人……"即采取了户籍与生产、生活相结合的标准。

（3）户籍与履行义务相结合标准。《广东省农村集体经济组织管理规定》（2006年）第15条第1款规定："原人民公社、生产大队、生产队的成员，户口保留在农村集体经济组织所在地，履行法律法规和组织章程规定义务的，属于农村集体经济组织的成员。"第2款同样采用户口与履行义务相结合标准，规定以"实行以家庭承包经营为基础、统分结合的双层经营体制时起"，农村集体经济组织成员所生的子女具备成员资格。

（4）户籍与生产、生活关系及基本生活保障相结合标准。《天津市高级人民法院关于农村集体经济组织成员资格确认问题的意见》（2007年）第1条第1款规定："农村集体经济组织成员一般是指依法取得本农村集体经济组织所在地常住农业户口，在本农村集体经济组织内生产、生活的人。"此为认定成员资格的一般标准。而第 2 款规定："不符合或不完全符合上述条件，但确以本农村集体经济组织的土地为基本生活保障的人，也应认定具有本农村集体经济组织成员资格。"并在该条文的解释说明中认为"基本生活保障"是界定成员资格的核心标准，即便不符合一般标准，以土地为基本生活保障的，同样能够取得农村集体经济组织成员资格。天津高院的规定反对采取单一的户籍标准，淡化了户籍在资格认定中的作用。

（5）综合考量标准。《天津市村集体经济组织成员资格认定指导办法（试行）》（2016 年）第 6 条第 1 句规定："开展村集体经济组织成员资格认定工作要综合考量户籍登记、土地承包、居住生活以及对村集体履行义务等因素。"该指导办法将农村集体经济组织成员资格认定工作交由村级组织负责，要求其综合考虑多种因素。

总体而言，在认定农村集体经济组织成员资格时，地方规范性文件所采用的认定标准差异较大，但绝大多数地区都倾向于对多种因素综合进行考量，而各地的认定标准差异在于考量因素的不同。

2. 学界的观点

学界对成员资格认定标准的分歧同样在于考量因素的不同。关于学界的观点，如有学者认为，成员资格认定的一般标准应该以"户籍、长期固定的生产和生活关系、生活保障基础"3 个方面因素作为一般标准。此外，应对农民集体成员资格认定的特殊情形进行有针对性的特别处理。有学者认为，当前成员权的取得和丧失应实行综合性判断标准，以基本保障标准、土地承包经营权标准、村民自治标准为核心，户籍标准为辅助。还有学者认为，应探索户籍、生产生活关系、社会保障、履行义务等考量因素优势互补的复合判定标准。

（二）一般标准中各考量因素的分析

既然地方规范性文件所采用的一般标准以及学界的观点分歧在

于各考量因素的不同，那么就有必要对一般标准中的各因素进行具体分析，进行权衡并做出取舍。

1. 户籍因素

现行法中找不到将户籍作为农村集体经济组织成员资格认定标准的依据，户籍制度本是一项主要对人口基本信息进行记载的行政管理制度，却逐渐演变为身份划分、利益分配的依据，并被各地实践用作认定集体组织成员资格的主要考量因素。从户籍制度的发展历程看，户籍制度所划分的城乡二元格局以及对城乡人口流动的限制，使得农业合作化运动以及家庭联产承包制改革时，即农村集体经济组织的概念从政策层面转变到法律层面的过程中，农村生产、生活的人口取得农村户口，并在土地改革时得以分配土地，成为农村集体经济组织的第一批成员。随后成员的加入则是由出生、婚嫁、落户等原因引起，这些成员也取得了农村集体经济组织所在地的户籍。就此而言，从户籍制度与农村集体经济组织发展的历程看，户籍所记载的人口与农村集体经济组织成员大体上是一致的，因此户籍因素体现了一定的合理性。

然而，近年来，户籍制度逐渐松动，尤其是随着户籍制度改革的推进，城乡人口流动变得频繁，户籍与居住地发生了分离，户籍已经不能准确体现一个人在某地的生产、生活状态，同样不能完全准确反映农村集体经济组织成员状况。例如，各地实践均认为现役义务兵、大中专院校在校学生等人员即便将户口迁出，也未丧失农村集体经济组织成员资格。有学者指出，自然人取得某村的户籍，当然成为该村的村民，但并不一定是村或村内农村集体经济组织成员。取得户籍的原因较多，其中典型的外来人口取得某村户籍的情况，如学习、工作等需要迁入的"空挂户""寄挂户"等。此外，在某些地区，出于集体经济发展之需要，不少村制定了外聘优秀人才在本村工作一定期限届满即可取得成员资格的激励政策。换言之，取得农村户籍并不必然取得成员资格，户籍迁出或者未取得户籍也并不意味着成员资格的缺失。不得不说，户籍作为认定集体组织成员资格的功能已经逐渐淡化，仅通过户籍认定成员资格，可能与实际情况不相符，并且产生不好的激励，甚至造成不公平的结果。

本文认为，尽管户籍因素已不能完全准确反映农村集体经济组织成员状况，但户籍因素有着其他因素不可比拟的优势。一方面，户籍作为认定农村集体经济组织成员资格的标准具有容易证明、操作性强、争议少的优势，由此，户籍是最经济、最有效率的认定标准。户籍记载具有一定的客观性，通过查阅一定时点的户籍登记情况，即可确定可能的成员范围，此时所需的成本是很低的；而其他考量因素纳入认定标准，不可避免认定过程的主观性，将产生较高的成本。同时，如前文所述，通过户籍所确定的人员大体与农村集体经济组织成员一致，这也就意味着，对户籍因素的考量，能够以较低的成本进行成员资格认定，体现了效率价值。另一方面，考量户籍因素具有相当的现实基础。有学者通过对全国各地进行调研，发现农户对将户籍作为确定成员资格标准的认可度很高，其他学者的调研也得出了相同的结论。也有学者通过对广东省三个村的调查，发现"户口是否在农村、是否是农业户口和是否长期居住在农村"成为认定农村集体经济组织成员资格的主要标准。不考虑户籍因素，反而会引发农民的不满。可见，将户籍作为成员资格认定的重要考量因素，同时具备经济理性与群众基础。

综上所述，在户籍制度改革过程中对农村集体经济组织成员资格进行认定时，户籍因素在资格认定方面的积极作用虽有所减损，完全以户籍作为认定因素固然不可采，但户籍具备了相当的合理性，户籍因素能够反映大多数农村集体经济组织成员的真实情况，仍应将户籍因素作为成员资格认定的重要因素。考虑到户籍记载与真实情况存在一定的出入，在将户籍因素作为认定标准的参考因素时，不仅应当考察户籍取得的原因，还应当综合运用其他因素，确认一部分不符合户籍条件但应属农村集体经济组织成员的人员，同时排除一部分取得户籍但是不应赋予成员资格的人员。

2. 生产、生活关系因素

户籍与生产、生活关系联系密切，农村户籍的取得在很大程度上是由于在农村的生产、生活关系。从历史角度看，农村集体经济组织成员资格来自政社合一的农业合作社，正是由于长期生产、生活，才能在土地改革时获得土地分配，之后逐步转变为农村集体经济组织成员。生产、生活关系与户籍具有较大程度的同一性，因而考虑生产、生活关系具有一定的合理性。

　　然而，有人对将生产、生活关系因素纳入认定标准产生了质疑。一方面，考虑生产、生活关系可能会对农民行为自由造成一定阻碍，尤其是在农村集体经济组织存在可预期的收益时，农民将放弃外出的机会，从而限制其增收的机会。同时，若简单适用生产、生活关系标准，认为已不在农村集体经济组织所在地生产、生活即意味着丧失成员资格，不仅限制了行动自由、扩大了城乡二元格局，还使得农民丧失了农村土地带来的保障作用，而由于农民可能没有在城市获得相应的社会保障，最终还可能引发严重的社会问题。另一方面，实际运用这一因素进行资格认定时，怎样才算是"生产、生活关系"？是否需要同时具备"生产"与"生活"两个因素？以何时的生产、生活关系为准？时长有没有限制？可见，其具体标准是模糊的、不确定的。此外，农民外出务工而不在农村集体经济组织所在地生产、生活的情况已经极为普遍，农村也出现了杂居的情况，因其他原因或途径在农村生产、生活的人并非农村集体经济组织的成员。对于这样的情况，生产、生活标准的适用将产生困难。

　　由于生产、生活关系所展现出与户籍制度相同的合理性，不排除确实参与农业合作化运动却因特殊原因未取得相应户籍的情况，既然成员资格认定关乎农民的生存权，关乎其生存利益，就不应当将这类人员排除在外。考量生产、生活关系的合理性还在于：一方面，农村集体经济组织的特点之一便是其成员的社区性，即一定社区内的农民以土地等财产为纽带而形成，社区性强调农民形成持久的、稳定的共同生活关系，农民为生存、发展的需要聚集在一起，从这一方面而言，使满足一定条件的人员取得农村集体经济组织成员资格符合社区性的特点。当然，也正是基于这一特征，仅有形成长期固定生产、生活关系的人员才具备取得成员资格的合理性。另一方面，通常情况下，农民在村庄的生产、生活，通常表现为农民依赖土地产出为其基本生活来源，是以土地为生活保障的外在表现，直接关系到农民的生存权，对于这类人员，不能仅因未能参与农业合作化或者未取得户籍便否定其成员资格。

对于前述质疑的观点，实际上在进行制度设计时，若生产、生活关系因素不会成为成员资格丧失的考量因素，是不会产生限制农民行动自由的问题的。而具体标准模糊、不确定的问题，与农民的生存权相比，显然农民的生存权更应当予以保护，故通过立法明确具体标准才是适当的做法。

综上所述，基于对农民生存权的保障以及农村集体经济组织成员的社区性，应当将长期固定的生产、生活关系作为取得成员资格的考量因素。关于具体标准的制定，根据社区性的特征，应结合历史因素确定，考察生产生活的时长及连续性。

3. 履行义务因素

对于履行义务因素进行考量主要是基于权利义务相一致的原则，强调个体对集体的贡献，因此有观点认为，即便在"人户分离"的情况下，只要个体履行了对集体的义务，也可获得成员资格。但有学者指出，2006年以来我国全面取消农业税费后，农民所需履行的义务非常少了，以履行义务作为判断农民集体成员资格的标准将失去现实基础。当前农村集体经济组织成员对本农村集体经济组织应尽的义务在现阶段主要表现为筹资筹劳、维护农村集体经济组织的利益等方面的义务。将履行义务因素纳入成员资格认定标准的《广东省农村集体经济组织管理规定》及《浙江省村经济合作社组织条例》，均规定了农村集体经济组织成员的义务，主要是遵守法律、法规、规章和组织章程，其他义务则结合章程的内容确定。

本文认为，不应将履行义务因素纳入认定标准。首先，遵守法律、法规、规章是每一位公民应尽的义务，而遵守章程则是在成为农村集体经济组织成员之后的义务，不应颠倒其逻辑顺序。其次，对履行义务的评判同样是难以确定的，相比对生产、生活关系因素的评判，这一因素所涉及的历史资料很可能已经灭失，履行义务的程度也较为不确定，需要依靠主观因素予以评判，从而增加资格认定的难度，在成本方面不合理。再次，大多数地方规范性文件规定，即便是成员违反公法义务而被判处刑罚，其成员资格依然被保留，① 那么，违反私法上的义务就更不应当成为剥夺成员资格的理由。最后，若履行义务在某种程度有助于取得成员资格，将促使一部分人员采取机会主义的行为，通过履行义务从而取得成员资格，进而减损其他成员所享有的权益份额。履行义务因素存在的意义不大，还可能产生一定的不利影响，不应予以考量。

4. 基本生活保障因素

《天津市高级人民法院关于农村集体经济组织成员资格确认问题的意见》（2007 年）将基本生活保障作为认定成员资格的考量因素，同时特别说明，土地是农村集体经济组织成员最基本的生产和生活资料，具有基本生存保障的功能，如同城市居民享有的社会保障体系。有学者也指出，农民集体土地所有权是集体成员生存的社会保障，集体成员对集体土地的承包经营权是集体成员享有和实现社会保障的一种方式。传统意义上，土地既是农民的生产资料，又是其生活资料，农民依赖土地的产出作为其基本生活来源，正是如此，土地发挥着基本生活保障的意义。

近年来，随着农民收入来源的多样化、收入水平的提高，以及国家对农村地区社会保障的完善，有观点认为农民已不再完全依赖集体土地作为其基本生活保障。事实上，在新的背景下，土地作为基本生活保障的功能并未改变。正如有学者主张，在当前中国经济发展的阶段，应保持一种农民既可以进城又可以返乡的一体化的城

---

① 如《浙江省村经济合作社组织条例》第 18 条规定："因下列原因之一户籍关系迁出本村或者被注销的，应当保留社员资格：……（三）被判处徒刑的服刑人员；……"又如重庆高院《关于农村集体经济组织成员资格认定问题的会议纪要》第 13 条规定："劳改、劳教和服刑人员应当保留其农村集体经济组织成员资格。"

乡制度设置，农民在城市就业发生困难时，还能返回农村，更加合理地安排生活。这样的观点是值得肯定的。在当前背景下，土地作为基本生活保障，既体现为一部分农民将土地的产出作为基本生活来源，还体现为另一部分农民将土地作为进城的助推器或缓冲器，反映了对农民的生存权和发展权的保障。

对基本生活保障因素进行考量的主要意义。一方面，对于不具有相应户籍又不符合生产、生活条件，但是确实需要依靠土地作为基本生活保障的人员，有必要将其确认为农村集体经济组织成员，保障其基本生存条件，如在实践中可用于解决外嫁女的成员资格问题。另一方面，将实际上不依赖农村土地作为基本生活保障的人员排除在成员之外，典型情况如已经购买城市住房、具有稳定收入并取得城市社会保障的人员，或者已经取得其他农村集体经济组织成员资格的人员，或者"空挂户""寄挂户"。排除这类人员，是为了避免农村集体经济组织成员只增不减的局面，以确保农村的土地资源分配给真正需要的成员，从而使土地得到有效的利用。

基于土地对农民生存权和发展权的保障意义，基本生活保障因素是成员资格认定的实质要素。然而，仅采用基本生活保障因素面临着成本过高的问题，这一因素需要考量相关人员的资产、社会保障等情况，而这些信息的获取又存在难度，这就要求结合其他因素予以认定，以避免成本过高而使制度无法实施。

5. 土地承包因素

有地方规范性文件将土地承包作为考量因素之一，也有学者提出将土地承包作为考量因素。对于土地承包因素，本文认为，按照当前法律规定，除"四荒地"的承包未对成员资格做出限制外，只有先取得农村集体经济组织成员资格，才能够取得土地承包经营权，即便因制度的不完备，使成员以外的人员取得土地承包，也不应当将其认定为成员。同时，在土地承包过程中，存在未参与承包的农户，在"增人不增地，减人不减地"的政策下，本集体的新增人口不一定能够取得承包地，失地农民也可能并未重新分配土地，还存在脱离农村生活但继续在农村拥有土地的人口。土地承包因素不能反映集体成员的真实情况，也不存在需要依据这一因素认定为成员从而予以保护的特殊群体。因此，土地承包因素在资格认定方面不具有现实意义，不应将其作为考量因素。

（三）一般标准的制度构建

农村集体经济组织成员资格认定的一般标准，应当综合考虑户籍因素、生产、生活关系因素和基本生活保障因素。在一般标准的制度构建中，须对考量因素间的相互关系有清晰的认识。一般认为，户籍因素和生产、生活关系因素是形式要素，基本生活保障因素是实质要素。换言之，户籍和生产、生活关系是农民需要通过土地产出作为基本生存的直接表现，即便未能符合户籍和生产、生活关系的要求，确实以土地为基本生活保障的，也应赋予成员资格。至于户籍因素与生产、生活关系之间的关系，前文表明二者均为成员资格的取得提供了正当理由，但由于绝大多数符合生产、生活关系的农村集体经济组织成员同时符合户籍因素的要求，特定情形下户籍可能成为资格取得的唯一考量因素，而仅凭生产、生活关系这一因素却无法做出成员资格得失的判断。这意味户籍是首要考量因素，而生产、生活关系则是处于辅助地位，但显然将二者结合起来考量能够做出更为准确的判断，同时不能机械地认为必须同时符合这两个因素。

据此，就该一般标准的具体适用而言，首先应当结合户籍因素和生产、生活关系因素考量，综合其历史与现实状况分析，户籍因素包括是否具有农村集体经济组织所在地的农村户籍、取得或丧失户籍的原因及其时间等方面，生产、生活关系因素包括生产生活的时长及连续性等方面，由此确定候选成员，并排除不符合条件的人员。然后，对其中存在争议或者无法通过上述标准做出判断的人员，则以基本生活保障因素作为基本标准，这一因素需要考虑争议人员是否依赖土地产出为基本生活来源、是否取得其他农村集体经济组织成员资格、是否在城镇有固定居住、稳定收入及是否纳入城镇居民社会保障体系等方面，由此确定并排除一部分人员，最终确定农村集体经济组织的成员范围。这一认定标准所蕴含的理念是，尽可能地确保需要以土地为基本生活保障的人员能够取得成员资格。

采取这一标准的积极意义在于能够兼顾公平与效率。一方面，综合考虑户籍因素、生产、生活关系因素和基本生活保障因素，采取了较为保守的态度，不轻易剥夺未取得农村集体经济组织所在地户籍或者未形成生产、生活关系的人员的成员资格，而是以基本生活保障因素为实质标准，确保每一位可能需要依赖农村土地的人员依法取得成员资格，有效实现了分配公平。如果僵化地认为不满足户籍因素或者生产、生活关系因素即丧失成员资格，其实际上否定了农民为国家工业化、国家发展做出的贡献，一批敢于走向城市、敢于追求财富的农民，反而丧失其本应有的资格与权益，这样的做法是缺乏合理性的，也是不公平的。另一方面，这一认定标准未将履行义务因素和土地承包因素纳入，其原因在于，纳入认定标准的考量因素越多，认定所需的成本就越大，对这两个因素的考量除在认定方面成本高昂外，还不能避免资格认定中成员的遗漏，增加了成员资格认定的难度，因而不能产生有效率的结果。此外，户籍因素由于其记载信息的获取较为容易，其成本最低；其次是生产、生活关系因素，由于这类人员未脱离集体经济组织所在地，其是否形成生产、生活关系也便于识别；而考量基本生活保障因素的成本最高。因此，在认定方式上，从实施成本较低的户籍因素和生产、生活关系因素着手，而基本生活保障因素仅适用于存在争议或者特殊人员等情形，能够最大限度地节约成本。

（四）一般标准对特殊情形的适用

本文检索的案例中，成员资格争议主要作为土地承包、集体利益分配等争议的前置性问题而得以处理，这类案例事实上并不复杂，产生争议的主要原因在于缺乏裁判依据或者认定标准，造成法院裁判的差异。产生成员资格争议较多的情形分别与婚姻（53%）、户籍变动（24%）、未成年人（10%）和外出务工（6%）相关。婚姻这一类出现频率较高的情形包括：（1）妇女因出嫁将户籍迁至嫁入地的情形；（2）妇女将户籍迁至嫁入地后离婚的情形；（3）妇女出嫁但未将户籍迁至嫁入地的情形；（4）男方到女方家里落户，即"入赘婿"的情形。这四种情形均产生了户籍所在地成员资格的争议。对于婚姻类的成员资格争议，同一案件事实，案例中既存在法院认可当事人成员资格，又存在以不符合某一考量因素为由否定当事人成员资格的情形。① 户籍变动这一类主要涉及因政策、协议、土地承包等原因迁入户籍和"农转非"的情形。未成年人这一类则主要涉及其父母是否为农村集体经济组织成员的判断。

以婚姻产生的成员资格争议为例，根据本文提出的一般标准，应首先考量户籍因素与生产、生活关系因素，不论妇女是否迁移户籍，由于妇女结婚后通常可以将其户籍迁入夫家所在地，此时，应当视为符合户籍条件，但仅凭户籍仍难以做出适当的判断，此时应通过生产、生活关系确定其成员资格，妇女在原籍生产、生活的，应当认定为具有原籍所在地农村集体经济组织成员资格，妇女在夫家生产、生活的，应当认定为具有夫家所在地农村集体经济组织成员资格。在妇女将户籍迁至嫁入地后离婚的情况下，如妇女在夫家生产、生活而取得夫家所在地成员资格的，其成员资格不因离婚而丧失；妇女在离婚后将户籍迁回原籍并返回原籍生活的，应当认定具有原籍所在地的成员资格。在"入赘婿"的情形下，基于男女平等的理念，应采取同样的认定标准。当无法运用生产、生活关系因素对上述情形做出判断时，则应诉诸基本生活保障因素予以确定。

再以户籍变动中的"农转非"为例，由于其户籍已转为非农业户口，此时，以前的户籍条件仅可作为参考因素，而仅通过生产、生活关系并不可靠，这时就需要借助基本生活保障因素进行判

---

① 如妇女出嫁但未将户籍迁至嫁入地的情形，滨州市中级人民法院（2014）滨中民一终字第 283 号民事判决书确认了当事人的成员资格，而铜陵市中级人民法院（2014）铜中民一终字第 00148 号民事判决书却以不符合生产、生活关系为由否定其成员资格。

断，考量其是否取得替代性保障。

四、农村集体经济组织成员资格认定中的村民自治

实践中通过自治认定成员资格主要表现为两种情况。一种情况是由村集体依据地方规范性文件规定的认定标准进行成员资格认定工作，其中包括农村集体经济组织成立后依法通过民主决议方式接纳成员的情形，其自治的权限实际上受到规范性文件的限制，即有限自治。对于民主决议方式接纳成员的规定，如《广东省农村集体经济组织管理规定》（2006年）规定了农村集体经济组织在成员资格认定上的自治权。其第4条首先规定"农村集体经济组织实行民主管理"，第8条规定组织章程应当载明"成员资格及其权利、义务"，第15条第3款规定从实行双层经营体制时起，"户口迁入、迁出农村集体经济组织所在地的公民，按照组织章程规定，经社委会或者理事会审查和成员大会表决确定其成员资格"。又如《天津市高级人民法院关于农村集体经济组织成员资格确认问题的意见》（2007年）第2条规定农村集体经济组织经民主决议可接纳其他依法迁入户口的人为农村集体经济组织成员。另一种情况则是由于地方未制定规范性文件或者文件效力层级不高，于是村集体依据村规民约①或者通过集体决议等方式进行成员资格认定，成员资格认定的标准及程序均由村集体确定，即完全自治。

本文在提出成员资格认定一般标准的情况下，实际上已无完全自治的可能性。然而，能否赋予农村集体经济组织一定的自治权，其自治事项包括哪些，司法权如何介入，对此学界仍有争议，有必要进行讨论。

（一）村民自治的现实问题及学界争议

有限自治在实践中主要存在的问题是司法救济的困境。根据

---

① 《村民委员会组织法》第10条规定的"村民自治章程、村规民约"以及"村民会议、村民代表会议的决定、决议"可以统称为村规民约。

《最高人民法院关于审理涉及农村土地承包纠纷案件适用法律问题的解释》，成员资格纠纷不属于法院主管范围，而法院仅在特定利益纠纷中将成员资格作为前置性问题予以处理。村规民约等完全自治的方式则产生了诸多问题，以村规民约为例，各地利用村规民约认定农村集体经济组织成员资格相当普遍，大量存在着利用村规民约、打着村民自治的幌子侵害农民集体成员权益的现象，典型如剥夺外嫁女成员资格、嫁入村庄的女性不能取得成员资格等损害妇女权益的情形。村规民约是村民自治的重要实现形式，基于这一现实问题，有学者对通过村规民约等村民自治的方式认定农村集体经济组织成员资格的局限性做出了较为全面的整理。首先，从立法权限的视角而言，农村集体经济组织成员资格问题关系到广大农民的基本民事权利，不属于村民自治事项，需要更高位阶的立法机关做出规定；其次，农村集体经济组织成员资格直接关系到集体成员能否取得各项权益，关系到农民的基本生存保障问题，显然不宜通过村规民约的方式做出规定；最后，村规民约通常与国家制定法发生冲突，且容易被滥用而损及少数人的权益，还使得法官裁判案件发生困难。值得一提的是，该学者仍对村规民约的适用持赞成的态度。

综观学界的观点，对能否通过村民自治认定成员资格的问题，持反对观点的学者认为，农村集体经济组织成员资格的认定，是公民的一项基本民事权利，不属于村民自治事项。还有学者认为，在村民自治过程中，一些村干部过多地强调"多数人的民主"而忽视"少数人的权益"，使得村民自治中的民主权力被滥用，使得弱势群体的利益得不到保障。而持赞成态度的学者认为，集体毕竟是一个独立的民事主体，完全排除其自治能力，无异于剥夺了其意思表达的权利，这也与私法自治的理念不符。虽然村民自治认定成员资格存在诸多弊端，但集体的经济职能能否有效实现与其自治能力密切相关，应当尊重集体的意愿，允许农村集体经济组织就成员资格认定享有一定的自治权。

（二）村民自治的理论基础

本文对通过村民自治的方式认定成员资格持赞成态度。

1. 理论依据

农村集体经济组织及其成员的关系在本质上属于团体与成员的关系，可适用团体法的一般理论。在团体法中，成员权是履行团体功能、实现团体成员权利的核心范畴，取得农村集体经济组织成员资格是取得其成员权的前提条件。而农村集体经济组织成员权在性质上属于社员权，社员权是一种复合性权利，根据内容的不同可划分为自益权和共益权两种类型，自益权表现为社员受领财产利益的权利，共益权表现为社员参与社团事务的权利。就农村集体经济组织成员权而言，同样可以将其权利划分为自益权和共益权两种类型，根据学者的总结，其自益权包括承包土地的权利、分配宅基地的权利、优先承包土地的权利、集体收益分配权、集体福利分配权等，其共益权包括民主决策权、知情权、监督权、选举权与被选举权等内容。其中，民主决策权即为自治权的重要内容。此外，农村集体经济组织类似于其他社团法人类型，具有相当的人合性，其作为团体有着独立于其组成成员的自身意志，而意志的形成需要成员的参与，以反映成员的整体意志。如果剥夺农村集体经济组织的自治权，不仅有违团体的本质属性，更是有违私法自治的理念。

2. 法律依据

现行法并未直接规定农村集体经济组织的自治权，但通过对现行法的解释得出这一结论。《土地管理法》第10条第1句规定："农民集体所有的土地依法属于村农民集体所有的，由村集体经济组织或者村民委员会经营、管理。"《农村土地承包法》第12条第1句规定："农民集体所有的土地依法属于村农民集体所有的，由村集体经济组织或者村民委员会发包"。通常而言，农村集体经济组织主要负担经济职能，而村民委员会则主要负担政治职能，通过法律规定可见，对于尚未设立农村集体经济组织的村庄，相应的经济职能交由村民委员会行使。即便设立了农村集体经济组织，实践中大多数农村集体经济组织与村民小组或村民委员会是同一机构，二者的决策机制相似，职能相互重叠。姑且不论农村集体经济组织与村民委员会职能分离的问题，根据《村民委员会组织法》第2

条第1款的规定："村民委员会是村民自我管理、自我教育、自我服务的基层群众性自治组织，实行民主选举、民主决策、民主管理、民主监督。"村委会具有自治权，既然村委会可以代行农村集体经济组织的职能，可在履行经济职能时实行村民自治，那么无法否认农村集体经济组织在这方面的自治权。又如《物权法》第59条第2款规定："下列事项应当依照法定程序经本集体成员决定：（一）土地承包方案以及将土地发包给本集体以外的单位或者个人承包；（二）个别土地承包经营权人之间承包地的调整；（三）土地补偿费等费用的使用、分配办法；（四）集体出资的企业的所有权变动等事项；（五）法律规定的其他事项。"这一条文是关于民主决策权的规定，不难推断出，在明晰集体的内涵后，此处"集体成员"只能是指农村集体经济组织成员。更为明确的规定，如《最高人民法院关于审理涉及农村土地承包纠纷案件适用法律问题的解释》第24条第1句规定："农村集体经济组织或者村民委员会、村民小组，可以依照法律规定的民主议定程序，决定在本农村集体经济组织内部分配已经收到的土地补偿费。"这一司法解释肯定了自治权，直接规定农村集体经济组织可以民主议定土地补偿款分配方案，而具备成员资格属于分配方案的前提条件，理应属于自治的范围，因此，依据现行法的规定，农村集体经济组织应有权就成员资格认定实行自治。

3. 实践依据

一方面，基层群众自治虽存在缺陷，但已经得到极大的发展。如有学者经实地调研指出，新时期的农民对村民大会这一村民自治形式非常熟悉，有自治经验，认可度很高。农村积极参与村民自治，离不开村民权利意识的提高。至于村民自治中权力滥用以及"多数人的暴政"等问题，实际上是采取"多数决"的决策方式普遍存在的问题，应当通过制度的设计予以缓和，而不能因为存在缺陷就对基层民主一味予以否定。另一方面，在农村集体经济组织成员资格认定这一方面，被村民所认可的乡土逻辑也是不可缺少的一部分，对这种维系乡土社会秩序的观念应予以尊重。如有学者通过调研发现，S 村为户口在外的下岗村民、从政村民、大学老师分山，体现了地方性认知与国家管理逻辑的不一致，由此认为，成员权认定受到乡规民约、文化习惯、社会关系等的影响，基层行动者不仅仅关注未来看得见的物质收益，也关注村庄认同、人情、社会关系等看不见的社会收益。村民作为理性人，清楚其利益所在，在不违反现行法的情况下，就某些事项通过自治做出符合其观念与利益的决策，是应当得到认可的。若成员资格认定的事项完全由国家强制，实践中反而会出现村民违反现行法的问题。

（三）村民自治的制度构建

通过村民自治认定成员资格应为有限自治，即在统一规定成员资格认定标准的基础上，赋予村集体依据法定程序完成农村集体经济组织成员资格认定工作并就特定的成员资格问题进行自治的权限。实行有限自治能够在充分尊重集体成员意愿的同时，尽可能地避免村规民约或者集体决策等完全自治方式存在的诸多缺陷。一方面，完全自治存在逻辑困境。村民的概念广于农村集体经济组织成员的概念，只要符合《村民委员会组织法》第 13 条规定的户籍或者居住条件即为村民，其认定标准过于宽松。学界普遍认为，村民与农村集体经济组织成员的概念并非完全等同，成员作为村民当然有权参加村民大会，行使村民的自治权，但并非一个行政村的所有村民都是农村集体经济组织成员。农村集体经济组织的自治应当是其成员的自治，不同于传统意义上的村民自治，本文的村民自治也是指成员的自治。这也就意味着，在非农村集体经济组织成员参与自治的情况下，通过村民自治的方式制定村规民约或者进行集体决策从而认定成员资格，其公正性是受质疑的。合理的做法应当是先确定成员范围，然后由成员实行自治，这样就不存在就成员资格认定进行完全自治的可能性。另一方面，完全自治更可能损害少数群体的合法权益。即便忽略上述逻辑困境，在完全自治的情况下，村规民约的制定没有立法程序严谨，往往还缺乏理论支撑，常出现与现行法相悖的情况，更是无法避免否定少数群体权益的情形。同时，由于人口流动的原因，加上村与村之间信息交流的不通畅，若是每个村庄"各自为政"，将难以调和村规民约之间的冲突，出现诸如取得两个成员资格或者无法取得成员资格的情况。相反，有限自治不存在上述逻辑矛盾，由于适用统一的成员资格认定标准，使少数群体的合法权益在制度层面得到保障。

农村集体经济组织的自治事项可分为成员的接纳与成员的排除两种类型。成员的接纳必然使其他成员的份额减少，而成员的排除则可能损及特定成员的合法权益。就这两种类型的自治事项，应当采取不同的态度。

1. 成员的接纳

除法定应当赋予成员资格的情形外，成员的接纳通常是农村集体经济组织在利益权衡之下，基于自身发展或者其他方面的考虑，通过民主决议的方式将一部分本不符合条件的人员接纳为成员，只要决策的程序符合法定要求，就不应当对此予以限制。

2. 成员的排除

成员的排除极易发生利用"多数人的民主"损害少数人利益的情形，故应当极为慎重，并在制度设计时做出较为严格的限制。农村集体经济组织成员权具有法定性和身份性，即成员权的取得及其内容源于法律的直接规定，并且是凭借特定身份而取得（农村集体经济组织接纳的成员除外），基于此，如无法定事由并遵循法定程序，不应予以剥夺。因此，在成员的排除方面的制度构建，应从适用事由、决策程序、救济程序等方面做出严格限定。

对于成员的排除的适用事由，主要是成员不再符合基本生活保障因素的情形，典型有以下两种情形：（1）取得其他农村集体经济组织成员资格的；（2）在城镇有固定居所和稳定收入，并纳入城镇居民社会保障体系的。在满足居所、收入、城镇社保这三个条件的情况下，显然相关人员不再需要集体土地作为基本生活保障，由此排除其成员资格是合理的。有的地方规范性文件将"大中专院校学生毕业后户口落户外地的""被国家机关、事业、国家企业、群团组织、民主团体正式招、录、聘用的"等作为成员资格丧失的情形，在本文看来，这些情形并不能反映相关人员已经取得其他基本生活保障，由此剥夺其成员资格是不适当的。

对于基本程序，本文的设想如下：农村集体经济组织在对成员的排除做出决策之前，应当取得该成员符合排除事由的证据材料，并对决议事项提前书面通知该成员；进行决策时，应当将证据材料向参会人员出示，同时该成员可以亲自或者委托他人陈述意见；然后，应以绝对多数表决的方式做出成员排除的决议；最后，应当对该决议进行公示。被排除成员对决议不服的，可以向行政机关申请复议以及向法院提起诉讼，其中法院具备最终审查权。

（四）村民自治的司法审查

成员资格认定标准制定后，将通过村民自治的方式完成成员资格认定工作，而村民自治难免产生损害少数人利益的情形，有必要对司法审查权做出规定。如前文所述，在现行法的框架下，一部分法院认为成员资格纠纷不属于法院主管范围，然而随着户籍制度改革的推进与农村集体经济组织法人的逐步设立，仅因成员资格引发的纠纷将显著增加，另考虑到成员资格认定的实质是利益分配，在这一背景下，有必要明确规定当事人有权单独就成员资格争议提起民事诉讼。之所以通过民事诉讼而非行政诉讼解决，理由在于农村集体经济组织成员权被公认为一项重要的民事权利，尤其在农村集体经济组织法人化的背景下，其成员资格认定的民事性质不容否认，同时，通过村民自治做出的决定难以纳入具体行政行为的范畴，故应通过民事诉讼审查村民自治中的成员资格认定争议。（1）在依据认定标准应予接纳为成员或者排除成员资格的情形下，对做出的认定结果不服；（2）在通过民主决议的方式将一部分法定情形外的人员接纳为成员的情形下，对其决议的程序有异议。对于前者，应允许自然人单独提起诉讼，法院对当事人是否符合认定标准进行实质审查，依法确认原告具备相应农村集体经济组织的成员资格或者驳回诉讼请求；对于后者，则应由特定比例成员提起代表诉讼，法院对决策程序是否合法进行形式审查，依法撤销决议行为、宣告决议行为无效或者对决议效力予以确认。

五、结语

《民法总则》规定农村集体经济组织的特别法人地位，为深化农村集体产权制度改革留下了重要的制度接口，在新的背景下，农村集体经济组织的具体制度的构建仍需学界深入研究，这些研究均可归入"三农"问题的范畴。"三农"问题的解决需要依靠法律制度的构建，关系到广大农民的生存权和发展权，对于这一问题的处理，应当极为审慎。因此，本文在探讨农村集体经济组织成员资格认定标准时，采取了较为保守的态度。本文提出的成员资格认定一般标准以及有限自治理念，采用了较为宽松且符合经济理性的认定标准，尊重了农村集体经济组织的自治权，尽可能地保障每一位农民的权益，确保其在制度的变迁中不受到损失，减少可能的社会冲突。

参考文献

［1］杜立：《农村集体经济组织成员权研究》，载《广东社会科学》，2015 年第 6 期。

［2］冯玉军：《法经济学》，中国人民大学出版社 2013 年版。

［3］高达：《农村集体经济组织成员权研究》，西南政法大学博士论文2014 年版。

［4］管洪彦：《农民集体成员资格认定标准立法完善的基本思路》，载《长安大学学报（社会科学版）》，2013 年第 1 期。

［5］代辉、蔡元臻：《论农民集体成员资格的认定标准》，载《江南大学学报（人文社会科学版）》，2016 年第 6 期。

［6］张钦、汪振江：《农村集体土地成员权制度解构与变革》，载《西部法学评论》，2008 年第 3 期。

［7］郭继：《农村集体成员权制度运行状况的实证分析——基于全国 12省 36 县的实地调查》，载《南京农业大学学报（社会科学版）》，2012 年第 1 期。

［8］戴威：《农村集体经济组织成员资格制度研究》，载《法商研究》，2016 年第 6 期。

［9］石敏：《农村集体经济组织成员资格认定的实践逻辑——基于广东省三个村的调查》，载《农林经济管理学报》，2016年第1期。

［10］杨攀：《农村集体经济组织成员资格标准的法律分析与实践》，载《西南政法大学学报》，2011年第3期。

［11］杜万华：《中华人民共和国民法总则实务指南》，中国法制出版社2017年版。

［12］金荣标：《论农村集体经济组织成员权》，载《甘肃政法成人教育学院学报》，2008年第S1期。

［13］陈小君：《农村土地问题立法研究》，经济科学出版社2012年版。

［14］贺雪峰：《地权的逻辑》，中国政法大学出版社2010年版。

［15］管洪彦：《农民集体成员权研究》，中国政法大学出版社2013年版。

［16］那艳华、荆珍：《城市化进程中农村集体经济组织成员资格确认问题分析》，载《东北农业大学学报（社会科学版）》，2012年第4期。

［17］鞠海亭：《村民自治权的司法介入——从司法能否确认农村集体组织成员资格谈起》，载《法治研究》，2008年第5期。

［18］戴威、陈小君：《论农村集体经济组织成员权利的实现——基于法律的角度》，载《人民论坛》，2012年第2期。

［19］陈绍斌：《农村集体经济组织及其成员资格》，http://old. chinacourt. org/public/detail. php? id = 209169，2006年6月21日。

［20］张明慧、孟一江、龙贺兴等：《社会界面视角下农村成员权认定的实践逻辑——基于湖南S村集体林权改革的实践》，载《中国农业大学学报（社会科学版）》，2014年第1期。

［21］王利明：《物权法研究（修订版）·上卷》，中国人民大学出版社2007年版。

合同法新论

校园网络贷款合同的法治化路径选择

严雪梅　秦　波[*]

摘要：校园网络贷对大学生而言具有简便、快捷等优势特征，对于贷款平台而言具有高额的利润回报、手续便捷、拓宽融资渠道等正规金融无法比拟的优势。但是，也存在着交易隐蔽、监管缺失，风险大、不易控制，缺乏惩罚机制等弊端。只有在法律上和制度上对校园网络贷加以监管和规范，加强对大学生的法治教育，建立完备的大学生小额贷款制度，才能为大学生的成长、成才与发展提供良好的环境，也为债权人的利益保护提供必要的法治保障。

关键词：校园网络贷　大学生　法治　路径

一、校园网络贷的现状分析

近年来，随着互联网的高速发展与金融行业的不断壮大，校园网络贷作为二者有机融合的产物应运而生。自2013年网络贷平台进入大学校园以来，凭借其自身的优势在大学校园不断蔓延。虽然它在短期内满足了大学生的借款需求，但是，它给大学生带来的伤害和对大学校园管理秩序的扰乱等弊端也日渐显现，应引起我们足够的重视与关注。

严格意义上的"校园贷"可分为五类：电商背景的电商平台，

* 严雪梅，法经济学博士，西南民族大学马克思主义学院副教授。秦波，成都市中级人民法院审判员。

如淘宝、京东等提供的信贷服务；消费金融公司推出的产品；P2P
贷款平台（网贷平台）；线下私贷；银行机构面向大学生提供的校
园产品等。其中，消费金融公司和 P2P 网贷平台等推出的部分产
品，因其催收方式等一度备受争议。①

2016 年河南一高校大学生因赌球而身陷校园网络贷，他通过
自己的身份信息以及冒用同学的身份信息等方式从不同的金融贷款
网络平台进行了数十万的贷款，最后因欠下巨款而无力偿还，选择
了跳楼自杀。这一事件的发生，使校园网络贷备受关注，并被推到
了舆论的风口浪尖。

2016 年 4 月，教育部与中国银行监督管理委员会（以下简称
"银监会"）联合发布了《关于加强校园不良网络借贷风险防范和
教育引导工作的通知》，明确要求各高校建立校园不良网络借贷日
常监测机制和实时预警机制；同时，建立校园不良网络借贷应对处
置机制。经过多部门联合整治后，部分校园网络贷平台退出市场。
2017 年 6 月 28 日，银监会、教育部、人力资源和社会保障部三部
门联合印发《关于进一步加强校园贷规范管理工作的通知》，该通
知的出台是为从源头上杜绝校园贷乱象，同时鼓励商业银行向大学
生提供贷款，去探索校园贷的经营模式。2017 年 9 月 6 日，教育
部财务司副司长赵建军在教育部新闻发布会上表示，根据规范校园
贷的相关文件，一方面要禁止任何网络借贷机构向大学生发放贷
款；另一方面，为了满足学生群体的金融消费需要，鼓励正规的商
业银行开办针对大学生的小额信用贷款。2017 年 12 月 1 日，互联
网金融风险专项整治、P2P 网贷风险专项整治工作领导小组办公室
正式下发《关于规范整顿"现金贷"业务的通知》，明确统筹监管，
开展对网络小额贷款清理整顿工作，要求网贷平台不得为在校学生、

---

① 新浪财经，http://finance.sina.com.cn/money/bank/bank_hydt/2017 - 12 - 12/
doc - ifyppemf6454233.shtml.

无还款来源或不具备还款能力的借款人提供借贷撮合业务。①

二、校园网络贷现象的法律思考

（一）校园网络贷属于民间借贷

1. 民间借贷的定义

民间借贷是作为非正规金融的一部分而定义的，一般是指排除在正式金融机构之外的借贷行为。② 狭义上的民间借贷指自然人之间、自然人和企业之间以及企业相互之间发生的货币或者实物的借贷关系，广义上还包括组织化程度较低的地下钱庄、典当行、合会等。③

2. 民间借贷的特征

（1）普遍性。目前，民间借贷作为正规金融的有益补充在我国已经初具规模，发展迅猛，并具有相当的普遍性。无论是城镇的居民还是普通的农户都曾经参与过民间借贷。2010 年央行的一份调查报告指出，当前我国民间借贷资金存量超过 2.4 万亿元，占借贷市场比重达到 5.6%。从绝对量上看，民间借贷资金量逐年增长，从 2008 年以来，民间借贷存量资金增长 28%。④

（2）地域性。民间借贷具有极强的地域性，且具有区域发展的不平衡。无论是经济发达的地区或是经济欠发达的地区都有民间借贷的存在，目前我国以江浙地区以及内蒙古、山西等省份为民间借贷集中的区域。

（3）非规范性。民间借贷缺少正式的合同，通常以口头协议

---

① 泛滥的校园贷：18 岁以上都可操作包装，不查征信，http://tech. sina. com. cn/i/2017 - 12 - 10/doc-ifypnsip3729297. shtml.

② 蒋寒迪、张孝锋：《中国地下金融市场中的利益群体及其博弈分析》，华龄出版社 2007 年版，第 50 页。

③ 刘丹：《民间金融法制化模式探析》，载《金融与经济》，2009 年第 8 期。

④ 《民间借贷存量资金逾 2.4 万亿元 市场比重超过 5%》，载《中国证券报》，2011 年 1 月 21 日。

或是简单的借据形式存在。很多债权人将钱借给企业或是个人都是出于朋友或亲戚的介绍。在朋友之间的小额借贷中，无息的情况较多见。但个人与企业之间的借贷通常都有较高的利息，以20%～30%居多，且属于一种信用担保借款，个人基于对企业实力和资产的信任而借款。

（二）校园网络贷属于信用贷款

信用贷款是金融平台或机构基于消费者的个人征信而提供的一种手续极为简单、便利的贷款形式。校园网络贷属于信用贷款，校园网络贷面对的消费者比较特殊，是大学生群体，金融平台在提供贷款时也不需要进行过多的个人征信审查，大学生们只需要提供自己的学生证、身份证，不需要任何人的担保，在平台或是网站上填写相关资料，就可以得到上万元的贷款。该贷款的用途极为广泛，没有任何限制，从衣食住行到培训旅行，一应俱全。所以，校园网络贷在大学生群体中受到了广泛的青睐。

关于信用贷款，银监会早在多年前就进行了相应的规范。2009年6月银监会印发了《中国银监会关于进一步规范信用卡业务的通知（银监发〔2009〕60号）》，① 要求除了附属卡外，不得向未满18周岁的学生发放信用卡，如向已满18周岁的学生发放信用卡，需审查其还款能力和收入来源以及有无固定工作等情况，并确保其能顺利还款，同时还应将该情况积极告知学生家长及其他有关管理人。2011年1月，银监会公布《商业银行信用卡业务监督管

---

① 《中国银监会关于进一步规范信用卡业务的通知（银监发〔2009〕60号）》，第六条规定"银行业金融机构应遵循审慎原则向学生发放信用卡。不得向未满18周岁的学生发放信用卡（附属卡除外）。向经查已满18周岁无固定工作、无稳定收入来源的学生发放信用卡时，须落实第二还款来源，第二还款来源方应具备相应的偿还能力。银行业金融机构发放信用卡前必须确认第二还款来源方已书面同意承担相应还款责任，否则不得发卡。银行业金融机构应积极向学生家长或其他有关管理人告知学生申请领用信用卡的相关信息。"

理办法》,① 针对信用卡业务快速发展中出现的种种问题作出明确规范，并再次强调和细化了上述规则。要求第二还款来源方提供担保，并确保其真实性。虽然也有部分银行对学生提供了信用卡业务服务，但总体而言，该业务基本处于探索实验和停滞发展的阶段。

（三）大学生属于特殊的完全民事行为能力人

根据我国《民法总则》② 第十七条、第十八条之规定，90% 以上的大学生已经年满十八周岁，心智发育较为成熟，能够完全辨认自己的行为能力，属于完全民事行为能力人。按照法律规定，作为完全民事行为能力人，大学生们可以独立自主地进行各种民事活动，理所应当包含签订贷款合同。但是，由于大学生们还处在学习积累阶段，他们的生活来源大多依靠自己的父母，甚至有部分学生的生活来源依靠社会救助和勤工助学。即使部分学生依靠打工作为生活来源但也并非是主要生活来源，这一收入也并非是稳定的收入，所以，大学生的还款能力是非常有限的。

三、校园网络贷的弊端分析

校园网络贷是前几年时兴的互联网金融 P2P 借款平台的产物，该借款方式存在很多风险与弊端，之前已发生过资金量断裂而导致

---

① 《商业银行信用卡业务监督管理办法》第四十四条："发卡银行不得向未满十八周岁的客户核发信用卡（附属卡除外）。"第四十五条："向符合条件的同一申请人核发学生信用卡的发卡银行不得超过两家（附属卡除外）。在发放学生信用卡之前，发卡银行必须落实第二还款来源，取得第二还款来源方（父母、监护人、或其他管理人等）愿意代为还款的书面担保材料，并确认第二还款来源方身份的真实性。在提高学生信用卡额度之前，发卡银行必须取得第二还款来源方（父母、监护人、或其他管理人等）表示同意并愿意代为还款的书面担保材料。商业银行应当按照审慎原则制定学生信用卡业务的管理制度，根据业务发展实际情况评估、测算和合理确定本行学生信用卡的首次授信额度和根据用卡情况调整后的最高授信额度。学生信用卡不得超限额使用。"

② 《中华人民共和国民法总则》第十七条："十八周岁以上的自然人为成年人。不满十八周岁的自然人为未成年人。"第十八条："成年人为完全民事行为能力人，可以独立实施民事法律行为。十六周岁以上的未成年人，以自己的劳动收入为主要生活来源的，视为完全民事行为能力人。"

大量社会恶性事件。

（一）风险防范机制缺失

一方面，校园网络贷平台为了追求经济效益，未考虑风险防范机制，通过具有诱导性的广告和变相高利贷的方式对大学生进行贷款；另一方面，大学生在签订贷款合同时也很少去考虑不能还款的后果和自己应当承担的违约责任。消费刺激的需求与风险防范机制的缺失，导致了"裸贷"等极其畸形的贷款形式，大学生只要年满18岁，提供一个半年以上使用过的手机号，然后登记下家长的联系方式，就可以轻松借到钱。同时也出现了合同内容不堪入目、极端暴力的催收方式，作为天之骄子的大学生被逼卖淫还款，以自杀方式清偿贷款，在长期还款压力下出现精神崩溃等恶性事件。这些乱象制造了一起起校园悲剧，产生了极其严重的后果，引发了大量的社会问题。

（二）互联网金融监管的缺失

校园网络贷平台的准入门槛相当低，甚至有些网络平台所在的公司根本不具备互联网金融的经营资格。同时，对该类平台监管的缺失，也是导致其乱序生长、无序扩张的重要原因。校园网络贷的具体完成事项几乎都在虚拟的平台上进行，提供资料、签订合同都可以不用与相关管理人员交涉，只需自己动动手指，上传凭证就可以完成。正是因为这种虚拟性，导致了金融监管部门的许多监管政策与措施都无法对其实施，任由其肆无忌惮地扩散。

（三）大学生消费观念与现实的脱节

校园网络贷的初衷是为了解决燃眉之急，但是，提前消费让大学生们尝到了甜头，它也如同一个巨大的泥潭，让大学生们在不知不觉之中越陷越深。大部分学生进行校园网络贷的原因是消费需求，例如培训和学习的消费、购买基本或是奢侈生活用品的消费、游戏消费、旅游消费，甚至有部分学生用于整容消费。其中小部分学生存在攀比心理，同时，在生活和学习消费的计划性方面比较缺乏，当然，这也是消费观念存在的误区，从而导致了与现实有些脱节。

《事实说》通过腾讯网络随机对 2 万名用户进行了较为详细的相关调查，通过对回收数据的统计分析，得出了《2016 大学生消费观念调查报告》。① 该报告通过数据直观地展示了大学生的消费情况，反映出大学生消费观念存在的相关问题。首先，以大学生的消费额度和来源来看，调查显示，有 40% 的在读大学生每月消费 1500 元以上，而毕业五年以上的大学生回忆他们在上大学期间的月消费额却只有在读大学生的 1/3 或 1/2。究其原因，一方面是由于时代变迁，人民群众生活水平提高，另一面也与在读大学生的盲目消费有关。有 70% 以上在读大学生的学费完全由自己的家庭负担，仅有少部分通过勤工俭学或助学贷款的方式获得。在校大学生的学费和生活费基本都是固定的，如果出现不够的情况，他们会选择打工赚钱的方式进行补给，也有部分选择自主创业的方式，但仅仅限于微商等不正规的形式。其次，在消费形式和内容方面，除了基本的生活消费外，女生在服饰方面花费最多，男生则在外出娱乐、打游戏等方面消费最多。恋爱花费也是在校大学生消费的开支重头，在黑龙江、吉林、辽宁、内蒙古、北京、上海和浙江上大学时谈恋爱的花费相对较高，这些地区的大学生中有超过 10% 的人每月因恋爱而多花 1000 元以上，而内陆省份大学生的恋爱开销就相对少一些。在校大学生的生活费大部分都花在了吃方面，而且有部分学生不愿意去食堂就餐，选择了每周一到两次的外出聚餐或是叫外卖，这就变相增加了他们的生活费用，这部分费用消费的男生比例高于女生。但不论男女，五成大学生在饮食上的花费占到了生活费的一半以上。最后，从消费与未来的生活关联来看，数据显示，大学时期上培训班花钱越多的人，毕业后的收入就越高。大学时期花了 5000 元以上在培训班进行学习的人，在毕业后有两成月薪在两万以上。故也有部分大学生将生活费用分出部分用于自我技

---

① 《2016 大学生消费观念调查报告》，参见：http://news. qq. com/cross/20160913/DD17W2A3. html。

能的培训方面，例如进行双学位的学习以及英语、计算机、教师资格证等认证的学习上。

四、校园网络贷的法治化路径选择

由于立法和监管方面的缺失，使得校园网络贷出现了许多不规范的行为，加之相关法律的滞后，使得债权人和债务人的利益无法得到全面有效的保护。校园网络贷的存在具有技术层面的支持，有其合理性的一面，但是，又有着立法等制度的不明确和缺失。正是因为缺乏相应的监管机制和安全边际，才使得债权人和债务人都为了获得各自的最大的利益而抱着侥幸的心理铤而走险。

当务之急，是清除校园网络贷市场现存的隐患，从以下几方面入手，多管齐下，使其健康发展。

（一）加强对大学生的法治教育

目前，部分大学生的法律意识较为淡薄，在上大学之前乃至大学期间对于法律的了解程度很低。部分大学生为了一时的虚荣和金钱利益而进行校园网络贷，在签订协议时未看清具体条款，不明白何为违约金，何为手续费，有些同学甚至看不懂合同条款，这些都是他们法律意识淡薄的表现。所以，从大一新生接受入学教育时开始，就应当加大关于校园网络贷的法治宣传，可以通过讲座、宣传海报等各种途径和方法，并在《思想道德修养与法律基础》课程中引入必要的金融法治专题进行宣传与讲解，让大学生在未进行校园网络贷之前就已经看到其严重的危害性，预见其行为的可怕后果，从而避免其合法权益受到不必要的侵害。

（二）引导大学生树立正确的金融观和消费观

随着经济的发展和社会的进步，当代大学生的消费手段、方式和结构等发生了一些改变，消费观念也随之变化，出现了网络消费、快餐消费、人情消费、盲目消费、攀比消费等不理性的现象，导致消费结构出现了不合理的情况。理财知识贫乏，储蓄意识淡薄，也导致其出现一些提前消费的不理性金融观。因此，引导大学生树立正确的金融观和消费观迫在眉睫，这不仅有利于其在大学期间养成科学、理性消费的行为习惯，而且也有利于校园金融秩序的维护和稳定。

（三）加强对民间借贷的监管

民间借贷虽然属于非正规金融，但也不能游离于金融监管之外。为此，一方面要支持真正的民间借贷良性发展，发挥其解决中小企业融资难的作用；另一方面必须严厉打击高利贷蔓延滋生，整顿金融秩序，加大对小额贷款公司、担保公司的金融监管。[①] 相关金融监管机构应当加强对民间借贷的监管，将其纳入合法的监管体系之中，使其规范有序地发展。

（四）明确刑法关于民间借贷的规定

部分民间借贷的合同本身具有欺诈性，暴力催债等非法方式严重侵害了当事人的人身、财产安全及利益，这些都应当纳入刑法的调整范围之中。对于资不抵债的合法、不违法以及犯罪的民间借贷关系应区分对待，不能为了树立法律的权威而一律适用刑法加以定罪，划分罪与非罪、明确界限可以为民间借贷提供一个更为安全有序的金融环境；应结合债务人的主观恶性、行为性质、社会危害性等综合考虑，否则会挫伤其生产和经营的积极性、创造性。

（五）建立完备的大学生小额贷款制度

虽然国家鼓励商业银行对大学生进行小额信用贷款，但该规定刚刚出台，在具体应用过程中应当会面临诸多困难，故建立一个较为完备而有体系的大学生小额贷款制度势在必行。该制度需要在以下几个方面加以完善和体现。

1. 贷款用途审查制度

目前，大学生进行贷款的用途比较广泛，出于风险防范和规范大学生行为的考虑，应当限制其部分用途。比如用于各种课程的学习费用、进一步提升和完善自我的培训费用、衣食住行等必需的生

---

① 余丰慧：《民间借贷高利率酝酿风险》，载《经济参考报》，2011 年 6 月 7 日。

活费用、医疗消费等支出都可以在经过用途审查机制后进行贷款。但如果用于整容、赌博、购买超过其支付能力的奢侈品等不正当、不理性消费用途时，商业银行则不予通过。这有利于引导大学生树立良好的消费观念，进行理性消费，帮助大学生将那些不合理的消费贷款拦在制度的门槛之外。

2. 信用贷款担保制度

为了最大限度保护大学生小额贷款制度中债权人和债务人双方的合法权益，并进行利益上的平衡，对大学生进行贷款的金融机构可以适用信用贷款担保制度。即如果大学生需要进行正当合理的消费贷款，应当在提供担保的情况下进行申请。这一担保人可以是其近亲属，例如父母、有稳定收入的成年兄弟姐妹、祖父母、外祖父母等，也可以是与其有兼职就业协议的公司及其他的利害关系人等。这一制度的建立，既避免小额贷款日后成为呆账、坏账，也使得大学生在贷款时有利害关系的帮助避免陷入"套路贷"的骗局之中。

3. 贷款登记制度

为了避免大学生贷款以后陷入无法还款等困境之中，建议在对大学生进行小额贷款时建立登记制度。即在贷款审查通过后，将大学生的该笔贷款登记在案，建议金融机构和学校相关部门同时登记，以便督促学生在规定时间内还款。

4. 将大学生贷款记录纳入个人征信制度

个人征信制度的建立和完善，有助于构建完整和和谐的社会信用体系，该体系的建立也不能少了大学生这一新兴的主力军。如果将所有电商金融平台甚至社交软件中的贷款还款记录纳入大学生个人征信制度中，不仅可以督促大学生群体进行合理、理性的贷款，同时保持良好的信用记录，对于其将来进行车贷和房贷也十分有益，这也是大学生广泛参与信用社会建设的一种合法而有效率的途径。

综上所述，只有在法律上和制度上对校园网络贷加以监管和规范，才能为大学生的成才与发展提供良好的环境，也为债权人的合法权益提供保障。这样，债权人和债务人作为贷款合同的主体在法律上才获得了真正平等的待遇。

参考文献

［1］靳海娟、张作泉：《校园贷中巨额滞纳金的风险评估——以几类校园贷平台为背景》，载《山西大同大学学报（自然科学版)》，2018 年第 1 期。

［2］李玮、袁权、郑屹、安海娟：《"校园贷"现状及影响因素的调查与研究》，载《华北理工大学学报（社会科学版)》，2018 年第 1 期。

［3］莫灿灿：《高校"校园贷"乱象的危害、产生原因与规避策略》，载《沈阳大学学报（社会科学版)》，2018 年第 1 期。

［4］陈曦：《从"校园贷"看当代大学生法制观念的培养》，载《商洛学院学报》，2018 年第 1 期。

［5］张志胜、赵慧婷：《校园贷乱象的生成机理与治理维度》，载《北京化工大学学报（社会科学版)》，2018 年第 1 期。

虚拟财产保护与网络数字游戏合同规则

刘宏志

摘要：《民法总则》明确对虚拟财产进行保护，但未规定虚拟财产的性质和保护方法。作者认为虚拟财产属于游戏开发商提供服务的一部分，应当作为债权进行保护。另一方面，虚拟财产不同于传统意义上的债权，其需要借助电子媒介才能呈现，并且通常被用户视为私人物品，赋予精神寄托，因而应当将虚拟财产与普通债权作区分，在《网络游戏服务格式化协议必备条款》中（以下简称《必备条款》）规定虚拟财产是否可以转让和继承，这样方能依托我国现有法律体系，平等保护用户与开发商利益。此外《必备条款》应当结合实际情况更加详细地规定用户与开发商之间的权利义务，不涉及用户主要权利的条款或者确需游戏开发商结合实际情况确定的条款方可由开发商自行拟定。

关键词：数字游戏 虚拟财产 格式合同

依据《民法总则》第 127 条，法律对数据、网络虚拟财产的保护有规定的，依照其规定。《民法总则》以及文化部制定的《必备条款》并未对虚拟财产定性，规定其能否转让和继承。实践中不乏与虚拟财产相关的判例，各法院的判决却千差万别，地方法律法规对此也鲜有立法。除未对虚拟财产定性外，《必备条款》对许多实体和程序上的事项均未规定，其内容仅包括账号注册、用户账号使用与保管、服务的中止与终止、用户信息保护四个方面。开发商提供的用户协议属于格式合同，用户想要注册账号并使用开发提供的服务只能在已阅读并同意该协议处打对勾，无权与开发商就相关条款进行协商。因此剩余条款由开发商自行拟定将造成显著不公，《必备条款》应当加入涉及用户主要权利的条款，防止开发商利用格式条款侵害用户利益。本文拟对虚拟财产进行定性，论证虚拟财产转让和继承的合理性，并确定其保护方式。

一、网络游戏合同与电子合同

（一）网络游戏合同规范化

依据《电子签名法》，可靠的电子签名与手写签名或者盖章具有同等效力。用户在签订游戏开发商提供的网络游戏服务合同时只能在阅读并同意该协议处打对勾，这一形式不能视为可靠的电子签名。虽然文化部要求玩家注册时需要实名认证，但部分用户未进行实名制注册，实名注册用户中部分用户是冒用他人信息进行登记，即使是用本人信息实名登记也无法确定打对勾人就是本人。打对勾并填写本人基本信息不能被视为可靠的电子签名，用户与开发商之间就不成立合同关系，用户取得账号、装备的行为没有法律依据。如果需要明确用户与开发商之间的权利义务，首先需要将网络游戏服务合同规范化，使之成为有效的电子合同。

网络游戏服务合同属于格式化合同，开发商作为合同的甲方通常能够提供可靠电子签名或者电子签章。用户通常没有专属的电子签名，如果当事人能够提供可靠的电子签名，自然成立电子合同，在当事人无法提供电子签名时，应当适用其他类似于电子签名的行为。可供选择的是用户在签订网络游戏服务合同时，打对勾并进行视屏认证，就如网上办理信用卡时需要本人上传身份证，持身份证拍照，并且用手机实时视屏认证，依据提示作出相应的动作。通过上述形式即使用户只是在协议处打对勾或者填写基本信息，也可以确认用户身份，该打对勾行为能够被视为有效的电子签名，从而使用户协议具备电子合同效力。

（二） 已签订协议的补正

用户应当对在此之前已注册并使用的账户通过电子签章或者视频的方式补充认证，否则不利于定分止争。部分学者主张将账号密码视为类似于房屋产权证的权利归属证书，账号密码持有者就是虚拟财产正当权利人。提出这一观点的学者对网络游戏现状不了解，黑客盗号、网吧经营者盗取客户账号密码的事情时有发生，如果持有账号密码就被认为是权利人不利于保护用户的利益。确定虚拟财产权利人更合理的方式还是通过用户补签可靠的电子签名或者进行视屏认证。

（三） 不成立电子合同的协议效力

用户在签订用户协议时未使用电子签章或者进行与电子签章同等效力的行为，事后可以进行补签或者补充认证，就未进行认证或者补签的用户协议而言合同依然成立。依据《合同法》第三十七条：采用合同书形式订立合同，在签字或者盖章之前，当事人一方已经履行主要义务，对方接受的，该合同成立。因此虽然该用户协议在注册时并未成立，后续用户持续使用注册账号信息，开发商提供服务的行为时应当认为双方之间已经成立合同关系。在用户未进行实名登记的情况下只要能证明自己是账号注册人、实际支配人，其权利就应当受保护。

前两种情形是通过签订有效电子合同的形式，在用户与开发商之间成立法律关系，第三种则是依据法律规定在当事人双方间成立合同。区别在于发生法律纠纷时，前两种情形用户可以直接主张权利受到侵害以自己的名义提起诉讼，而第三种情形当事人需要提供证据证明自己是适格当事人，如电脑 ID 账号以证明自己通过这个 ID 注册并使用。确认第三种情况的合同效力，即用户未提供有效签名时用户与开发商之间仍然成立合同关系，能有效保护大量未使用电子签名用户的虚拟财产。

二、用户协议对虚拟财产的规定

依据文化部发布的《网络游戏管理暂行办法》第 23 条规定，运营企业与用户签订的协议应当包括《必备条款》全部内容，其他条款不得与该格式化协议必备条款冲突。该必备条款未对账号的性质进行规定，因此对虚拟财产保护方式属于立法空白。作者在查询腾讯 QQ、微博、淘宝、英雄联盟、京东钱包等大型网络科技公司或者游戏项目公司的网络游戏服务合同后发现，上述企业中除淘宝允许客户通过转让或者继承的方式转让账户，其他企业在网络游戏服务合同中明确表示不允许用户转让账号并表示用户只享有账号的使用权。对账号内的虚拟财产能否转让和继承各服务合同规定有所不同，在此进行分类讨论。

第一类是第三方支付性质的电子钱包。以微信钱包、京东钱包、支付宝为例，各公司均规定用户可以转让账户中的财产，这是电子钱包的应有之义自不待言。对继承人能否继承账户中的财产各公司规定有所不同，微信、支付宝在协议中明确规定，只需要继承人提供相应的证明材料即可继承账户中的财产份额。微信、淘宝、京东对用户可否继承电子钱包账号未做规定，这存在合理性。微信钱包、京东钱包、支付宝类似于银行账户，账户内的余额具有经济价值，账户本身并无价值，使用人能转让账户内财产，继承人能够继承财产份额即可。

第二类是虚拟货币、游戏装备等。运营企业提供的格式化合同中通常约定用户只能取得虚拟货币、游戏装备的使用权。部分运营企业允许用户在游戏平台内通过指定方式进行虚拟货币、游戏装备的交易，允许用户使用现金购买他人虚拟货币、游戏装备，同时也可以由运营企业对虚拟货币、装备进行有偿现金回收。更多情况下运营企业只允许虚拟货币购买游戏装备，未在游戏中提供虚拟货币、游戏装备换取现金的服务。此外开发商通常在网络游戏服务合同中约定用户从第三方，如淘宝、天猫等其他平台取得的虚拟货币、游戏装备，开发商有权回收或删除。大多数开发商提供的用户协议均禁止虚拟财产转让，禁止用户在游戏中进行现金交易，禁止用户私下交易。

三、虚拟财产允许交易之合理性

（一）虚拟财产不属于禁止流通物

国内游戏开发商提供的网络游戏服务合同大多规定虚拟货币、游戏装备不能进行转让或者继承，这个规定对用户而言极为不公平。虚拟货币、游戏装备账号等虚拟财产虽然带有虚拟二字，但其带给用户的体验却是真实的。对用户来讲，这些虚拟账号、虚拟人物、虚拟财产具有特定的意义，用户在游戏中丢失一件武器装备或者丢失游戏账号产生的痛苦并不亚于在现实中丢失手机、电脑带来的痛苦。现如今游戏越来越有带入感，玩家完成注册后会在游戏中投入大时间精力，其在玩游戏的时候往往将自己带入游戏，认为此时自己就是这个角色。随着 VR、人工智能的普及，虚拟世界与现实的界限将更难辨识，虚拟游戏中给用户带来的触感、视力感觉、听觉与现实世界并无太大差别。

虽然这些财产只存在于数据电文之中但其具有的价值却是真实存在的，有价值的物品不管是虚拟还是现实存在都会产生交易需求，只要该交易不违反诚实信用、公序良俗等民法原则，交易标的不属于限制流通物、禁止流通物，法律应当允许自由转让。

（二）禁止转让不符合市场客观规律

韩国网络游戏最为发达，也最早对虚拟财产进行相关立法。最初韩国立法禁止虚拟财产转让，其结果是不仅未能抑制这一趋势，反而导致很多玩家被低价广告吸引被诈骗。韩国现已废除这一规定并将虚拟财产纳入普通财产范围，[①] 这对中国很具有借鉴价值。

---

① 参见佟静怡：《虚拟财产的继承问题研究》，载中国法院网：https：//www.chinacourt.org/article/detail/2013/02/id/894113.shtml，2018 年 8 月 13 日访问。

《梦幻西游》这款网络游戏里面一位玩家在游戏中取得一把名为星瀚的武器，被冠以梦幻西游第一武器之名，该玩家将该武器以人民币 200 万元的价格卖给了网名麦兜的玩家，据称名为麦兜的游戏玩家整套装备游戏账号价值人民币上千万元。现如今游戏装备被卖出天价已经不是新闻，虚拟财产已经成为人们生活的一部分、工作的一部分。一个有五个皇冠等级的淘宝账号可以卖出几十万、上百万元人民币，虚拟财产中蕴含的价值自不待言。随着互联网市场的繁荣，虚拟财产所蕴含的价值也越来越大，如果不允许将其转让和继承，将会造成用户虚拟财产的流失，并直接或间接造成实际财产的流失和浪费，这一做法不符合物权法充分发挥物的效用原则。

此外，未对虚拟财产进行定性并确立相应的纠纷解决机制而引发的惨案也不胜枚举。刘某怀疑杨某偷了自己的网络游戏密码，并窃取自己在网络游戏《传奇》中的虚拟钱物，持刀将杨某砍伤。[①]一位玩家因用现金购买虚拟物品出现问题后在上海盛大公司客户服务中心愤而自焚。[②] 对于玩家而言，虚拟财产具有与实体物相同的财富价值、精神价值，法律应当明确虚拟财产的保护方式和纠纷解决方式，从而避免此类悲剧再次发生。

（三）虚拟财产具有债权属性

1. 虚拟财产不应当作为数据电文进行保护

部分学者主张借鉴台湾民法将虚拟财产作为数据电文进行保护，但如果作为数据电文进行保护将无法确定其价值，同样是数据电文为何这一段数据电文的价值高于另一段数据电文的价值。[③]

2. 虚拟财产不应当作为物权进行保护

虚拟财产不同于有体物，其只是一段数据电文，只有通过特定

---

① 参见姜春康：《公民"虚拟财产"亟待立法保护》，载新浪网，http://games.sina.com.cn/newgames/2004/08/080537711.shtml，2018 年 8 月 13 日访问。

② 《追踪"盛大玩家自焚"事件》，载论文网，https://www.xzbu.com/7/view-2967111.htm，2018 年 8 月 13 日访问。

③ 侯鸿波：《虚拟财产的刑法保护》，山东大学硕士论文，2008 年。

的介质如电脑，才能呈现其形态。虚拟财产不同于专利权、著作权，商标权，不具备这些智力成果的新颖性、独创性。此外虚拟财产只存在于服务器中，当开发商关停服务器以后虚拟财产将不复存在，这一期限性与物权恒久性也不相符。

3. 虚拟财产作为债权进行保护更为合理

开发商与用户签订的是服务协议，开发商应当维护服务器的运行，其中虚拟财产也是开发商应当提供服务的一部分。虚拟财产并不具备物的性质，用户通过充值或者游戏规则取得该虚拟财产只是基于合同约定，因此将虚拟财产作为债权保护更为适宜。

4. 虚拟财产不同于普通债权

如前所述，虚拟财产具有债权属性，依据法律规定，除另有约定外，债权可以自由转让。如果在《必备条款》中规定，虚拟财产可以转让和继承，开发商将会抗辩：部分虚拟财产如电子邮箱、微信号、网络云盘账号等具有人身属性，不能依法转让和继承，允许转让和继承会侵犯公民人身权。虚拟财产的人身属性并不等同于人身权，人身权是与特定民事主体的人身密不可分，具有专属性的民事权利，包括人格权和身份权。法律赋予公民人身权的目的在于将公民作为独立的人进行保护，因此其人身利益、人格利益不得进行转让和继承。具有人身属性的虚拟财产从另一方面来讲，只是带有用户个人标签的虚拟物品，正如写上名字的日记本，虽然专属于公民个人，但并不具有人身专属性，对其进行转让和继承并不构成对人格权的处分。[①] 在邮箱、微信、QQ、网络游戏等虚拟世界形成的社交网络中，用户的联系人分为两类：一类是陌生的网民，这些联系人并不与现实中的用户产生交集，其沟通仅限于网络；另一类是在现实世界中有交集的联系人。不管是上述哪类联系人，所形成的关系并不同于基于法律规定或者事实产生的身份关系。其中具有识别性的网名、账号等也不属于人格权中的姓名权、姓氏权，因此

---

① 杨遂全：《浅析民法学界对一些法律概念的错误解读》，载《民商法争鸣》，2014 年第 6 期。

对虚拟财产的转让不涉及对公民人格权和身份权的处分。

涉及继承的情形，由于上述带有人身属性的虚拟财产可能包含个人隐私，在当事人未做意思表示时如果准予继承可能侵犯用户隐私。笔者建议赋予用户选择权，用户在登录账号密码后进行设置，如果其同意账号以及账号内的虚拟财产被继承则在选项栏处打对勾，否则就视为不同意该账号及相应虚拟财产被继承。

四、其他条款

（一）格式条款备案

司法实践中，各省市制定的条例规定，房屋买卖、供电、供地、供气、运输合同等格式条款应当进行备案。笔者建议在《必备条款》中增加开发商应当依法对本合同进行备案这一条款。增加这一条款不仅使服务协议满足《电子合同法》中规定的文件保存要求，还能排除开发商单方修改协议条款的行为。在《必备条款》中未增加开发商应当依法对本合同进行备案之前，用户协议中约定用户继续使用该游戏软件或者接受服务视为同意开发商的修改，这一条款属于明显排除用户权利的格式条款，应当归于无效。[①]

（二）第三方侵权责任承担

提供格式条款的一方免除其责任、加重对方责任、排除对方主要权利的，该条款无效。实践中，开发商通常在用户协议中规定因保管不善导致被盗号或密码失窃，责任由用户自行承担。该条款并不属于上述情形因此应当是有效条款。用户自己登录钓鱼网站、中木马病毒，游戏账号被偷窃，缺乏安全意识被黑客"撞库"取得账号密码都是由于用户未能妥当保管自己账号信息导致虚拟财产受到侵害，应当由用户承担责任。

---

① 王红霞、杨玉杰：《互联网平台滥用格式条款的法律规制——以 20 份互联网用户注册协议为样本》，载《上海政法学院学报》，2016 年第 1 期，第 50 页。

协议中通常未约定开发商应当承担赔偿责任的情形，《必备条款》应当对此进行规定，增加开发商存在过错导致用户遭受损失的违约责任条款。黑客进入官方主机库取得账号密码、公司管理人员将用户账号密码提供给他人以及用户在提醒开发商账户异常后开发商未采取相应措施导致损失的情形，应当由开发商承担责任。开发商承担保管、保护用户游戏账号的义务，开发商未能尽到看管义务，应当依法承担赔偿责任。此时允许开发商以保护客户隐私为由拒绝提供侵害人相关信息，但开发商应当承担追回该账号、游戏装备，赔偿玩家相同的武器装备，或者赔偿相应价款的责任。用户协议中的虚拟财产、账号、密码属于服务协议提供的内容，开发商违反合同中约定义务未能妥善保管用户虚拟财产就应当对上述情形承担违约责任，不能以黑客或者公司员工侵犯用户权利为由进行抗辩。

（三）现金交易

国内游戏平台只允许用户在游戏中通过虚拟金币换取虚拟装备或者虚拟装备换取虚拟装备，换言之就是虚拟财产之间的互换，而不允许用现金交易的形式让用户通过现金购买他人的虚拟金币或装备。此外开发商对虚拟装备范围有所限制，部分装备不能交易。笔者认为场内交易的范围应当进一步扩大，除直接向开发商充值购买的，或者具有期限性的虚拟财产之外的虚拟财产都应当允许场内交易，并且该场内交易不应当仅限于金币换取游戏装备或者反之，还应当允许用户直接用现金购买他人的虚拟装备或虚拟金币。放宽交易范围并允许用户通过现金购买他人虚拟财产不仅让开发商可以监督虚拟财产交易，从中收取手续费，同时也能避免场外交易给用户带来的风险，防止用户购买违法取得的虚拟财产。放宽交易范围同时赋予开发商一定的权限，将只能通过充值购买、具有期限性的虚拟物品排除，这样能在满足用户的交易需求的同时兼顾开发商的收益。

就游戏账号而言，由于游戏账号专属用户个人，其中部分游戏账号已经实名，对这部分已经实名的游戏账号应当可以允许转让，转让方式可以借鉴手机号的转让方式。手机号转让只需双方持身份证到营业厅办理即可，但游戏开发商并未在全国都设立营业厅，更为可行的方式是交易双方在开发商介入下进行视屏认证，通过网络签订转让合同。

（四）服务器关停

用户投入大量时间、精力、金钱是为了换取开发商提供相应的服务，但由于各种情况的发生，开发商会关停服务器，清空用户的各类虚拟财产，停止提供服务。这类情况发生时，开发商通常不会赔偿用户相应损失，只会在关停前提供一定期限的福利，如付费业务免费开放。虽然用户投入金钱与时间，但不宜强行要求开发商承担违约责任，支付违约金或者依据充值金额进行赔偿，而应该由开发商自行决定在服务器关停后是否赔偿，并依据充值金额确定赔偿比例。就该条款，开发商应当尽到充分、合理的提请注意义务，如在注册完成前用一个单独的页面进行提醒。开发商提请用户注意服务器关停后是否会对用户进行赔偿以及赔偿比例后，用户仍然决定注册游戏并充值就是基于用户自己的选择，否则开发商对用户损失不予赔偿的条款可能为无效条款。

五、结语

网络游戏的本质就是用户与游戏开发商签订协议，用户投入金钱和精力，游戏开发商提供服务的民事法律行为。双方签订的协议是格式合同，鉴于用户分散并且力量较弱，对某些条款应当予以强制规定，如账号、游戏装备可以转让与继承。同时，允许开发商对某些条款自行决定，如可以在协议中约定从开发商或者代理商处购买的游戏装备、时装等虚拟财产视为一次性消费，这类虚拟财产不允许转让，也不得要求退换。对开发商自行拟定的条款还需考虑开发商作为经营者可能面临不正当竞争从而必须限制用户的部分权利，不得认为限制用户权利加重用户责任的条款一律属于无效格式条款。

参考文献

［1］杨遂全：《浅析民法学界对一些法律概念的错误解读》，《民商法争鸣》，2014 年第 6 期。

［2］杨玉杰、王红霞：《互联网平台滥用格式条款的法律规制——以 20 份互联网用户注册协议为样本》，载《上海政法法学院学报》，2016 年第 1 期。

［3］侯鸿波：《虚拟财产的刑法保护》，山东大学硕士论文，2008 年。

［4］刘惠荣：《虚拟财产法律保护体系的构建》，法律出版社 2008 年版。

［5］郑泽善：《从一则案例谈网络虚拟财产的刑法保护》，发表于公众号《刑事备忘录》。

论网约车平台的劳动法风险防范

——以司机和平台是雇用关系还是合作关系为视角

蒋琳瑶[*]

摘要：网约平台对"网约工"是否承担劳动法律责任，这一问题在学界争论颇多，司法实践中也尚无统一的认定办法。一旦认定承担劳动法律责任，平台企业可能需要支付巨额赔偿，这将关系到平台企业的"存亡"。因此，对于平台企业而言，防范此类法律纠纷带来的法律风险至关重要。笔者从近几年发生的大量网约平台与"网约工"的案件处理中，归纳出两种处理思路，结合典型案例，分析各自思路的利弊，最后针对"网约平台"企业对此类风险的防范提出行之有效的对策。

关键词：网约车平台　劳动法风险　防范　雇用

一、问题的提出

随着"互联网＋"时代的来临，网络技术对社会资源分配机制进行深层渗透和进一步整合，共享经济（sharing economy）应运而生。这一全新的产业形态催生出了层出不穷的网约服务平台，[①]以及一个全新的就业群体——"网约工"。与传统的以"物"为标的的网络交易不同，网约平台提供以"劳务"为主要标的的网络交易。劳动者通过网络服务平台找到需要服务的对象，向其提供服

---

　* 蒋琳瑶：四川大学 2017 级民商法学硕士研究生。

　① 通过好厨师、呼我来等 APP 可以网约厨师上门做饭，通过俏猫美业师等 APP 网约美甲美睫上门服务，通过最好家政、惠阿姨 APP 等网约家政上门服务等。

务，网络服务平台运营方通过收取固定信息费或者按收入比例收取提成（有些同时与劳动者签订协议约定底薪）的方式从中营利。以"网约车"为例，截至 2017 年 6 月，我国网约出租车用户规模达到 2.78 亿，较 2016 年底增加 5329 万，增长率为 23.7%。①

通过互联网平台，以"网约车"司机为代表的"网约工"向消费者提供特定的服务，消费者通过网络平台支付相应的价款，这一新型经济形态一方面提高了劳动、资本等生产要素的利用效率，给人们的生活带来实惠与便利；另一方面则是对现行传统的劳动关系定位提出了挑战——在传统劳务需求方与劳务提供方相对应的关系中加入了互联网平台，后者对劳务提供方实施一定程度的规范或指示，由此平台与劳务提供方之间的关系变得模糊：是平等主体之间的信息交易还是具有从属性的劳动关系？

自网约服务平台诞生之日起，各种"网约工"纠纷诉讼层出不穷，② 其中均涉及"网约工"与网络平台法律关系的认定问题。服务提供者与网约平台是否成立劳动关系、如何认定劳动关系，决定了网约平台对"网约工"发生事故的法律责任承担问题，这对网约平台企业的发展至关重要。因为一旦认定成立劳动关系，将直接关系到所有 O2O 式第三方服务平台商业模式的"存亡"问题。以滴滴打车为例，截至 2017 年 6 月，滴滴平台已经有超过 2100 万名司机。③ 暂不论滴滴司机有多少如滴滴打车广告宣传的那样高的收入，即使以 2017 年北京市最低工资标准 2000 元/月④计算，一旦认定成立劳动关系，滴滴打车将可能赔偿 2000 元/月×11 个月（双

---

① 《第 40 次中国互联网络发展状况统计报告》，载中国互联网络信息中心：http://www.cnnic.net.cn/hlwfzyj/hlwxzbg/，最后访问时间：2018 年 5 月 17 日。

② 2016 年 8 月 9 日，北京 7 名厨师状告"好厨师"APP 平台，要求 APP 所属公司赔偿其解除劳动合同补偿金等损失共计 40 万余元。该案被称为"网约工"第一案。

③ 《滴滴：一年超 2100 万司机在平台获收入 白领占比最高》，载新浪科技：http://tech.sina.com.cn/roll/ 2017 - 10 - 15/doc - ifymuukv1956256.shtml，最后访问时间：2018 年 5 月 18 日。

④ 《今年 18 省份上调最低工资标准，北京天津上海突破 2000 元》，载澎湃新闻：http://www.thepaper.cn/ newsDetail_forward_1827846，最后访问时间：2018 年 5 月 11 日。

倍工资月份）×21000000 人 = 4620 亿元人民币；即便认定成立雇用关系，一旦发生机动车交通事故，用人单位滴滴打车也将对其雇员的职务行为承担不可估量的损失。对平台企业来说，承担责任的后果不堪设想。

由此可见，对于平台企业而言，厘清网络服务提供者与网络服务平台的法律关系，明确双方的权利义务，从而寻找有效途径规避此类法律风险，已是迫在眉睫的问题。本文从近几年发生的大量"网约工"纠纷案件中，归纳出两种常见的处理思路，结合网约平台企业的自身特点，提出行之有效的风险规避措施。

二、认定存在劳动或雇用关系

以传统"三要素"对"网约工"与平台企业关系进行认定，无论认定双方存在劳动关系还是雇用关系，平台企业均需承担劳动法律责任。这在扩大劳动法的保护对象、切实保障"网约工"的合法权益的同时，也使得企业的法律风险增加。因为与普通的合同法律责任相比，企业一旦承担劳动法律责任，其法律风险远远大于普通合同违约风险，企业很可能面临更大的经济利益损失。

（一）认定的主要法律依据

判断是否构成劳动关系，主要的法律依据是"三大标准"，即现行《劳动法》《劳动合同法》以及 2005 年原劳动和社会保障部颁布的《关于确立劳动关系有关事项的通知》。与其他相关法律关系相比，劳动法律关系的认定须同时满足"三要素"：（1）用人单位和劳动者符合法律、法规规定的主体资格；（2）用人单位依法制定的各项劳动规章制度适用于劳动者，劳动者受用人单位的劳动管理；（3）从事用人单位安排的有报酬的活动以及劳动者提供的劳动是用人单位业务的组成部分。只有同时满足上述三个条件才能认定成立劳动关系。

如果"网约工"与网约平台签订书面劳动合同，则该"三要素"很好识别，劳动关系很容易认定，争议的处理也很方便。例如，在 2017 年 5 月的"神州专车"（天津安驾商务咨询服务有限公司广州分公司）与舒某劳动争议案[1]中，安驾公司与舒某签订了劳动合同，发生争议时法院直接适用《劳动合同法》进行裁判，没有太大问题。然而，在当前网约平台行业内，这种签订劳动合同以明确法律关系的做法还是比较少见，更常见的是双方之间并没有以明确的协议方式对双方的权利义务进行规范，这使得劳动关系在传统的认定方式面前出现了尴尬局面。

（二）认定存在劳动或雇用关系的案例

以开创 Borello test 规则的美国 Uber 案为例。[2] 在 2014 年 Uber 案中，加州劳动委员会认为 Uber 公司对其平台司机 Barbara Ann Berwick 的劳动实现了全面控制——司机提供的服务属于 Uber 公司的主要业务，Uber 公司也的确对司机的工作过程进行了有效控制（right to control work details），如控制准入条件、评分管控等，因而司机 Barbara Ann Berwick 是 Uber 公司的雇员，应当向其支付工资等共计 4000 余美元。该判例认定劳动关系的主要依据在于考察雇主是否控制（或有权控制）雇员的所有工作细节，而至于服务人员提供劳动的时间不固定这一特征，加州劳动委员会认为这是网约平台工作的自身特性，不影响其本质属性——劳动关系的认定。

国内与此相类似的判决案例是北京亿心宜行汽车技术开发服务有限公司（即"E代驾"）诉章某等机动车交通事故责任纠纷一案，[3] 上海市一中院并不认为亿心宜行公司在该事故中处于居间服务商的角色，对其声称与董某某构成合作关系的主张不予采信。而是认为，董某某与亿心宜行公司之间系合作关系还是雇用关系，不能简单以《协议》的名称来判断，而应当以实际工作情况予以确

---

① （2017）粤 0111 民初 2456 号。

② 2015 年 9 月，Uber 司机以集体诉讼形式起诉 Uber，要求判定其司机为公司的雇员，而非独立承包商。美国加州劳动委员会判定 Uber 司机为公司的雇员，要求 Uber 支付各项运营费用以及加班费。

③ （2015）沪一中民一（民）终字第 1778 号。

定。法院认为，董某某受到亿心宜行公司的管理。董某某在提供代驾服务的过程中，服从亿心宜行公司的规章制度安排，须穿着统一的制服、佩戴统一的胸卡。"董某某须根据亿心宜行公司制定的标准收取代驾费用，本身并无议价权，其仅以付出的劳动获取相应的报酬"，因此，"董某某与亿心宜行公司之间符合雇用关系的一般特征，应认定双方为雇用关系。董某某事发时正在执行职务，属于职务行为，章某损失中超出保险理赔范围的部分，由亿心宜行公司承担赔付责任。"

同样，在赵某某与北京亿心宜行汽车技术开发服务有限公司等机动车交通事故责任案①中，北京二中院同意一审法院观点，认为陈某某的代驾服务行为是职务行为，故赵某某的合理经济损失应由亿心宜行汽车服务公司承担，陈某某不承担赔偿责任，故"E代驾"要承担赔偿责任。

（三）承担劳动法律责任的利弊分析

可见，如果用传统"三要素"对该劳动关系进行认定，倾向于认定"网约工"发生的事故属于履行职务行为造成的，网络平台企业应当承担劳动法律责任。这种做法，一方面确实能够保障平台工作者的合法权益，扩大劳动法的保护对象，鼓励大量使用者加入网络平台提供劳动服务，实现从"无业"到"就业"的转换；另一方面，也利于当前处于成长期的网络平台企业积极拓展业务、扩大规模，从而实现公司快速地发展与壮大。

但同时，这也存在诸多不足之处。首先，其难点体现在传统劳动证据的难以实现。如果服务提供者与平台签订书面劳动合同，当然没有问题。争议就在于往往"互联网＋"背景下的网约平台并未与司机签订书面劳动合同，使得双方的权利义务关系并没有得到明确的界定；同时司机的工作具有很大自主性，可以根据个人情况自由选择工作时间等，这又进一步模糊了劳动关系的定位。以美国

---

① （2014）二中民终字第 07157 号。

Uber 案为例，加州劳委会认为"当劳动者打开手机应用，全面根据平台规范来做，就实现了平台对司机的监控和管理，从而可以确立劳动关系"。但是这种处理方式对证据的要求也是相当严格，需要证明网约车平台实现了对司机整个劳动过程的控制。而在当下市场竞争相当激烈的网约车市场，司机享有相当高的自主权，往往并不只在一家网约车平台上提供服务，提供服务的时间也很不固定、可以自主决定，长期短期、定时临时均可，这使得双方劳动关系扑朔迷离。其次，平台公司为了能在竞争激烈的市场中站稳脚跟，也往往加强对司机的管理，制定诸多限制性条件，这又类似于"劳动规章制度"，给劳动关系的认定增加了筹码。另外，一旦在个例中认定成立劳动关系，当随后大量的网约车司机（试想上述关于滴滴打车的假设）都来要求认定成立劳动关系时，事情也会变得非常棘手。

三、认定存在合作关系

总的来看，法院认定"网约工"属于职务行为的案件还是少数，大量的案件中法院仍采用一种较为保守的处理办法，即不认定双方成立劳动法律关系，而是存在各式各样的合同关系，是一种平等的合作关系，即平台企业肯定不属于雇用者，但是一旦发生事故，基于权利义务相一致的原则，应当承担相应责任。企业逃脱了雇用的职务关系，却无法逃脱赔偿责任。

（一）认定不存在劳动法律关系的理由

法院之所以认为劳动者与平台企业不存在劳动法律关系，原因主要在于"网约工"工作的特殊性。一是"网约工"的工作自主性实在太大，这使得企业对劳动者劳动过程的控制显得很不清晰。在郭某某与贵阳吾步数据服务有限公司劳动争议一案[①]中，天津市和平区法院认为劳动关系的成立需要和用人单位形成以劳动为主要

---

① （2016）津 0101 民初 6727 号。

内容的隶属关系——劳动者为用人单位提供有偿劳动，从而从用人单位处获得相应的报酬和福利待遇。"被告贵阳吾步数据服务公司为原告提供乘客乘车信息并且从乘客支付的乘车费中扣除信息服务费用。原告可自行掌握工作时间及是否接单，其劳动报酬亦非从被告贵阳吾步数据服务有限公司领取，故双方之间的关系不符合劳动关系的特征，不属于劳动关系"。二是平台企业对劳动者的一些管理活动并未达到"控制"的程度。但是这点的判断似乎比较主观，例如，对于网约司机"穿着统一工作服、佩戴统一胸卡"的行为，上海一中院认定这成为双方成立雇用关系的证据，而同样的案件，同样的理由，宁波市中院却不这么看。在北京亿心宜行汽车技术开发服务有限公司与张某某服务合同纠纷案①中，赵某某同样主张自己"穿着统一工作服、佩戴统一胸卡"，向宁波市中院请求认定自己与亿心宜行公司存在雇用关系，而宁波市中院认为这一证据并不充足，"被告赵某某着其工服，佩其工号到原告指定上车地点上车为原告张某某提供代驾服务为合同的履行"，而非用人单位对员工劳动过程的控制，因而认定双方之间成立代驾服务合同关系。同样，对于另一些劳动者主张的证据，也往往很难得到法院的采信。在王某某诉北京亿心宜行汽车技术开发服务有限公司劳动争议案②中，王某某主张其与亿心宜行公司之间形成管理与被管理的劳动关系。其具体理由为：首先，其经过亿心宜行公司正式的招聘、面试、培训等流程，最终入职亿心宜行公司。其有固定的职务（即代驾司机），固定的工资待遇（即每月底薪 3000 ~ 6000 元，并且按照接单量另有提成）。其次，其严格遵守亿心宜行公司的各项规章制度，服从亿心宜行公司的工作指挥，接受亿心宜行公司的各种惩处措施。然而最终结果却与之相反，不论劳动仲裁、一审法院还是二审法院均认为双方之间不存在劳动关系，驳回了原告的诉讼请求。

---

① （2017）浙 02 民终 535 号。
② （2015）一中民终字第 01359 号，（2014）石民初字第 367 号。

同样是司机穿着统一工作服、佩戴统一胸卡、接收平台发布的信息，上海宁波两地并未形成可以共同遵循的逻辑路径，显示出法律面对互联网新问题的适用窘境。"互联网的发展再一次印证了法律对于现实的滞后。"①

（二）认定存在合作关系的案例

在认定不存在劳动关系的各"网约工"事故案件中，法院对网约平台企业的责任判定往往是一致的——基于权利义务相一致原则，承担相应赔偿责任。例如，在郭灵迪诉北京河狸家信息技术有限公司、韩凯云生命权、健康权、身体权纠纷案②中，上海市徐汇区法院认为被告韩凯云与被告河狸家公司不存在劳动关系，但是由于在原告郭灵迪通过该网络平台公布的美甲师信息订购相关服务的过程中，被告河狸家公司从该经营活动中获取一定利益，是一家营利性企业。根据权利义务相一致的原则，河狸家在享受平台获利的同时也应当履行相关义务。其提供美睫服务具有一定的人身安全危险性，河狸家作为非直接侵权人，应当承担30%范围内的补充赔偿责任。又如，在钮亚林诉刘刚、张越、陈蓉、成都笨拉拉汽车租赁有限公司、中国平安财产保险股份有限公司天府新区支公司机动车交通事故责任纠纷一案中，成都市武侯区法院认为，根据侵权法理论，网约车平台（大黄蜂公司）应当承担侵权责任。因为网约车平台是启动机动车运营这一危险活动的源头，并从该危险活动中获益，基于权利义务相一致原则，网约车平台应当承担侵权责任。同样，北京三中院在徐某某上诉北京亿心宜行汽车技术开发服务有限公司等机动车交通事故责任纠纷一案③中，认为虽然李某某与亿心宜行公司之间的雇用关系由于在案证据不足而不予认定，但是由于"E代驾"一获得经济利益，二未审核事故车存在过错，故依

---

① 王天玉：《基于互联网平台提供劳务的劳动关系认定——以"e代驾"在京、沪、穗三地法院的判决为切入点》，载《法学》，2016年第6期，第50～60页。

② （2015）徐民一（民）初字第1731号。

③ （2015）三中民终字第04810号。

据《消费者权益保护法》第四十四条第二款①之规定，判"E代驾"承担连带赔偿责任。

（三）认定存在合作关系的利弊分析

认定新型企业与其从业人员之间不存在劳动关系，而是存在各种合同关系，这种思路不会阻碍新型企业的发展，但是会使得当前的用工管理现状继续维持，无法得以有效化解。以同样的"E代驾"案为例，从上述案件中可以发现，同一片蓝天下的上海一中院、北京一、二、三中院，并没有生成一致的判决，一个认为是雇用关系，一个认为是职务行为，另外两个又认为不是雇用关系，判决结果差异甚大。② 这对于"E代驾"等网约平台企业而言，此类劳动事故带来的法律风险太大，主要体现为其不可控性太大。从当前来看，认定不存在劳动关系的同时判决承担相应责任，只能是暂缓之计——不阻碍平台企业的发展，但从长远来看，随着对"互联网＋"网约平台企业的进一步规范，对处理此类劳动争议案件的司法实践经验逐步增加，法院迟早会有较为统一的处理办法，届时的法律风险则是巨大的。

四、平台企业如何防范此类法律风险

此类争议案件带来的企业风险往往发生在网约平台和注册的劳

---

① 《中华人民共和国消费者权益保护法》第四十四条第二款：网络交易平台提供者明知或者应知销售者或者服务者利用其平台侵害消费者合法权益，未采取必要措施的，依法与该销售者或者服务者承担连带责任。

② 上海市一中院在"北京亿心宜行汽车技术开发服务有限公司诉章某等机动车交通事故责任纠纷"一案中认定亿心宜行公司与董某某成立雇用关系，董某某属于职务行为 ［（2015）沪一中民一（民）终字第1778号］；北京市一中院在"王某某诉北京亿心宜行汽车技术开发服务有限公司劳动争议"案中，认为双方不存在劳动关系，驳回了原告的诉讼请求 ［（2015）一中民终字第01359号］；北京市二中院在"赵某某与北京亿心宜行汽车技术开发服务有限公司等机动车交通事故责任纠纷"案中，认为陈某某受亿心宜行公司指派，属于职务行为 ［（2014）二中民终字第07157号］；北京市三中院在"徐某某上诉北京亿心宜行汽车技术开发服务有限公司等机动车交通事故责任纠纷"一案中，判决李某某与亿心宜行公司不存在劳动关系 ［（2015）三中民终字第04810号］。

务提供者脱离蜜月期之后。由于各地法院的审理水平不一，同一地区法院针对个案的分析角度也大有不同，因此对于平台企业来说难以有应付的万全之策。但是各平台企业想尽可能避免这类官司的需求却是一致的。平台企业应当尽可能厘清劳动法适用之合理边界，将其关系定位于合作而非劳动，从而减少利益损失，同时稳固新型共享经济所包含的社会关系，确立交易预期，降低经营成本。因此，平台企业总该有些防备，即使不能以策万全，但的确可以在细节中决定成败。

（一）防范风险的思路

认定存在合作关系，双方之间成立各式服务合同，那么企业只需在一定责任范围内承担赔偿责任，这使得企业的法律风险相对可控。而一旦被认定存在劳动关系，则其在事故中承担的法律责任则是巨大的。说到底，对于此类法律风险的防范，平台企业应当尽量避免与平台服务提供者产生劳动关系，而是体现为一种平等合作关系。其中，最主要的需要规避的就是劳动关系认定中的"用人单位依法制定的各项劳动规章制度适用于劳动者，劳动者受用人单位的劳动管理，从事用人单位安排的有报酬的劳动"这一条款，即企业可以反其道而行之，将该条款分解为以下三条进行理解。

（1）用人单位的制度不适用于劳动者，即劳动者违反了制度规章也没有如同雇员那样强制性的处罚。

（2）不对劳动者进行管理，即没有对劳动者在工作时间、工作数量等方面像雇员那样作出强制性要求，没有对其劳动过程进行全方面控制。

（3）不安排员工劳动，即强调劳动者可以自由进行劳动安排，自主决定是否接单、何时接单，在对劳动者进入平台时所签的协议中明确说明双方属于平等地位的合作关系等。

（二）商业模式中的具体应用

上述内容具体应用到平台企业的商业模式建设中，需要尽量要做到如下几点。

（1）在平台进入协议中清楚定位该平台的商业模式系"技术或信息服务"，而非提供劳务。明确声明双方是居于平等地位的合作关系，而非劳动隶属关系。并且这类条款不能夹杂在繁多格式条款之中，而应如保险合同中的关键条款那样，单独抽离出来、加粗或标红进行醒目的说明，并且在该网络协议签订时设置一定的阅读时间以证明"网约工"的确进行了阅读，这在法庭中向法院证明法律关系时非常重要。

（2）应当提供非绑定式服务要求。比如不能要求注册的"网约工"提供固定时间段的服务，而应当是自由式，赋予其相当大的自主性。服务的类型也可以适当给予平台参与者一定的自主选择性。例如，在"好厨师"案中，"好厨师"的私厨被公司要求"每天10点上班，晚上6点下班，在公司等着派活，派到活后上门做饭"，这后来成为7名厨师证明存在劳动关系的证据。

（3）尽量避免强制派单模式，派单模式应当做到"网约工"可以自主选择。自主选择接单或不接单、接单时间等，并且做到放弃接单对于"网约工"没有强制性惩罚措施。依然以"好厨师"案为例，好厨师平台具有强制派单不得拒绝的后台管理要求，这又成为厨师主张存在劳动关系的证据。

（4）协议约定注册人可以随时解约而无须承担相应责任，即注册的"网约工"可以无条件地注销账户而不承担任何法律责任，也可以随时注册为新的用户，而无须付出额外的成本。

（5）授予用户较大的权限更改服务价格，体现其自主定价权，而非平台设置固定的价格，引起类似"固定薪酬"的质疑。价格是提供服务的工作至关重要的影响因素，鉴于服务性质的工作其价格具有相当大自主性，这在司法实践时很可能是法官着重考虑的因素。

（6）平台尽量以收取固定的技术服务费、信息服务费为宜，类似于提供居间服务，尽量避免和注册人的收入扯上关系。降低法律风险的最有效方式不是淡化法律关系，而是减少法律关系。将平台与用户的法律关系减少到只有一种——居间关系，方能最有效降低法律风险。

参考文献

［1］李峰：《分享经济背景下劳动关系探析——以网约车为例》，载《中国劳动》，2017 年第 1 期。

［2］刘瑛：《关于"网约工"劳动权益保障的思考》，载《工会理论研究》（上海工会管理职业学院学报），2017 年第 3 期。

［3］孟庆吉：《网约车司机与平台公司的劳动法律关系》，载《知与行》，2017 年第 4 期。

［4］王天玉：《基于互联网平台提供劳务的劳动关系认定——以"e 代驾"在京、沪、穗三地法院的判决为切入点》，载《法学》，2016 年第 6 期。

［5］杨学义：《雇用？合作？捋不清的关系》，载《工人日报》，2016 年9 月 27 日。

知识产权法新论

论二次创作"同人作品"的
保护及其侵权认定

杨玥玥[*]

摘要: "同人作品"等二次创作的作品越来越普遍。知识产权法必然会对其予以更多的关注。我国的立法应当将"同人作品"知识产权保护的裁判规则上升到法律层面。类似于二次创作的著作权法新型问题处置规则和对他人作品进行二次创作的"实质创新"认定标准,需进一步程序化、抽象化。新规则的创制路径,可以先行通过判决的形式,再通过司法解释的制定过程来总结其执行效果。由于其技术性较强,立法需要通过理论逻辑的辨析,在各界对此形成共识以后,再将细则写入《著作权法》中。同时,随着互联网络的发展,立法也应该紧跟时代的发展与市场方向,适当放宽同人创作的环境。

关键词: 二次创作 同人作品 侵权 知识产权

"同人作品"的作者群体,是一个不被大众熟悉的人才宝库。我们可以从这些年轻的同人作者中挖掘各类创新型人才。这些年轻人正是促进我国文化事业和创新型社会发展的有生力量。当前,国内外对"同人作品"等二次创作与原作品的关系界定不清,对作品是否构成侵权以及可能构成侵权的司法认定标准也大相径庭。我国现行的著作权法在判定同人作品是否侵权时也存在着诸多不足。本文详细介绍了同人的概念与作品分类,对比了世界各国对于

---

* 杨玥玥,工学硕士,成都电子科技大学成都学院图形艺术系助教。

"同人作品"（二次创作）的态度及处置情况。笔者认为，应当适当放宽同人创作的环境，特别是网络环境下的同人创作。网络正改变着市场的构成，立法也应该紧跟时代的发展与市场方向。合理的规定能让同人作者从封闭的小圈子中走出来，创新型社会应当允许各种小众文化的存在。笔者相信，对类似于"同人作品"等二次创作作品著作权合理的立法规定，肯定能够让同人作者从封闭的小圈子社团中走出来，而创新型社会应当允许各种小众文化的存在。

一、"同人作品"等二次创作现象及其侵权处置概况

"同人"是一个日文外来词，本来的意思是一群有同样兴趣、志向和目的的人聚在一起活动。而现在，同人也指同人的作品。同人的作品是不作商业出版和销售的，在日本的同人展会中，对同人作品使用"配付"或"颁布"两个动词，其意思是免费发放。同人作品本质上是在有着同样爱好的人群中免费流传的，得到同人作品的人给予创作者金钱以示感谢与鼓励。但根据当下的情况来看，这些本质和核心已经被很多人淡化。

同人作品中最基本的产物为"同人志"。"同人志"的诞生，可以追溯到日本大正时期。那个时期日本的文化氛围浓郁，不仅作品丰富，文化出版行业也十分繁荣。很多文人墨客创作欲望都非常旺盛，但也会有一些作家的作品得不到主流杂志社青睐。所以日本白桦派的武者小路笃实、志贺直哉等作家，将他们的作品集结成杂志《白桦》，便是最早的"同人志"。之后日本出现了很多这样志同道合的朋友们合出的杂志，一时"同人志"成为文人墨客之风雅韵事。以芥川龙之介、菊池宽等人为核心人物的《新思潮》杂志；以葛西善藏、广津和郎等人为核心的"私小说"形式杂志《奇迹》等，都是那个时期的同人杂志。这种形式给留学日本期间的郭沫若等人很重要的启发，1920 年前后，郭沫若、郁达夫等人便创办了一份名叫《绿色》的同人杂志。而同人行为的诞生还可

以追溯到中国晋代"洛阳纸贵"① 的典故上。由此看来,同人志与同人行为的历史是非常悠久的。如今,我们说的同人志大都和ACGN② 有关。同人作品作为二次元市场中的一环,它的体积巨大。日本研究机构 Media Create 在研究报告"2008 宅产业白皮书"③ 中提到,2007 年游戏、动漫及相关商品销售总额达 1886 亿日元(约合 16.5 亿美元)。其中 48% 来自同人活动。近年来,同人作品的灵感来源也越来越广泛,除 ACGN 外,现实人物、物体甚至中国画等艺术品也成为了创作对象。

(一)同人作品涉及的方面及其分类

广义上,同人作品可以分为两大类,分别是原创类和演绎类。"原创类"顾名思义就是完全自创的内容,如同前文提到日本大正时期的同人志。"演绎类"则是基于一个已有 IP④ 的剧情或人物进行二次创作。

从狭义上分,同人作品有以下几个类别。

1. 同人志

同人志是个人或同人社团自费印制的、非营利性质的刊物。它作为作品发表的一种媒介,内容通常以漫画为主要表现形式。此外,还有插画型、文学型(小说诗歌)、评论型、情报志型、影集型同人志等多种形式。

2. 同人音乐

同人音乐是个人或同人团体制作的音乐作品。大致分为原创

---

① 晋代文学家左思,以三国为灵感来源撰写了《三都赋》。由于当时还没有发明印刷术,喜爱《三都赋》的人争相抄阅,造成纸张供不应求。

② ACGN 为英文 Animation(动画)、Comic(漫画)、Game(游戏)、Novel(轻小说)的合并缩写。

③ "宅"一字来自日文单词"御宅",用来代指二次元狂热爱好者,"宅产业"即"二次元产业"。该机构将二次元产品分为五类:动画(DVD 和 CD)、文化出版(漫画和轻小说)、游戏、人物周边商品以及同人作品。

④ "intellectual property"的缩写,直译为"知识产权"。本文中指影视文学、游戏动漫等有一定粉丝基础的作品。

曲、重新编曲、印象曲等。重新编曲是将影视或游戏作品的既存配乐加以编曲发表，印象曲则是以某部作品为灵感来源而创作的原创乐曲。同人音乐还包括网络翻唱、同人广播剧、同人音效素材、人声软件演唱的歌曲等。同人音乐作者区别于独立音乐人，同人音乐作者并不是以盈利或商业出道为目的进行创作。另外，同人音乐作品的发布方式、交流方式也与独立音乐有所不同。

3. 同人动画与影视类

包括原创或二次创作的动画或影视作品。同人动画在网络特别是视频网站上通常配合同人音乐发表，除自己绘制的二维、三维动画外，常见形式还有插图合集、视频混剪、短视频等。

4. 同人游戏与网络数码类

包括原创或二次创作的电子游戏、桌游，以及游戏攻略、同人CG（Computer Animation）、网络同人文。甚至一些原创或二次创作的软件、硬件等。

5. 杂货类

包括原创的带有二次元角色形象的用品、饰品、服装，还原原作制作而成的人偶、道具、服饰，基于原作二次创作的玩具、用品、服饰等。

6. 其他

除上述五类之外，痛车①、cosplay②也属于同人作品与行为。

（二）同人作品的流通渠道

同人作品特别是同人志的主要流通渠道为同人聚会和展会。与国内自费出版图书发行渠道不同，同人志是作者自费印刷装订，印刷数量少，没有出版社与发行商参与，也不会进入书店系统上架

---

① 在日本，对 ACGN 文化热爱的人为了彰显个性，将喜爱的动漫角色或者文字之类的字画贴（喷）在车上以作装饰。被这样装饰过的车子，称为痛车。痛车不仅指汽车，自行车、摩托车、电动车、车模等都能称作痛车。

② Cosplay 是英文 costume play 的简写，译为角色扮演，指利用服饰、道具及化妆，扮演自己喜爱的人物或角色作为娱乐和交流。

发行。

聚会和展会以外，同人文章、动画、音乐、杂货等更常在网络流传。但国内的 ACGN 爱好者线上聚集的平台除了视频网站 Bilibili，零散的贴吧、论坛之外，能够集中发表、搜索同人作品的网站较少。曾经有过的零星一些同人作品发布平台，其使用人数与爱好者人数成反比。同人作者与粉丝通常不愿意让作品大范围流传，同人作品比起其他形式的艺术创作，更像是暗流一般的存在。为了保护同人作者，作品"不出圈"是同人作者与爱好者之间暗默的规则。这与我国严格的著作权法规定有直接的关系。

国内目前流行的渠道更多以微信群、QQ 群的渠道呈现。西方国家的同人作品主要呈现在英语网站的各种网络平台。

（三）同人作品与衍生作品的区别

同人作品不完全等同于衍生作品，但二者有交集。衍生作品是从某个作品派生出来的另一种形式的作品，或同一种形式不同演绎方式的作品。如把某部小说做成一款游戏，可以说这款游戏是前者的衍生作品；官方衍生产品（实物周边）或官方续作也是一个 IP 的衍生作品。上文中提到，同人作品也有从一个 IP 衍生出的演绎类，但同人作品还有一部分为原创类作品。原创类同人作品与商业出版发行作品的区别是存在的形式与发布的平台，但作品仍具有独创性。因此，原创类同人作品理应受到法律的保护。衍生作品往往会沿袭原作剧情上的表达，但一些二次创作类同人作品只会利用原作的一些思想。比如江南的小说《此间的少年》就属于金庸作品的同人作品，而非衍生作品。

二、现行关于"改编"的各种规定及其司法解释的逻辑

（一）《保护文学和艺术作品伯尔尼公约》中关于"改编"的规定

《保护文学和艺术作品伯尔尼公约》（以下简称《伯尔尼公约》）的第二条规定："翻译作品、改编作品、改编乐曲以及某件

文字或艺术作品的其他改变应得到与原著同等的保护，而不损害原著作者的权利。"同时，第十二条规定原作者还享有对其作品进行改编、整理和其他改变的"批准权"。

（二）《中华人民共和国著作权法》中的规定

《中华人民共和国著作权法》（以下简称《著作权法》）第十二条规定："改编、翻译、注释、整理已有作品而产生的作品，其著作权由改编、翻译、注释、整理人享有，但行使著作权时不得侵犯原作品的著作权。"同时，第三十五条规定："出版改编、翻译、注释、整理、汇编已有作品而产生的作品，应当取得改编、翻译、注释、整理、汇编作品的著作权人和原作品的著作权人许可，并支付报酬。"

（三）相关司法解释的解释逻辑

同人作品中的"演绎类"实际就是上述法律和条约中提到的"改编已有作品"。《伯尔尼公约》与《著作权法》中对于"改编"的保护内容相同，即对文学艺术作品的改编，在不侵犯原作品的著作权前提下，改编作品和原作同样受到保护。但《伯尔尼公约》中对原作品进行改编、整理和其他改变需要得到原作者批准，属于精神权利上的保护。《著作权法》中则规定"出版"改编作品，应取得改编著作权人和原作品著作权人双方的许可，并支付报酬，属于经济权利上的保护。

那么，是不是二次创作类同人作品在中国现行法律下是被允许的，只是不可商业出版呢？答案是否定的。《著作权法》中的出版，指作品的复制、发行。同人志被印刷成本，当然算是一种"复制"，那么在网络上流传交流又如何呢？2011年，最高人民法院、最高人民检察院、公安部印发了《关于办理侵犯知识产权刑事案件适用法律若干问题的意见》（以下简称《意见》）。《意见》中第十二条，关于"发行"的概念也做了规定："'发行'，包括总发行、批发、零售、通过信息网络传播以及出租、展销等活动。"这里网络传播也被认定为"发行"，同人作品的主要传播渠道之一的网络渠道传播，也涉嫌违法。我国《著作权法》对于二次创作类同人作品中合理创新的允许范围较窄，二次创作类同人作品对原作的使用能否有合理的使用范围？《著作权法》中第二十二条规定："在下列情况下使用作品，可以不经著作权人许可，不向其支付报酬，但应当指明作者姓名、作品名称，并且不得侵犯著作权人依照本法享有的其他权利：（一）为个人学习、研究或者欣赏，使用他人已经发表的作品；（二）为介绍、评论某一作品或者说明某一问题，在作品中适当引用他人已经发表的作品"。这两条可以用来论证二次创作类同人作品的合理使用范围。同人的本质是同好交流，甚至自我满足，所以同人作品的受众是自己或一个特定的圈子。所以发表在社交平台和网络上的同人作品，其受众为开放性的网络用户，受众广泛。即使转发、讨论人数不多，也超出了"个人学习、研究或欣赏"范畴，这种行为便涉及侵权。从我国著作权法的规定中可以看出，其对改编作品的合理使用范围做了传播上的严密的规定。

三、世界各国对于同人作品（二次创作）的态度

由于世界各国对于著作权法的保护和侵权认定都各有不同，各国版权方对于二次创作类同人作品的态度也大不相同。

（一）美国

在美国的司法实践中可以看出，其确认二次创作者侵权与否，仅需要二次创作和原作的差异超过"微不足道"（merely trivial）的变化。也就是说，完全复制是被禁止的，二次创作作品必须和原作有"实质性区别"。在版权中，原创也可以指作品灵感来源于别的作品。美国的很多判例都是围绕作品是忠实复制，还是显现出了作者的个性展开的。网络上流传迪士尼公司对同人作品非常严苛，其实，纵观迪士尼的相关诉讼案，只有不包含任何原创性的角色绘画会被告抄袭或无授权使用。2013年，迪士尼还出现在了日本最大的同人展会 Comic Market 的企业馆。

美国的一位哈利·波特书迷创建了一个百科网站，该网站包含哈利·波特书籍的详细信息，还列出了角色、生物、法术、魔药、魔法装置，并分析其中的魔法理论。后来美国出版商 RDR Books 把该网站里的内容出版成书，2007 年《哈利·波特》的作者 J. K. 罗琳对 RDR Books 提出了《哈利·波特辞典》的出版诉讼。虽然有些消息称创立哈利·波特辞典网站的粉丝被起诉，但该诉讼实际上仅针对 RDR Books。该案在美国审理，最后罗琳虽然胜诉，RDR Books 被判停止出版《哈利·波特辞典》。但同时法院认为，作者无权停止出版有关文学作品的参考指南。该书的修改版于 2009 年出版，书名改为：《词典——哈利·波特小说未经授权的指南》（The Lexicon：An Unauthorized Guide to Harry Potter Fiction and Related Materials）。

（二）英国

2014 年，英国通过了版权法修改议案，并于当年开始实施。其主要涉及九项版权例外，如私人复制例外、研究及个人学习例外、滑稽模仿例外等。允许公众为了非营利性的目的复制他人作品。出于讽刺、仿作或滑稽模仿等目的而使用他人作品的，也不构成版权侵权，极大地促进了英国的社会创新与娱乐行业的发展。其实，英国作家 J. K. 罗琳公开表示过支持哈利·波特的同人创作，但是要符合她的"标准"。她对前文提到的哈利·波特百科网站就赞赏有加，该网站还获得过粉丝网站奖；但出于营利性目的的商业出版，她也毫不姑息。

（三）日本

日本版权法中有一条"亲告罪"，各个版权方通常根据"是否存在恶意"来判断是否容忍同人创作。而随着日本加入跨太平洋伙伴关系协定（TPP），日本国内对于违反著作权法是否改为"非亲告罪"进行了广泛讨论。利用已有动画、漫画等进行的二次创作同人作品也许今后会受到一定影响。① 目前日本的法律结构与其作用方式，可以很好地解释日本的同人作品快速发展甚至二次元行业蓬勃发展的秘密。只要没有污蔑原 IP，日本的法律和知识产权所有人最大限度放宽了同人作者的生存环境。2016 年 3 月，日本国会对著作权法进行了一次改订，对没有任何创造的盗版侵权行为实行"非亲告罪"，对二次创作类同人作品还是实行亲告罪。其实，世界上对于知识产权上的保护通常以"非亲告"为主流，在加入太平洋伙伴关系协定（TPP）的国家中，仅有日本和越南实行"亲告罪"。正因如此，日本政府及相关法律人士也支持对著作权的"非亲告罪"化。对于这种状况，原日本参议院议员山田太郎，也经常就"表现的自由与法律的制定"问题展开讲座与活动。他认为，在日本"同人展会""同好间交流"的特殊概念和情况下，违法复制与被允许的二次创作之间的区别与判断本来就和美国等国家不同。一旦在法律上明确"非亲告罪"，那么以日本动漫在世界的影响力与传播度，对世界的影响将是巨大的。不仅是各类同人志、二次创作作品，cosplay 行为可能也会受到波及，同人展会将会不复存在。

（四）欧盟

欧盟对仿冒产品、作品与二次创作的侵权及知识产权保护进行了多次全球性的调查。调查委员会认为，与二次创作不同，仿冒产品和作品直接导致了欧盟成员国范围的损失，从而使得该行业每年流失 263 亿欧元收益。知识产权侵权造成相关行业 170 亿欧元的销售额损失，知识产权侵权直接或间接地造成欧盟电子产品以及软件相关的 518281 个工作岗位流失，造成知识产权侵权欧洲范围内 81 亿欧元的财政收入损失。然而，欧盟相关法律法规并没有详细地区

---

① 上原伸元：《TPPの締結に伴う著作権の非親告罪化とポップカルチャー分野の二次創作を巡る問題について》（《加入 TPP 而产生的著作权非亲告罪化与流行文化中二次创作的相关问题》）参见：https：//www.jstage.jst.go.jp/article/mscom/90/0/90_195/_article/-char/ja，最后访问日期 2018 年 8 月 23 日。

分各种二次创作和仿冒的细则。①

四、我国对二次创作中相关知识产权保护的不足与矛盾

（一）"同人作品"等二次创作的侵权处置概况

1. 金庸诉江南案

2018 年 8 月，广州市天河区人民法院对广受关注的作家金庸诉江南《此间的少年》著作权侵权及不正当竞争纠纷案作出了一审判决，江南的行为不构成侵犯著作权，但构成不正当竞争。回顾这起案件，江南本人曾在网络上发表声明说："还把自己代入了其中'令狐冲'这个角色形象"，这是判断是否为同人作品的重要一点。脑中有着金庸创造的人物形象，再来创作一段全新的故事，《此间的少年》确为一部同人作品。且作品最初在通过信息网络传播，而后商业出版，都属于发行了这部同人作品。法院的判决书中提到《此间的少年》"借用"了金庸笔下人物姓名属实，但《此间的少年》并没有将情节建立在金庸作品的基础上，且部分人物的性格特征、人物关系及相应故事情节与金庸作品截然不同，情节所展开的具体内容和表达的意义并不相同。因此，《此间的少年》并未侵害金庸所享有的改编权、署名权、保护作品完整权。同时，被告通过盗用上述独创性元素吸引读者、谋取竞争优势，获利巨大，违背了诚实信用原则，严重妨害了金庸对原创作品的利用，构成不正当竞争。法院判决江南等被告立即停止不正当竞争行为，停止出版发行《此间的少年》并销毁库存书籍，赔偿金庸经济损失 168 万元及为制止侵权行为而产生的合理开支 20 万元，公开赔礼道歉消除不良影响。

2. 于正侵权案

"琼瑶起诉于正侵权案"中原告琼瑶胜诉，法院对原告主张的 21 个桥段抄袭认定了 9 个。被告被判赔偿 500 万元，于正公开道

---

① 孙一鸣：《欧盟认为在重要国家中中国知识产权问题最为严重》，载《中国知识产权》，2015 年第 9 期。

歉，并停止传播《宫锁连城》。二审判决书说："对于人物设置和人物关系的相关认定，均系结合人物与情节的互动及情节的推进来进行比对，并进而在构成表达的层面对两部作品进行比对。"

3. 小结

在著作权法中并未规定文艺作品中角色的著作权问题。江南在小说中并没有借用金庸小说情节或故事脉络的表达，只是借用了金庸笔下人物之姓名。就算江南利用了金庸笔下之人物设定，但人物设定属于人格，人格属于思想范畴，并非表达。但法院说"不会导致读者产生相同或相似欣赏体验"，这句话值得商榷。同人作品对原作思想的利用正是基于受众对原作有共鸣和相似体验。在于正侵权案中，法院是从思想还是表达来判断是否抄袭。琼瑶拥有的版权不包括思想和信息本身，只包括表达它们的形式或方式。此案还有一个亮点是，作为不懂影视行业情况的法院，要求双方当事人委托"专家辅助人"出庭，但最后只有原告委托了编剧汪海林出庭进行了说明。"专家辅助人"虽然能够弥补司法人员专门知识方面的不足，但行业专家不一定懂法律。事后汪海林也曾公开表示，在法庭上并未正确理解法律意义上的"思想"与"表达"的含义。其次，专家辅助人能否公允地对其行业、专业进行说明，也是一个问题。但是，在专业案件的不断涌现下，必然会有更多具有专业知识的人参与到法律大讨论中来。法律界人士与各界专家共同研讨，才能提高立法质量。

（二）"同人作品"知识产权相关法律、规定执行效果有待提高

前文也提到了我国著作权法中并未规定角色的著作权问题，那么单幅的同人 CG、同人玩具、人偶以及 cosplay 等同人作品就无从判断是否侵权了。且我国在著作权侵权判定中，于传播方式上有明确的指导，但并未就作品剧情的合理使用范围做明确规定。虽然可以利用思想表达二分法进行判断，但极大地限制了创作时的自由度。可以看到，在文化多样发展、小众化发展的今天，我国的法律

存在不足与缺位，亟待新的相关司法解释和规则的制定。但一些规则过于优先，对于传统法律的权威与尊严则会造成挑战。① 从发达国家的经验来看，同人作品出现早；且同人作品出现后，发达国家的传统法律具有较强的可执行性，能有效地解决同人创作的各种新问题。同时，它们更多地考虑了以市场为主体的自由意志，客观上有利于促进创新。

（三）"同人作品"知识产权保护与创新型社会的关系与矛盾

在网络与新媒体快速发展的今天，人们的工作和生活越来越依赖网络。同人创作如果无法在网络发布内容，势必是不符合社会发展规律的。同人作者也需要一个合法的网络 UGC（User Generated Content）平台进行作品交流与传播。日本著名的同人交流社区 Pixiv，汇聚了来自世界各地画手与写手的高质量的作品。网站明确规定，在本平台发表的作品不能做商用、擅自转载、诽谤他人等。按照中国的著作权法规定，这种信息网络传播改编作品，也属于侵权。在严格的规定下，同人作者们势必会躲进更加封闭的小圈子。繁荣的同人创作环境下能挖掘出很多优秀画手、写手、音乐人甚至游戏与影视制作人。通过同人作者们的创作，甚至会促进原作的营销，同人作品与原 IP 会形成一个良性共生生态。我国越来越多的 IP 方与同人渐渐开始了这种共生的互惠关系。现在，开展同人绘画与作文比赛几乎成了 ACGN 等文化产业的营销标配。比如，近期网易公司的"阴阳师"手游组织的同人创作大赛等，很多原创 IP 开始认同同人创作，从一开始就主动向同人作者敞开大门。不得不承认的是，创新大都是在已有成果的基础之上做发展和提高。比如，现在人们越来越多的在电视节目中听到经典歌曲的改编演

---

① 后发国家与发达国家同步进入互联网时代以后，面临网络空间的崭新环境，必然导致社会治理机制与传统法律制度愈加显得捉襟见肘，制度全面短缺，传统法律制度面临全面挑战。为解燃眉之急，后发国家本能的反应必然是以特殊规则弥补一般法律执行力的不足，以政府之手补强社会自治机制，以期毕其功于一役。参见周汉华：《论互联网法》，载《中国法学》，2015 年第 3 期。

绎，重新编曲也是以已有旋律为基础，利用各种乐器、软件、人声等重组一首乐曲的精神与特点。许多古典音乐，网上随便搜索一下都会出现许多不同版本，它们或是指挥不同，或是使用的乐器不同，听众对于同一首乐曲的不同演奏方式也是有偏好的。可见，同样的旋律，不同的编曲，会呈现完全不同的艺术效果。同理，绘画和文学也一样，不同的作者，面对同样的事物，笔下也会产生不一样的内容。甚至是剪辑，拿到同样的素材，不同的人剪辑出来的故事都可能大相径庭。每个创作者都在各自的作品里融入了自己的思想，使用了新的表达。原创和二次创作两者之间的关系处理得好，既能使二者形成良性上升格局，还能进一步推进我国万众创新的浪潮。处理不好，势必导致双输后果，还不利于创新型社会的发展。

（四）"同人作品"和未来知识经济的人格发展激励机制

很多同人作者并不为了经济收入多少考虑，而更多地是为了个人名誉、荣誉的取得而创作。我国与发达国家在同人发展经历上有一个不同是：我们没有开始进入同人线下展会时代就直接进入了同人线上网络交流时代。而纵观在网络上能成功的人，基本都是能持续生产内容的人。在不断追求优质内容时，创新会自然而然地产生，UGC 会成长为 PGC（Professionally-generated Content）。网络正改变着市场的构成，创新激励也必须抓住市场。在看动漫、打电子游戏长大的 90 后开始成为社会中坚力量的时代，如何调动他们创新的积极性与主动性，而不仅仅停在口号上，这就需要先关注他们的特点，再创造相应的环境。很多同人创作者年龄都很小，成都同人展会 Comiday 的官方调查《CD21 参展者数据报告》显示，其展会参展者 38% 为 19 ~ 22 岁，34% 为 16 ~ 19 岁，12% 为 12 ~ 15 岁。[①] 对于年轻人的创新激励更多应该是心灵上的鼓励，而不应该是金钱上的鼓励。同人作者们正是因为心里满足才进行创作，同人作者这一年轻群体正是创新型人才的宝库。所以应当适当放宽我国

---

① 参见 Comiday《CD21丨参展者数据报告》https：//weibo. com/ttarticle/p/show? id = 2309404230962807481608，2018 年 9 月 28 日访问。

同人生存环境，允许非营利性目的下的同人创作。这都迫切需要法律工作者和社会各界配合形成一个合理的完善的体制。

五、完善相关立法和司法措施的建议

将司法实践中处理"同人作品"知识产权保护的相关裁判规则上升到法律、法规等规定中，是成文法国家和判例法国家的一个重大区别。某些类似于前文所述的著作权法新型延伸规则和他人二次创作"实质创新"的认定标准，程序化、抽象化表述到判决以及司法解释中以后，注意总结其执行效果和理论逻辑辨析。

在司法解释形成之前，应当通过典型判例的公示和各界充分的理论研讨，以形成真正反映民意的共识。通过司法解释施行，发现最能够平衡各种创新机制和当事人利益的公平规则，为立法完善做准备。相关伦理规则和法学理论的发展，需要进行"同人作品"等二次创作的作者的直接参与，以及社会各界，特别是同人受众的伦理评价。对相关法律的制定，需具有相关知识的人全程参与，对法案的可行性进行论证。进一步，在各界形成共识之后，写入《著作权法》修正案的立法中。互联网"百家争鸣"的平台则有益无害。

参考文献

［1］童晓薇：《创造社的诞生与日本大正时期文化界》，载《郭沫若学刊》，2005 年第 1 期。

［2］Media Create：《2008オタク産業白書》（《2008 年宅产业白皮书》），Media Create 有限公司 2007 年版。

［3］郑成思：《著作权法学》，法律出版社 1996 年版。

［4］卢美慈：《同人志相关著作权问题研究》，台湾智慧财产研究所硕士论文，2011 年。

［5］胡开忠、赵加兵：《英国版权例外制度的最新修订及启示》，载《知识产权》，2014 年第 8 期。

［6］冯刚：《判定于正抄袭琼瑶，是怎么做到的?》，载《新京报》，2016

年1月21日。

[7] 周汉华:《论互联网法》,载《中国法学》,2015年第3期。

[8] 袁博:《编曲应受著作权法的保护吗?》,载《中国知识产权报》,2015年4月3日。

[9] 孙一鸣:《欧盟认为在重要国家中中国知识产权问题最为严重》,载《中国知识产权》,2015年第9期。

人工智能能否成为著作权的主体

杨佩芳*

摘要：伴随着人工智能技术的飞速发展，人工智能在文学、艺术等领域能够生成满足最低程度的独创性的作品，因此人工智能生成的作品可以视为著作权法意义上的作品。但是人工智能不会因为其生成作品而成为著作权的主体。人工智能不具有意识，更不具有人类智能，无法获得法律上的人格，只能作为权利的客体，不可能成为民事主体。同时，为人工智能设定代理人使其获得民事主体资格不正当而且不可行。另外，人工智能无法享有、行使和救济其权利，其成为著作权的主体不利于人类文艺、科学事业的进步和发展，违背了著作权制度的基本原理。我国著作权法可以依照职务作品的形式，将人工智能的所有人视为人工智能生成作品的著作权人。

关键词：人工智能　民事主体　著作权制度基本原理

一、人工智能对著作权制度的挑战

20世纪50年代，达茅斯会议上一批有远见卓识的科学家首次提出了人工智能的概念。之后，计算机网络的发明为人类指明了通往网络时代的道路，各种新技术的发明和不断发展进一步加速了人类在人工智能领域的进展。21世纪初，人类社会以网络作为核心，

---

* 杨佩芳，四川大学水利水电学院土木工程（地下工程）专业本科在读，法学双学位在读。

社会结构重新组织，形成了新的网络社会，随着网络社会的进一步发展，传感器技术、大规模数据存储和通信技术广泛应用，使人类的数据规模呈指数型上升。随着数据处理能力的飞速提高，在 21 世纪第二个十年的下半段，新的运算能力和算法使得人工智能领域呈现出飞速发展和逐步应用广泛的态势，人类即将进入到人工智能时代。[①]

人工智能技术越来越快速地发展，人工智能未来可能会拥有越来越强大的智能，与此同时，人工智能在我们生活的多个领域发挥着重要的作用。2017 年 10 月 25 日，在沙特阿拉伯举行的未来投资计划会议上，沙特阿拉伯首次授予机器人"索菲亚"沙特阿拉伯的国籍，这意味着沙特阿拉伯正式承认了人工智能公民的身份即民事主体的资格，而机器人"索菲亚"成为历史上第一个获得公民身份的机器人。这对于现有法律的民事主体制度来说将会是极大的冲击，即法律是否应该承认人工智能的民事主体资格。

不仅如此，伴随着人工智能的飞速发展，人工智能在绘画、音乐、写作等多个领域的表现都令人瞩目。美联社的人工智能 Wordsmith 平台可以进行体育、财经类的新闻撰写，清华大学研发的人工智能机器人"九歌""薇薇"可以作古诗，谷歌发布的"品红计划"将探索让人工智能学习生成艺术和音乐的方法。依据世界知识产权组织的权威解释，作品须具有的独创性是指作品是作者自己独立创作完成的，完全不是或者基本上不是从另一作品抄袭来的。[②] 毋庸置疑，人工智能生成的作品是由人工智能独立完成的，虽然人工智能不能完全独立地生成作品，需要按照人类输入的程序才能生成特定领域的作品，但是关于人工智能生成的作品的具体内容，人类是不会提前预知的。也就是说，人类不会真正地掌控人工

---

① 何哲：《通向人工智能时代——兼论美国人工智能战略方向及对中国人工智能战略的借鉴》，载《电子政务》，2016 年第 12 期，第 2 页。

② 吴汉东：《人工智能时代的制度安排与法律规制》，载《法律科学（西北政法大学学报）》，2017 年第 5 期，第 131 页。

智能生成作品的具体内容，因为如果那样做的话，人工智能将毫无意义，它只是一个写字工具。例如，人类为人工智能输入程序要求人工智能生成古诗，人类可以预知到的是人工智能所生成的作品是属于古诗这个特定领域的，但是在人类看到人工智能生成的作品之前，人类是不会预知人工智能生成的作品具体包含哪些内容，采用了哪些意象等。因此，人工智能生成的作品仍具备最低程度的独创性，可以视为著作权法意义上的作品。那么，创作作品已经不再是人类的专属，人工智能同样可以生成著作权法意义上的作品，这同样也给现有的著作权制度带来了极大的冲击。既然人工智能可以生成著作权法意义上的作品，那么，人工智能是否有可能成为著作权的主体即作者呢？

二、人工智能的民事主体资格问题

在我国的民法体系中，民事主体制度是最基本的制度之一，人工智能能否成为著作权的主体，首先取决于人工智能能否成为民事主体。而民事主体即民法意义上的人，必须具有独立的人格。《德国民法典》将"权利能力"作为法律人格的基础和核心，同时使得"人格"的具备在形式逻辑上与个人所独具的"理性"分离开来，这使得"团体人格"的确认在法律上成为可能。[①] 因此，民事主体既可以是具有自然属性的人即自然人，也可以是法律拟制的人即法人或非法人组织。古希腊哲学家苏格拉底曾说过，人是理性的、会思考的动物。自然人是生物学意义上的人，其获得民事主体的资格不需要任何额外的条件，凡是自然人以外的其他组织或生物要成为民事主体，必须经由法律赋予其主体资格，即成为法律拟制的"人"。沙特阿拉伯授予机器人"索菲亚"公民的身份，便是将其作为自然人来对待，人工智能显然不是生物学意义上的人，即不是自然人，那么我们是否应该承认人工智能可以作为自然人而成为

---

① 马俊驹：《人与人格分离技术的形成、发展与变迁——兼论德国民法中的权利能力》，载《现代法学》，2006 年第 41 期，第 50 页。

民事主体呢？

图灵测试是判断人工智能是否具备人类智能的一个著名的试验，由英国数学家和逻辑学家、计算机和人工智能之父图灵提出。试验将人和人工智能隔开，由特定的装置向他们随意提问，如果人工智能超过30％的回答使人不能判断出哪个是人，哪个是人工智能，那么人工智能通过图灵测试，并且被认为具有人类智能。2014年6月，人工智能"尤金·古特曼"伪装成一名来自乌克兰的十三岁男孩顺利地通过了图灵测试。但是，人工智能表现得和人类一样甚至让人无法区分并不意味着人工智能就具有了人类智能。美国心智与语言哲学家塞尔以一个简明的"中文房间论证"模型反驳了人工智能可以思考的观点，论证了当前的人工智能完全不可能理解人类思维。

该模型设想了一个母语为英语，对汉语一无所知的人，他被锁在一个房间中，该房间装有中文字符的盒子，还有一本关于中文字符操作的指导手册。又设想房间外面的人往房间里送进一些中文字符，房间里的人对这些字符依然是不认识，这些送进来的字符是以中文提出的问题。再设想房间里的人按照程序指导能够发出中文字符，而这些中文字符也正确回答了那些问题。[①] 这时候，中文房间里的那个人通过指导程序用中文正确回答出了那些中文的提问，但这并不意味着房间里的那个人就能理解中文，他仍然对中文一无所知。按照这样的思路，人类为人工智能提供程序，人工智能也可以按照程序对于提问作出相应的回答，因而可以顺利地通过图灵测试，但是人工智能不会理解这些问题和回答的含义，更不会理解人类思考的过程和人类的思维，它只是机械地完成了输入程序，因此人工智能不会具有人类智能。因为人类在相同的情形下不能理解的事情，人工智能同样也不可能做到。另外，从人工智能的物质基础上来说，采用深度学习神经网络模型的人工智能不具有像人一样高

---

① 蔡曙山、薛小迪：《人工智能与人类智能——从认知科学五个层级的理论看人机大战》，载《北京大学学报（哲学社会科学版）》，2016年第4期，第149页。

度发达的神经系统，实际上仅相当于人类某些习惯形成的条件反射智能水平，将来，即使能够采用基于 DNA 工作原理的基因计算机作为人工智能的处理单元，也只能是无限接近但永远无法成为更不可能超越人类智能。① 因此，人工智能不会具有人类智能因而不能作为自然人而成为民事主体。沙特阿拉伯授予机器人"索菲亚"公民的身份仅仅只是象征意义上的做法，这一做法只是能提高人类对于人工智能的关注度而已，机器人"索菲亚"不可能作为自然人成为民事主体，也不会享有公民任何实质性的权利并且承担相应的义务。那么，法律能否将人工智能拟制为"人"使其获得民事主体资格，这将取决于人工智能是否具有独立的人格或者说民事权利能力。

在私权体系中，权利主体与权利客体不仅相对应，而且彼此之间的法律地位不得转换，所以权利主体不能是权利客体，权利客体亦永远无法成为权利主体，只可能是法定支配权的对象。② 在我国的民法体系中，人是权利的主体，物是权利的客体。人工智能能否获得法律上的人格，成为权利主体，意志能力的有无是一个基本的标准。③ 任何不以已经具有意识功能的材料为基质的人工系统，如果没有充足的理由断定在其人工生成过程中引入并随之留驻了意识的机制或内容，不管其行为看起来多么接近意识主体的行为，我们必须认为该系统像原先的基质材料那样不具备意识。④ 毫无疑问，人工智能是由不具有意识的材料所组成的人工系统，只要我们没有足够的证据能够证明人类在制造人工智能的过程中加入了意识并且

① 唐良树：《人工智能的"意识"困境》，载《中国社会科学报》，2017 年 1 月 25 日。

② 熊琦：《人工智能生成内容的著作权认定》，载《知识产权》，2017 年第 3 期，第 4 页。

③ 杨立新，朱呈义：《动物法律人格之否定——兼论动物之法律"物格"》，载《法学研究》，2004 年第 5 期，第 90 页。

④ 翟振明，彭晓芸：《"强人工智能"将如何改变世界——人工智能的技术飞跃与应用伦理前瞻》，载《人民论坛·学术前沿》，2016 年第 7 期，第 30 页。

这种意识被人工智能保留了下来，我们就必须认为人工智能是不具有意识和情感的。人类研究和开发人工智能，其目的是为了让人工智能服务人类和解放人类，人工智能始终会是人类的工具，不可能脱离人类的控制而拥有独立的人格。人工智能不具备可以不依赖任何外在的因素而独立思考、独立判断和创造的能力，它必须依赖人类输入的程序而进行深度学习以及创作。虽然人工智能在某些领域已经超越了人类，但是人工智能只是人类的技术成果和工具，是人类智能的延伸和外在体现。作为人类的技术成果和工具，人工智能不具有最基本的意识，无法获得法律上的人格，只能作为权利的客体，永远无法成为权利主体，因而人工智能不可能成为民事主体，自然也不可能成为著作权的主体。

三、设定代理人赋予人工智能主体资格是否可行

有学者认为，法律可以赋予无生命体法律资格，并设定它们请保护人或代理人。在美国，树林、文物等都能成为诉讼主体，美国学者克里斯托弗·斯通在其发表的论文中，主张自然或无生命体的法律权利和诉讼资格，他认为像河流、森林等无生命的物体应当有保护它们自己利益的诉讼资格，就像公司等无生命体也被法律赋予诉讼资格一样，进而论证既然法律可以赋予没有意识的国家、公司等的法律资格，并设定它们请保护人或代理人，那么法律同样可以赋予自然物体法律资格，设定它们请保护人或代理人。[①]

然而，法律不可能赋予人工智能法律上的人格，使其成为著作权的主体并设定其可以请代理人。

第一，人工智能的代理人获得代理权的正当性存疑，进而影响其代理行为的效力。民事主体的授权对于代理行为的效力至关重要。人工智能与其代理人之间不存在意定代理，人工智能不具有意识，不具有内心的意思，更无法将内心的意思以一定方式表现于外

---

① 徐昕：《论动物法律主体资格的确立——人类中心主义法理念及其消解》，载《北京科技大学学报（社会科学版）》，2002 年第 1 期，第 16～17 页。

部行为，因此人工智能无法将代理权授予其代理人。除意定代理之外，代理人获得代理权的方式还有法定代理。我国民法体系中并没有人工智能的法定代理人的相关规定。我国民法也没有承认人工智能的民事主体地位，人工智能也不可能成为民事主体。人工智能的代理人获得代理权在现有的民法理论中难以找到合理的法律依据，不具有正当性，人工智能代理人的代理行为不应当具有效力。

第二，人工智能的代理人为民事行为所要维护的利益是其自身的利益，而不是人工智能的利益。事实上，人工智能本身对于其生成的作品而产生的经济利益或者精神上的利益等没有需求，它不断地生成作品只是按照人类的指示为人类的需求服务。而人工智能作为人类的技术成果，它的投资者、开发者设计创造人工智能投入了大量的人力、物力和财力等，其收益主要来源于人工智能本身以及其生成的作品。也就是说，人工智能生成的作品得享有著作权而带来的利益是人类所期待的，无论是许可他人使用还是提起侵权诉讼，人工智能的代理人实际上是在维护自己的利益而非人工智能的利益。

四、著作权制度的基本原理

目前世界各国的法律体系大致可分为英美法系和大陆法系两类。从英美法系著作权制度的基本原理来看，作品是立法的中心，英美法系以激励作品的创作和传播为己任，如何适当地分配作品利益以促进作品创作和传播是其考虑的核心问题。因此，英美法系的作者既可以是自然人也可以是法人。从大陆法系著作权制度的基本原理来看，作者处于立法的中心地位，大陆法系保护的目的不仅仅在于倡导艺术或者科学的进步，而且在于建立一个保护作为创造天才的人的法律框架，因此作者只能是自然人，法人不可能成为作者。① 我国属于大陆法系国家，在我国的著作权制度中，著作权是

---

① 见许辉猛著：《著作权基本原理》，知识产权出版社 2011 年版，第 45 页。

与人身关系联系密切的权利，著作权包括著作人身权和著作财产权。同时，由于考虑到投资者的利益保护，我国《著作权法》第十一条规定，著作权属于作者。创作作品的公民是作者。由法人或者其他组织主持，代表法人或者其他组织意志创作，并由法人或者其他组织承担责任的作品，法人或者其他组织视为作者。也就是说，在特殊情况下，法人和其他组织只要符合一定的条件也可以成为作者，在我国的著作权制度中，作者不一定必须是自然人。

然而，人工智能作为人类的工具，它不具有意识，这就是其自身的局限性，导致人工智能无法享有和行使著作权。我国的著作权制度仍然以作者为中心，致力于保护作者的人身权益和财产权益，人工智能不是自然人，其既无法享有发表权、署名权、修改权和保护作品完整权这类著作人身权，也无法享有复制权、表演权、发行权、信息网络传播权等著作财产权。人工智能无法行使许可权许可他人使用自己的作品。当人工智能生成作品的著作权受到不法侵害时，人工智能也无法进行权利的救济，人工智能生成的作品无法得到有效保护。无救济即无权利，有权利必有救济。当权利受到不法侵害时，人工智能既无法行使请求权，请求侵权人停止侵害、赔偿损失、恢复名誉等使得权利恢复到受侵害之前的圆满状态，也无法行使诉讼权向人民法院提起诉讼来维护自己的合法利益。因此，人工智能成为著作权的主体没有任何实质上的意义，反而会阻碍人工智能生成作品著作权的行使和保护。这势必会影响人工智能的投资者、开发者研究和创造人工智能的积极性，阻碍人工智能生成作品的传播和再创作，同时还阻碍了社会公众获得作品和欣赏作品。另外，基于人工智能生成作品著作权而产生的各种利益，包括物质上的和精神上的，人工智能对其没有需求。人工智能不需要为解决温饱问题或是满足更高层次的物质和精神追求而从事生产劳动来换取物质上或是精神上的利益，人工智能成为著作权的主体并不会激励人工智能生成更多的作品进而促进文化科学事业的进步和发展。因此，人工智能成为著作权的主体并不有利于人类文艺、科学事业的发展，违背了著作权制度的基本原理。人工智能只是人类的工具，它听从人类的指示为人类服务，需要著作权制度来激励和保护的实际上应当是人。

五、人工智能生成作品的权利归属

人工智能的投资者、开发者、所有者、使用者对人工智能作品的生成都起到了重要的作用，他们都有可能成为人工智能生成作品著作权的权利主体，而且他们享有人工智能生成作品著作权不存在制度障碍，我国著作权法中规定的职务作品的形式可以作为其合理的法律依据。我国《著作权法》第十六条规定，公民为完成法人或者其他组织工作任务所创作的作品是职务作品。主要是利用法人或者其他组织的物质技术条件创作，并由法人或者其他组织承担责任的工程设计图、产品设计图、地图、计算机软件等职务作品，作者享有署名权，著作权的其他权利由法人或者其他组织享有。人工智能是人类的工具，按照人类编写的程序而生成作品，可以认为人工智能是在完成人类的工作任务而生成作品，人工智能按照人类编写的程序生成作品，同时，人工智能是权利的客体，没有责任能力，人工智能生成的作品当然由人类来承担责任。因此，人类享有人工智能生成作品的著作权没有任何障碍。

人工智能的投资者、开发者开发创造人工智能投入了大量的人力、物力和财力，他们的利益需要得到保护，根据人工智能的投资者、开发者、所有者、使用者对人工智能生成作品的投入成本和贡献程度等，人工智能的所有人享有人工智能生成作品的著作权是最合理的。一方面，就目前而言，人工智能尚处于研究阶段，人工智能的所有人通常也是人工智能的投资者和开发者。另一方面，未来人工智能技术高度发达，人工智能可能会处于商业化的阶段，人工智能的投资者、开发者就人工智能本身可以获得利益，而人工智能的所有人付出了成本才拥有了人工智能的所有权，为保障所有者的利益，人工智能生成的作品的著作权归人工智能的所有人享有是很合理的。

六、结语

人工智能生成的作品因满足最低程度的独创性而可以成为著作权法意义上的作品，于是就产生了人工智能能否因其生成作品而成为著作权的主体的问题。一方面，根据"中文房间论证"模型，人工智能不具有意识，更不会具有人类智能。实际上，人工智能是人类的工具，它无法获得法律上的人格，只能作为权利的客体，不可能成为民事主体，也不可能成为著作权的主体。通过为人工智能设定代理人的方式使其获得民事主体资格不正当并且不可行。另一方面，人工智能不具有意识，这是其自身的局限性，导致人工智能无法享有、行使和救济其权利，人工智能成为著作权的主体不利于人类文艺、科学事业的发展，违背了著作权制度的基本原理，人工智能不可能成为著作权的主体。我国可以依照著作权法中规定的职务作品的形式，协调各方利益，将人工智能生成作品的著作权授予人工智能的所有人享有。

另外，目前人工智能技术尚处于研究开发阶段，未来人工智能技术高度发达，人工智能生成作品的产量巨大，理论上来说，人工智能可以不间断地生成大量的作品，将会导致人工智能生成的作品大量存在于市场中，而大量著作权的存在有可能会导致反公地悲剧。反公地悲剧是指权利的过多存在会阻碍利用，进而导致创新停滞。① 大量著作权的存在导致其他作者的表达空间被过多地压缩，创作活动受到限制。大量的著作权由人工智能的所有人享有，人工智能的所有人享有了过多的权利，可能会造成作品的垄断或者不完全竞争，作品被许可使用的成本会增加，作品的传播者传播作品的成本也会增加，损害了社会公众获取信息的公共利益，阻碍了作品的传播、使用以及再创作，这违背了著作权制度的基本原理。但是，如果不对人工智能生成的作品进行保护，人工智能的投资者、

---

① 刘影：《人工智能生成物的著作权法保护初探》，载《知识产权》，2017 年第 9 期，第 50 页。

开发者投入了大量的成本，他们的利益又难以得到保障。因此，依据知识产权利益平衡的基本原则，关于人工智能生成作品的著作权保护程度，我们既要避免权利被过度分割，也要避免权利过于集中，可以通过单独立法的方式建立完善的人工智能生成作品的著作权保护制度来平衡各方利益。

参考文献

［1］何哲：《通向人工智能时代——兼论美国人工智能战略方向及对中国人工智能战略的借鉴》，载《电子政务》，2016 年第 12 期。

［2］吴汉东：《人工智能时代的制度安排与法律规制》，载《法律科学（西北政法大学学报）》，2017 年第 35 期。

［3］马俊驹：《人与人格分离技术的形成、发展与变迁——兼论德国民法中的权利能力》，载《现代法学》，2006 年第 41 期。

［4］蔡曙山，薛小迪：《人工智能与人类智能——从认知科学五个层级的理论看人机大战》，载《北京大学学报（哲学社会科学版)》，2016 年 53 期。

［5］唐良树：《人工智能的"意识"困境》，载《中国社会科学报》，2017 年 1 月 25 日。

［6］熊琦：《人工智能生成内容的著作权认定》，载《知识产权》，2017 年第 3 期。

［7］杨立新，朱呈义：《动物法律人格之否定——兼论动物之法律"物格"》，载《法学研究》，2004 年第 5 期。

［8］杨立新：《中国民法理论研究热点问题探究与意见》，载王利明主编《民商法前沿论坛》第 1 册，人民法院出版社 2004 年版。

［9］翟振明，彭晓芸：《"强人工智能"将如何改变世界——人工智能的技术飞跃与应用伦理前瞻》，载《人民论坛·学术前沿》，2016 年第 7 期。

［10］徐昕：《论动物法律主体资格的确立——人类中心主义法理念及其消解》，载《北京科技大学学报（社会科学版）》，2002 年第 1 期。

［11］许辉猛：《著作权基本原理》，知识产权出版社 2011 年版。

［12］刘影：《人工智能生成物的著作权法保护初探》，载《知识产权》，2017 年第 9 期。

婚姻家庭法与继承法新论

夫妻一方擅自处分共同共有住房的效力研究

——基于善意取得与表见代理之制度解释

王倩云 *

摘要：夫妻一方未经另一方同意擅自处分共同共有房屋应依不动产交易中身份的一致程度划分为三类情形。当实际处分人与登记权利人一致时，处分行为方可认定为无权处分，否则应认定为无权代理；在符合法定适用条件时，善意取得制度与表见代理制度均有适用场合，其中，买受人的"善意"认定为关键一环，"善意"认定标准需区分对待且于判断上要严格掌握，但买受人善意与否不影响基础合同的效力；当买卖合同确认有效却未办理过户登记时，买受人一般不可取得不动产所有权，仅可主张违约救济，出现房屋已交付使用多年且非因买受人原因登记不能的特殊情形，夫妻双方应协助办理过户登记以保护合理信赖利益与市场交易安全。

关键词：无权处分　无权代理　善意　善意取得　表见代理

一、问题的提出

夫妻一方未经另一方同意擅自将共有房屋出卖给他人时如何妥善处理为司法实践之难题。《物权法》第 106 条明确将不动产纳入善意取得制度的适用范围。《婚姻法司法解释一》（法释〔2001〕

---

* 王倩云（1996—），湖北襄阳人，中南财经政法大学民商法学硕士研究生。

30 号）第 17 条与《婚姻法司法解释三》（法释〔2011〕18 号）第 11 条专门对该类问题进行规定，且与《物权法》保持一致。善意取得制度的适用以无权处分为前提，是否可以反向推定夫妻一方擅自处分共有不动产的行为为无权处分而非无权代理？当满足前三者要件，但不满足"已办理登记"这一要件时，是否符合表见代理？根据《买卖合同司法解释》第 3 条（法释〔2012〕8 号）规定，当事人订立的买卖合同即使无权处分，也可被认定有效。[①] 具体到擅自出卖夫妻共有房屋的场合，问题应进一步区分为以下四个层次：其一，夫妻一方未经另一方同意擅自出卖共有房屋的行为属"无权处分"抑或"无权代理"？其二，善意取得制度与表见代理制度是否均有适用空间？未满足善意取得制度要件时，是否可适用表见代理？其三，在擅自出卖夫妻共有房屋时，买受人的"善意"应如何认定？其四，司法实践中，在未办理登记手续，但符合善意取得制度的其他要件时，确认买卖合同有效但认定双方不可继续履行合同的处理是否合理？若房屋已交付使用多年，又当如何处理？笔者试图通过将擅自出卖夫妻共有房屋案例进行类型化处理，探讨该问题涉及的外部体系及内部体系，[②] 对无权处分、善意取得、无权代理、表见代理等进行整理和阐明，在案件类型基础上对擅自出卖夫妻共有房屋这一事实进行全面分析。

---

① 以时间线纵观《民通意见》第 89 条、《合同法》第 51 条与《买卖合同解释》第 3 条，合同效力基本的演变轨迹似乎是无效——效力待定——有效。参见张永：《擅自处分共有物合同的效力设计——基于司法裁判的解释论》，载《政治与法律》，2015 年第 1 期，第 135 页。

② 外在体系（ausseres System）是借助对法律概念上的整理和阐明，以呈现法律逻辑形式的关系。内在体系（inneres System）则重在法律实践与价值。参见 Franz Bydlinski, System und Prinzipien des Privatrechts (1996), S. 1 (31f.)；Claus-Wilhelm Canaris, Systemdenken und Systembegriff in der Jurisprudenz (2. Aufl. 1983)；Karl Larenz, Methodenlehre der Rechtswissenschaft (5. Aufl. 1983), S. 420f.

二、行为认定——无权处分与无权代理

（一）情形划分：以交易身份一致程度为依据

夫妻一方未经另一方同意擅自出卖共有房屋的行为属于无权处分抑或无权代理？笔者根据已查阅案例，以登记权利人、真实权利人、实际出卖人三者之间的一致程度分为三种情形进行探讨（见表1）。

表 1

情形	出卖方具体做法
情形一：房屋登记在夫妻双方名下，其中一方未经另一方同意擅自出卖该共有房屋。① （登记权利人与真实权利人一致，实际出卖人与登记权利人不一致）	伪造配偶签字；找他人假冒配偶身份；出具伪造授权委托书
情形二：房屋登记在夫妻一方名下，登记权利人未经其他共有人的同意擅自出卖该共有房屋。② （登记权利人与真实权利人不一致，实际出卖人与登记权利人一致）	隐瞒交易标的为夫妻共同财产事实，谎称自己是该房屋的唯一权利人
情形三：房屋登记在夫妻一方名下，未登记一方擅自出卖该共有房屋。③ （登记权利人与真实权利人不一致，实际出卖人与登记权利人不一致）	出具与登记权利人的夫妻身份证明与伪造授权委托书；伪造配偶签字；找他人假冒配偶身份；

当登记权利人、真实权利人、实际出卖人三者一致时，该行为

---

① 浙江省平阳县人民法院（2016）浙 0326 民初 3742 号；甘肃省兰州市城关区人民法院（2015）城民一初字第 1200 号；重庆市潼南区人民法院（2016）渝 0152 民初 2548 号；湖北省红安县人民法院（2016）鄂 1122 民初 954 号。

② 池某某等与李某某等房屋买卖合同纠纷案（《人民司法·案例》2014 年第 16 期）；广东省东莞市中级人民法院（2016）粤 19 民终 7217 号；内蒙古自治区赤峰市中级人民法院（2016）内 04 民终 1475 号；广东省深圳市宝安区人民法院（2016）粤 0306 民初 859 号；广东省云浮市中级人民法院（2016）粤 53 民终 542 号。

③ 广东省高级人民法院（2014）粤高法民一申字第 279 号；天津市宝坻区人民法院（2016）津 0115 民初 8133 号。

当然属有权处分行为，不在本文情形列举之列，当三者身份出现任一不一致时，均会产生行为认定之难题。我国采取婚后所得共同制，《婚姻法司法解释三》也明确限定善意取得客体为"夫妻共同共有房屋"，即使不动产登记簿上仅记载一人姓名也不影响其不动产的共有权属性质。夫妻共有房屋登记在一方名下不属于不动产登记错误，仅属登记瑕疵。① 基于法律规定而产生的物权归属状态不因登记公示的有无而左右。擅自出卖人的配偶作为共有人对房屋也享有所有权，可称之"隐名共有人"。② 物权公示原则为物权变动提供公信力的法律基础，权利外观原则赋予物权公示以权利正确性推定性效力，第三人因权利外观产生的信赖应予以保护，但当登记权利人与实际权利人存在差异时如何解决？此时应将其置于无权代理与无权处分规则之下寻求解决路径。

（二）认定标准——实际处分人与登记权利人是否一致

"合理信赖"的保护是现代民法的一个基本理念。之所以以实际处分人与登记权利人是否一致作为无权处分与无权代理的认定标准，当实际处分人与登记权利人一致时，因买受人对不动产登记簿的公示状态产生"合理信赖"，③ 买受人"相信"出卖方"有权"进行房屋交易，故只有第二种情形才是作为善意取得制度适用前提的"无权处分"，其他情形下的"无权处分"不属于善意取得制度适用前提的"无权处分"。④

那么在其他两类情形下如何保护善意买受人的"合理信赖"呢？三种情形的"合理信赖"之来源存在差别，第二种情形第三人对于不动产的共有状态不知情，而相信不动产登记簿的权利表征状态。在第一种和第三种情形下，买受人并非基于对不动产登记簿

① 孙若军：《论我国不动产善意取得制度的完善——以遏制夫妻共有房屋被一方擅自处分为视角》，载《浙江工商大学学报》，2013 年第 3 期，第 48 页。

② 陈丽：《夫妻财产隐名共有人权利保护的法律思考——一则妻子擅自卖房案引发的思考》，载《云南大学学报法学版》，2006 年第 5 期，第 99 页。

③ 王利明，王轶：《动产善意取得制度研究》，载《现代法学》，1997 年第 5 期。

④ 王泽鉴：《债法原理》（第一册），中国政法大学出版社 2001 年版。

的信赖而与出卖人进行交易，并且对于不动产的共有状态知情，出卖人擅自出卖夫妻共有财产往往是以夫妻双方的名义，因共有人之间为夫妻关系，买受人相信出卖人有代理其他共有人作出或者接受意思表示的权利。在现实生活中，夫妻一方找人假冒配偶身份或伪造配偶签字处分夫妻共有房屋或另一方个人所有的房屋，导致第三人出于信任而与出让人签署买卖合同的不在少数。① 然而根据我国《婚姻法》第 17 条与《婚姻法司法解释一》第 17 条规定，"日常家事代理权"的具备以是否"因日常生活需要"为划分标准，"非因日常生活需要"时对夫妻共同财产做重要处理决定时，夫妻任何一方无权代理，不动产交易属于该种情形毋庸置疑。故而擅自出卖共有房屋的行为即构成"无权代理"，而非狭义上的"无权处分"。②

综上，无权代理与无权处分之间的区别在于进行交易时的"名义"以及买受人的信赖基础。在无权代理中，因登记权利人与实际处分人不一致，故出卖人是以"被代理人"的名义进行交易，买受人信赖出卖人有"代理权"；在无权处分中，因登记权利人与实际处分人一致，出卖人是以"自己"的名义进行交易，买受人信赖出卖人有"处分权"。具体至实务，则可以实际出卖人与登记权利人是否一致这一标准进行行为认定，以区分无权处分与无权代理。

三、适用制度——善意取得与表见代理

（一）善意取得与表见代理之适用条件

无权处分乃善意取得适用之前提，买受人可依善意取得制度获得物权保护，而在出卖人无权代理的情况下，如上述第一种、第三种情形，未满足善意取得要件时但满足表见代理要件时是否可适用

---

① 王利明：《善意取得制度若干问题研究——从一起冒名顶替行为说起》，载《判解研究》，2009 年第 2 辑。

② 杨立新：《中国民法理论研究热点问题探究与意见》，载王利明主编：《民商法前沿论坛（第 1 册）》，人民法院出版社 2004 年版。

表见代理?① 根据《合同法》第 49 条与《民法总则》第 172 条的规定，表见代理要求行为人无权代理，相对人善意且无过失，相对人对于行为人有代理权存在合理信赖。当相对人"有理由相信行为人有代理权"，即相对人是"善意"时，② 其代理行为有效。③ 其交易安全即可受到法律的保护。从《婚姻法司法解释一》第 17 条规定内容看，夫妻一方与第三人可适用表见代理的规定。④

笔者将从行为认定、信赖基础、对共有状态的知悉与否、是否要求登记等方面列举善意取得与表见代理的适用场合，具体如表 2。

表 2

情形	行为认定	信赖基础	对不动产共有状态的知悉	是否过户登记	使用制度
情形一	无权代理	行为人作为夫妻一方享有代理权	知情	否	表见代理
情形二	无权处分	不动产登记簿的公示状态	不知情	是	善意取得
情形三	无权代理	行为人作为夫妻一方享有代理权	知情	否	表见代理

笔者认为，在擅自出卖共有房屋场合中，善意取得制度与表见代理制度均有可适用空间。适用善意取得条件为：（1）出卖人无权处分，出卖人未经另一方同意出售夫妻共同共有的房屋；

---

① 目前存在两种观点。其一，不动产交易中应禁止表见代理制度的适用；其二，未经授权而以双方名义进行不动产交易构成无权代理，故可适用表见代理。参见刘贵祥：《论无权处分和善意取得的冲突与协调——以私卖夫妻共有房屋时买受人的保护为中心》，载《法学家》，2011 年第 5 期，第 102 页。

② 参见崔建远：《出卖他人之物合同的效力设计——善意取得构成要件的立法论》，载《河北法学》，2006 年第 3 期。

③ 魏振瀛：《民法》，北京大学出版社、高等教育出版社 2000 年版，第 188 ~ 189 页。

④ 参见黄松有主编《婚姻法司法解释的理解与适用》，中国法制出版社 2002 年版，第 63 页。

（2）买受人善意，合理信赖之基础在于对不动产登记簿表征权利状态的信任与对房屋为共有财产的不知情；（3）支付合理对价；（4）已办理产权登记手续。适用表见代理条件为：（1）行为人无权代理；（2）相对人善意且无过失，相对人不知道行为人为无权代理，且对"不知"无主观上之过失；（3）相对人对于行为人有代理权存在合理信赖，即存在"有代理权"之外在表现，且对该外在表现存在合理信赖。故而不论认定为无权处分还是无权代理，在擅自出卖共有房屋场合中，可适用善意取得制度与表见代理制度保护以善意为基础的交易安全。

（二）制度保护——物权保护与债权保护

善意取得与表见代理分别调整物权法律关系与债权法律关系。① 无权处分规则设立之目的在于通过限制无权处分行为的效力达到对真正权利人进行保护，同时设立善意取得制度以对善意第三人进行保护。

善意取得制度之下存在双重保护。其一为物权保护，即擅自出卖共有房屋时，若受让人不可基于法律行为获得物权，但满足《物权法》第106条要件时，适用善意取得获得物权；其二为债权保护，出卖人与买受人订立的买卖合同不因出卖人无处分权而受影响，但标的物所有权的移转未实现，即房屋未办理过户登记时，受让人不能满足善意取得制度的情况下，可依据买卖合同受到债权保护。表见代理制度对买受人提供的是债权保护，适用该制度时买受人不仅不需要办理不动产登记手续，而且还免除了其查询登记簿的义务，② 其通过使当事人订立的合同有效来达到对买受人保护的目的，当事人履行合同的结果才是物权变动。

---

① 刘贵祥认为，在善意取得制度中，应使用"出让人"与"让与人"；在表见代理制度中，应使用"出卖人"与"买受人"，以区分物权变动与其原因行为。刘贵祥：《论无权处分和善意取得的冲突与协调——以私卖夫妻共有房屋时买受人的保护为中心》，载《法学家》，2011年第5期，第103页。

② 孙若军：《论我国不动产善意取得制度的完善——以遏制夫妻共有房屋被一方擅自处分为视角》，载《浙江工商大学学报》，2013年第3期，第51页。

四、"善意"认定标准之区分

（一）善意取得中的"善意"认定

在善意取得制度中，"善意"是第三人权利应否得到保护的关键标准。[①]《物权司法解释（一）》（法释〔2016〕5 号）第 15 条规定，"善意受让人"即受让不动产时不知道转让人无处分权，且无重大过失。"善意"包含两点必要条件：其一，不知道转让人无处分权；其二，无重大过失。

各国和地区对善意第三人的"善意"主要存在三类规定：（1）只要受让人不知让与人为无权处分人即可，无论是否有过失。[②]（2）受让人若有重大过失，则为恶意。[③]（3）受让人须无过失才成立善意。[④] 有学者认为不应将过失纳入善意认定范畴之中，[⑤] 而应以注意义务[⑥]、交易经验[⑦]等方式加以判断。第三人的"善意"，应当以不知、不应知或无法知道为标准，因重大过失或疏忽

---

① 孙宪忠：《中国物权法总论》，法律出版社 2003 年版，第 301 页。

② 参见我国台湾地区"民法"第 948 条，谢在全：《民法物权论》（上册），中国政法大学出版社 2011 年版，第 280 页。

③ 参见《德国民法典》第 932 条的规定。

④ 参见《日本民法典》第 192 条规定，即在善意且无过失的情形下始得适用善意取得，参见［日］我妻荣，有泉亨补：《民法讲义Ⅱ——新订物权法》，罗丽译，中国法制出版社 2008 年版，第 229 页。

⑤ 有学者认为，不知情是否存在过失，是另外一个问题。参见叶金强：《论善意取得构成中的善意且无重大过失要件》，载《法律科学》，2004 年第 5 期。对于不动产交易，宜将"买受人信赖登记"作为适用善意取得的标准，无须增加买受人无过失这一标准。李如霞：《夫妻共有房屋买卖中善意买受人的认定》，载《房地产法律》，2013 年第 3 期，第 68 ~ 69 页。

⑥ 王泽鉴认为，从善意本意上理解，其不考虑有无过失，但为兼顾所有人利益和交易安全的立法目的，受让人对于出让人是否有受让权利，要负担注意义务。参见王泽鉴：《民法物权》，北京大学出版社 2009 年版，第 88 页。

⑦ 谢在全认为，受让人不知出让人无处分权是否处于过失固非所问，但依据客观情势，在交易经验上，一般人皆可认定无权处分的，即认定为恶意。参见谢在全：《民法物权论》（上册），中国政法大学出版社 1999 年版，第 229 页。

大意导致的"不知情"不属于善意的范畴。① 轻微过失，不影响"善意"的成立。②

德国民法在"善意"认定标准上以动产与不动产进行区分，受让不动产中在法律明确规定不动产登记公信力的情形下，除非受让人明知登记错误，登记权利人即被推定享有该处分权利，受让人即推定为主观上"善意"，而在动产善意取得中受让人善意的认定受到更多的限制，受让人对该物的真实归属状态不知情，且对不知情不负有重大过失。③ 动产善意取得中"善意"的认定较之不动产善意取得中"善意"的认定更加严格，动产和不动产的公示方式不同，公信力程度不同，故而不能完全一视同仁。④ 关于不动产的善意取得，俄罗斯与我国规定类似，但其规定了不动产的公证转让制度与撤销权。⑤ 真实权利人可行使撤销权来保护自己的财产，部分国家在不动产登记簿之外还存有夫妻财产契约登记簿，两类登记簿的公信力程度不同，⑥ 但与我国实际情况差异较大，笔者在此不予赘述。

回归至我国现行法律规定，《物权法司法解释一》第16条、

① 孙若军：《家庭共同生活居住所需房屋不适用善意取得制度研究》，载《政治与法律》，2011年第4期，第35页。

② 孙若军：《论我国不动产善意取得制度的完善——以遏制夫妻共有房屋被一方擅自处分为视角》，载《浙江工商大学学报》，2013年第3期，第48页。

③ ［德］鲍尔、施蒂尔纳：《德国物权法》（下册），申卫星、王洪亮译，法律出版社2006年版，第412页；程啸：《论不动产登记簿公信力与动产善意取得的区分》，载《中外法学》，2010年第4期。

④ 陈永强：《论德国民法上的不动产物权善意取得制度》，载《比较法研究》，2005年第3期；王利明：《善意取得制度的构成——以我国物权法草案第111条为分析对象》，载《中国法学》，2006年第4期。

⑤ 温灏洁：《论〈物权法〉对夫妻共有房屋不动产交易安全的影响》，载《甘肃政法学院学报》，2010年第1期，第150页。

⑥ 根据《德国民法典》第892条规定，为保护善意第三人，土地登记簿的登记视为正确，亦即土地登记簿的公信力强。参见《德国民法典》第892条。郑冲、贾红梅译，法律出版社1999年版，第210页。在日本，学者有以不动产登记为关于不动产之特别法为理由，主张不动产虽有夫妻财产契约之登记，非就各不动产有登记，不得对抗第三人。参见［日］中岛玉吉：《民法释义卷之四亲族法》，日本昭和十二年版，第383页。转引自史尚宽：《亲属法论》，中国政法大学出版社2000年版，第348~349页。

第 17 条对于例外情形加以细化，对于不动产，"重大过失"即不动产受让人应当知道转让人无处分权，何为应当知道，则包含知道存在异议登记、预告登记、有权机关限制不动产权利事项、登记权利主体错误、物权归属错误。对于动产，"重大过失"即受让人受让时交易对象、交易场所、交易时机不符合交易习惯。

善意第三人基于对不动产登记簿的合理信赖是否足以对抗隐名共有人的权利主张，是否应当苛责第三人对于隐名共有人的调查义务？在夫妻一方擅自出卖共有房屋的案件中如何认定明知与重大过失？《物权法司法解释一》第 16 条列举了五种受让人知道转让人无处分权的情形，其中第 4 条与第 5 条值得探讨，"受让人知道登记簿上记载的权利主体错误"与"受让人知道他人已经依法享有不动产物权"可否适用于擅自出卖共有房屋的情形，笔者认为两种情形都与该类案不符。其一，一方擅自处分夫妻共有房屋时，不动产登记簿上记载的权利主体并非存在错误，登记权利人也是真实权利人，但关键在于登记权利人属于真实权利人之一，存在未参与交易的另一隐名真实权利人的权利保护问题，故而登记权利主体并非"错误"，而是存在"差异"；其二，该类案也不属于"他人已经依法享有不动产物权"，擅自出卖人为不动产的共同所有人之一，其享有不动产物权，故出卖人享有不动产物权，而非他人已享有不动产物权。

笔者认为，不宜苛责第三人在查阅登记簿之外仍需尽过多注意义务，第三人的注意义务，应当限定在正常交易范围之内，而不应无限制扩大到必须确认权利瑕疵。关于受让人未查阅登记簿而不知权利真实状况的，是否可以作为认定其具有重大过失的标准在实务界尚存在争议，[①] 在第三人已查阅登记簿后显示登记权利人与实际

---

① 王泽鉴认为，第三人信赖不动产登记可以构成关于不动产权属状态的善意。参见王泽鉴：《民法物权》（第 1 册），中国政法大学出版社 2001 年版，第 124 页。孙若军认为，在我国不动产登记尚不健全时，完全依据不动产登记簿这一客观标准，且作为唯一的判断标准是不可行的。孙若军：《论我国不动产善意取得制度的完善——以遏制夫妻共有房屋被一方擅自处分为视角》，载《浙江工商大学学报》，2013 年第 3 期，第 49 页。

权利人一致时还需要苛责第三人对于隐名共有人进行调查，而判断该物权归属是否存在瑕疵太过严格。① 若第三人对不动产登记簿的合理信赖无法受到法律保护，在实际查阅不动产登记簿后还需对权利瑕疵状况尽到高度注意义务，试想第三人在查阅登记簿后仍需怀疑该权利外观是否真实，那么要求第三人查阅不动产登记簿这一环形同虚设。第一，登记错误的责任主体并非买受人，买受人客观上很难查明登记不实的实际情况。实践中无处分权人通过伪造各种申请材料造成不动产登记的不实情形，连专业的登记机构都很难发现，更何况不具备专业知识的买受人。第二，若权利人认为不动产登记簿记载的事项有误，可以申请异议登记或者变更登记。第三，公信原则为保障交易安全的最基本原则，以对登记簿记载的信赖作为善意的首要判断标准正当合理。

笔者并非完全否认第三人的注意义务，注意义务的设置前提是存在值得怀疑的客观事实，即若第三人获悉某一事实，而该事实足以引起一个具有正常智力的理性人对不动产登记簿正确性的怀疑。② 即若出现夫妻一方单独处分财产时能够引发受让人的高度怀疑时，该情形将会提高受让人的注意程度要求，须尽到相应的询问调查义务，若未履行调查义务而根据不动产登记簿权利外观进行交易，则应认定交易者为具有"重大过失"的非善意第三人。此时，第三人需对与该事实相关的信息进行调查义务以消除对不动产登记簿的怀疑，重新回归对不动产登记簿权利外观的合理信赖。若该客观事实出现且第三人明知，第三人仍不对该权利外观进行合理怀疑，且不履行调查义务时，此为不动产受让人的重大过失，也即非善意。

---

① 有学者认为单纯以受让人在交易前查阅不动产登记簿即推定为善意是不够的，法律应当规定第三人两项法定义务，其一为应询问出卖人该不动产是否属于夫妻共同财产，二是实地查看房屋。若第三人未进行询问，亦未实地查看房屋，则认定第三人未尽到谨慎的注意义务而存在重大过失。参见孙若军：《家庭共同生活居住所需房屋不适用善意取得制度研究》，载《政治与法律》，2011年第4期，第35页。

② 鲁春雅：《论不动产登记簿公信力制度构成中的善意要件》，载《中外法学》，2011年第3期。

综上所述，"无重大过失"之用语重在描述买受人的主观状态，如何在客观实务案件中对"重大过失"进行标准化判断极为重要，词语本身的抽象性和模糊性不利于案件裁判的公正与统一。故第三人的"善意"应以不动产登记簿的权利外观为核心，一般情形下当登记权利人与出卖人一致时即可认定为善意，例外情形为第三人知悉足以引起怀疑的客观事实，如已知出卖人的婚姻状态，① 该不动产为共同财产以及可显示房屋权属状态的相关文件② 等。在出现例外情形时，应要求买受人尽到询问调查义务，否则认定其为"重大过失"，也即非善意。

（二）表见代理中的"善意"认定

表见代理制度中"善意"的认定较之善意取得制度中"善意"的认定更加严格。司法实践中常以买受人有理由因夫妻特殊身份而相信其有权代理，为夫妻双方共同意思表示，此外，若合同签订地点为中介机构，则可认定买受人"善意无过失"，③ 在表见代理中，仅出卖人出示经公证的委托授权书方可认定买受人为"善意"，不可仅以结婚证与身份证证明自己有权处分夫妻共有房屋，需辅之以经公证的授权委托书，如果有另一方签字的授权委托书，即使没有真实的授权关系，也可作为认定"有理由相信有代理权"的证据。我国实践中伪造授权委托书的情形时有发生，夫妻之间因特殊的身份关系，对彼此的笔迹较为熟悉，伪造签名或手印并非难事，故因采取严格审查原则。笔者认为，只有在出卖人出示经过公证的委托

---

① 法院认为，已知道出卖人为已婚，则应意识到案涉房屋虽然登记在出卖人一人名下，亦可能为夫妻共同财产，应当对案涉房屋的权属情况和所有权人对案涉房屋买卖合同的意见尽到谨慎审查的义务。广东省东莞市中级人民法院 （2016）粤 19 民终 7217 号。

② 法院认为，作为合同附件的《房屋拆迁安置协议书》已可明确显示出房屋的权属状态，故买受人应当知道该不动产为共有财产，四川省都江堰市人民法院 （2016）川 0181 民初 2453 号。

③ 湖北省襄阳市中级人民法院 （2016）鄂 06 民终 2592 号；天津市宝坻区人民法院 （2016）津 0115 民初 8133 号；天津市宝坻区人民法院 （2016）津 0115 民初 7959 号。

授权书时，方能认定"他人有理由相信其为夫妻双方共同意思表示"。若授权委托书未经公证，配偶因买受人无法鉴别授权委托书的真伪，买受人仍不能据此认定出卖人有代理权，只有在经公证后，才能据此相信其有代理权，从而受到表见代理制度的保护。

综上所述，在善意取得制度中，一般情形下当受让人查阅不动产登记簿，登记权利人与实际出卖人一致时即可认定为善意，例外情形为第三人知悉足以引起怀疑的客观事实，如已知出卖人的婚姻状态，或该不动产为共同财产等。在出现例外情形时，应要求买受人尽到询问调查义务，否则认定其为"重大过失"，也即非善意。在表见代理制度中，只有存在经过公证的委托授权书时，方能认定相对人善意。一般情况下，以通常一般人的判断能力或手段为标准，对相对人本人有过失或相对人本人与行为人（无权代理人）之间是否存在特殊关系作为评价相对人善意且无过失的标准，不能仅仅根据相对人本人的判断力为标准。此外，出卖人以夫妻名义实施房屋买卖行为，买受人作为相对人是否存在过失，是否是善意的，可以从买受人是否查询房屋权属登记、是否询问或确认了合同有夫妻双方签字，买受人与出卖人之间是否有特殊关系，买受人对出卖人的情况了解程度等进行评价。①

此外，善意的考量因素应包括：其一，买受人与夫妻双方的熟悉程度。鉴于社会生活的复杂性，真实权利人的举证存在极大难度，此时特殊身份要件可加以考虑，若买受人与出卖人关系密切或彼此熟识，买受人不可能不知出卖人处分的不动产可能为夫妻共有财产。其二，商事交易中对交易效率的特殊要求，对善意的认定标准可适当放宽。② 其三，第三人对"处分权"与"代理权"的信赖需结婚证明与其他共有人的委托处分书与委托代理书，表见代理

---

① 四川省高级人民法院（2016）川民申 3762 号。
② 王某诉李某、中国民生银行股份有限公司天津分行借款担保合同纠纷案（天津市第一中级人民法院〔2013〕津一中民二终字第 0069 号民事判决），见于筱江：《夫妻一方未经对方同意签订抵押合同的效力》，载《人民司法·案例》，2015 年第 8 期。

中的委托代理书需经公证。其四，善意的时间节点：善意取得中，
"善意"的时间节点为自合同生效时至办理过户登记时。若在买卖
合同生效时为善意，但是在办理过户登记时已经知道房屋为夫妻共
有财产，就不能满足善意取得的构成要件。[1] 表见代理中，"善意"
的时间标准则有所不同，且存在争议，[2] 其善意持续时间范围更
长，从双方订立买卖合同时直至双方办理过户登记时仍应具备善
意。其五，善意证明责任由真实权利人承担，现行法中善意取得制
度对第三人的保护因"善意"标准的证明困难而缺乏实际功能。[3]
公信原则与善意取得制度之间存在冲突，在证明责任上，公信原则
中证明责任由原权利人承担，善意取得制度中由第三人承担。善意
取得制度对第三人的证明要求太过苛刻，第三人在实践中运用该制
度保护自己极其困难。[4] 在不动产善意取得的证明责任分配方面，
国内外的立法例基本上是一致的，即运用了举证责任倒置的策略。
在判断受让人是否为善意时，首先推定受让人是善意的，转而要求
不动产的真实权利人举证证明受让人为恶意。主张构成表见代理
的，合同相对人应当承担举证责任，不仅应当举证证明代理行为外
观上存在使相对人相信行为人具有代理权的理由或事实，而且应当
证明其善意且无过失地相信行为人具有代理权。

（三）"善意"缺失下的保护

当买受人存在重大过失而缺失善意时，是否可获得有效合同的
保护，即债权保护？笔者认为，当出卖人与买受人均为恶意，但不

---

① 重庆市潼南区人民法院（2016）渝0152民初2548号，该判决书中认为因办理
登记时已不存在善意，故不予认定买受人的善意。

② 张永：《擅自处分共有物合同的效力设计——基于司法裁判的解释论》，载《政
治与法律》，2015年第1期，第132页。

③ 孙永生：《时间与物权》，中国检察出版社2010年版，第200~202页。该学者认
为解决方式在于对善意取得制度与公信原则之间的关系作出规范，优先适用公信原则。

④ 孙永生：《时间与物权》，中国检察出版社2010年版，第200~202页。该学者
认为应当确立公信原则与善意取得制度的规范关系，故应当确立公信原则的主导地位，
辅之以善意取得制度。

符合合同无效的情形而认定为买卖合同有效时，买受人可获债权保护，保护程度依买受人的主观恶意程度而定，排除恶意串通场合，出卖人之恶意程度应大于等于买受人，根据《买卖合同司法解释》第 3 条第 2 款、《合同法》第 112 条、第 114 条，出卖人未履行合同义务之时应赔偿损失，损失分配应依双方恶意程度，也即过错程度划分。根据《物权法司法解释一》第 15 条，"善意"为"不知"且"无重大过失"，欠缺任一条件即不可获得物权保护，当买受人存在"重大过失"，未尽到合理谨慎的注意义务，即被划为"恶意"之列，但主观恶意程度较轻，故此买受人可请求出卖人承担相应的赔偿责任。

五、未办理登记时的处理路径

善意取得制度并未使无权处分不动产引起的法律问题得到妥善解决，试设想在上述第二种情形下，案件情形满足"出卖人无权处分""第三人善意购买""支付合理对价"，但唯独未办理登记手续时，如何保护买受人权利？司法实践中确认买卖合同有效，但因共有人不同意而不允许继续履行合同，仅可请求出卖人承担违约责任的处理方案是否合理？当事人订立合同之最初目的在于实现合同履行完毕的最终效果，而非请求违约方承担违约责任，违约责任应视作对非违约方的法律保障而非订立目的，隐名共有人与善意受让人之间的利益博弈如何妥善处理值得探讨。

（一）房屋已交付却未办理登记时的物权归属

办理登记手续为适用善意取得制度要件之一，司法实践中常存一类情形，即房屋已交付使用，因非第三人原因登记不能而未办理登记手续，① 如卖方不履行买卖合同协助转移登记、由于卖方原因

---

① （2012）扬邗民初字第 0154 号（江苏省高级人民法院公报（2014 年第 2 辑）（总第 32 辑），（2014）参阅案例 29 号）；河北省邯郸市丛台区人民法院（2016）冀 0403 民初 2798 号；浙江省平阳县人民法院（2016）浙 0326 民初 3742 号；湖北省恩施土家族苗族自治州中级人民法院（2016）鄂 28 民终 1684 号；福建省莆田市中级人民法院（2016）闽 03 民终 2750 号；江苏省宿迁市中级人民法院（2015）宿中民终字第 01988 号。

导致房产证等权利凭证灭失、因客观原因无法办理房产证等。由于夫妻另一方受到客观或主观原因，在其权利遭到损害后的较长一段时间内未及时主张权利，第三人实质上已经完成了公示目的，此时，是否可等同于办理登记手续的公示效力？不动产登记主要是出于对第三人利益的保护与物权公示的需要，倘若第三人已经实际交付使用多年，房屋所在地的邻居、基层权力组织等默认第三人为房屋所有人。有学者引入无因性立论解决上述冲突，[①] 夫妻另一方擅自处分房屋，该房屋已被交付使用多年，在此之间发生的以物权为基础的债权债务关系数不胜数。若一味地否定买卖合同效力，也会导致案结事未了的情形发生。法院肯定房屋买卖合同之效力，但却不希望合同继续履行而保持由第三人继续占有房屋的事实，否认第三人除占有之外的其他物权，夫妻双方可拒绝履行合同而不配合第三人转移登记，何以保障第三人权利？第三人如何行使房屋抵押权？

笔者赞同部分法院做法，当房屋已交付使用多年，夫妻双方理应协助买受人办理过户登记，善意买受人签订买卖合同后，支付合理对价且已实际居住，若仅仅因未办理过户登记而否认对买受人的物权保护，难以保护买受人信赖利益与市场交易安全，有判例认为，"涉案房屋多年以来由第三人居住，夫妻另一方知道或应当知道该房屋被买卖的事实而未积极主张权利，有夫妻恶意串通的嫌疑，故应当协助买受人办理过户登记。"[②] 此种做法有合理之处，若房屋已交付，且非因买受人主观原因登记不能时，应由夫妻双方协助办理过户登记，由善意买受人取得该不动产权属。

（二）有效买卖合同之履行效果

根据《买卖合同司法解释》第3条第1款的规定，登记权利

---

① 认定物权与债权是相互分离的两种法律关系，各自独立，物权的存在与否，不影响债权的成立或生效，是解决所有人与受让人利益平衡的有效方式之一，这也是物权无因性的主要观点。刘贵祥：《论无权处分和善意取得的冲突和协调——以私卖夫妻共有房屋时买受人的保护为中心》，载《法学家》，2011年第5期。

② 河北省邯郸市丛台区人民法院（2016）冀0403民初2798号；浙江省平阳县人民法院（2016）浙0326民初3742号。

人出卖共有房屋，不符合共有物处分的法律规定或者共有人约定的处分条件，但买受人是善意且合同约定的对价合理，其同买受人所签订的房屋买卖合同仍然有效。① 买受人请求履行合同，其他共有人拒不协助办理房屋权属变更登记手续的，人民法院应驳回买受人的诉讼请求。在人民法院认定房屋买卖合同有效的情况下，买受人可以变更诉讼请求为要求出卖人承担债务不能履行的违约责任，赔偿其基于有效合同履行可以获得的利益。② 出卖人未经共有人同意，出卖登记在其个人名下的共有房屋，尚未办理完成房屋所有权变更登记，但买受人支付了合理对价且善意的，应认定房屋买卖合同有效；买受人未能取得房屋所有权的，有权要求出卖人承担相应的违约责任。③

出卖人订立买卖合同，的确应承担取得处分权并将所有权移转至买受人的义务，最高院认同在买受人无过错情况下，合同有效，但由于不符合善意取得即未完成过户登记，在夫妻另一方不同意的情况下，其不能请求继续履行合同，而只能依据有效的合同追究卖方的违约责任。④ 司法实践中多数判例遵循了《婚姻法司法解释

---

① 仲伟珩：《房屋登记权利人出卖共有房屋不符合法律规定或者合同约定条件的合同效力问题》，载最高人民法院民事审判第一庭编：《民事审判指导与参考》2013 年第 4 辑（总第 56 辑），人民法院出版社 2014 年版，第 128～133 页。法院一般不予认定买卖合同无效，参见大连市中级人民法院（2017）辽 02 民申 245 号；广东省梅州市中级人民法院（2017）粤 14 民终 32 号，亦有判决认定其损害隐名共有人的利益而认定买卖合同无效，参见内蒙古自治区赤峰市中级人民法院（2016）内 04 民终 1475 号。

② 仲伟珩：《出卖人出卖登记在其名下的共有房屋不符合法律规定或者共有人约定的条件，买受人请求强制履行房屋买卖合同的纠纷处理》，载最高人民法院民事审判第一庭编：《民事审判指导与参考》2014 年第 1 辑（总第 57 辑），人民法院出版社 2014 年版，第 149～153 页；北京市第二中级人民法院（2013）二中民终字第 00379 号判决书，陈文文：《无权处分共有物之合同及处分行为的效力判定》，载最高人民法院《人民司法·案例》，2015 年第 22 期。

③ 仲伟珩：《共有人处分共有物不符合法律规定条件或者共有人约定条件的纠纷处理》，载杜万华执行主编、最高人民法院民事审判第一庭编著：《民事审判前沿》第 1 辑，人民法院出版社 2014 年版，第 88～89 页、第 94 页。

④ 《民事审判指导与参考》2014 年第 1 辑（总第 57 辑），人民法院出版社 2014 年版，第 149～153 页。

三》及最高法院指导意见，认定买卖合同有效，但第三人不得请求继续履行合同，第三人仅可以对方违约为由追究违约责任，同时归还房屋。[1] 也有法院认为出卖人与买受人之间的房屋买卖合同的效力不及于隐名共有人，未经其同意而履行买卖合同必然侵害到隐名共有人对涉案房产的所有权。[2] 此外，另一种做法为认定隐名共有人不知道或不知情不足以对抗已履行全部义务的善意买受人。[3]

笔者认为，若已确认合同效力但因共有人不予追认不允许合同继续履行，诉诸违约责任试图使双方当事人回归原点存在合理之处，该种做法对隐名共有人与第三人均起到保护作用，同时也可在一定程度上减少出卖人恶意毁约情形的出现，隐名共有人依然享有共有不动产的共有物权，而第三人获得违约责任中的金钱赔偿，仅以配偶一方签署的合同即要求强制履行不动产变更登记，显然违背了法律对不动产交易给予的特殊保护要求。如果人民法院仅以受让人签署的购房合同来对抗不动产的真正权利人，显然是混淆了物权法律关系与债权效力法律关系两者之间的区别。在不动产交易中，当事人之间物权变动的意思表示不发生物权变动的法律效果，也就是说，无处分权人与受让人之间签署的协议，只有在完成登记手续后才发生所有权的转移，否则仅产生债的关系，不发生不动产的善意取得，不得对抗不动产权利人收回标的物。

该类处理方案的确在对第三人的物权保护上稍显不足，但也体现出不动产善意取得制度中"登记"要件的重要性，若无论登记与否，均可以依据有效合同请求继续履行，取得的物权变动效果与善意取得效果并无而异，则会导致善意取得制度的架空。善意取得制度存在的前提，应是当事人无法根据有效的合同关系取得物权，但若只要受让人主观上为善意，且标的物已经交付或者登记时，受

---

① 陈苇、姜大伟：《论婚姻家庭住房权的优先保护——与"否定说"商榷》，载《现代法学》，2013 年第 6 期。

② 广东省东莞市中级人民法院（2016）粤 19 民终 7217 号。

③ 广东省云浮市中级人民法院（2016）粤 53 民终 542 号。

让人即可根据有效的合同取得物权，不动产善意取得制度便无实质意义。

（三）夫妻另一方是否"同意"之认定

意思表示是表意人将内心的效果意思表现于外部的行为。"同意"属意思表示，事先同意抑或事后追认均属此列，[①] "未经同意"可分为三种情形：（1）夫妻一方未告知其另一方；（2）夫妻一方告知另一方，但另一方表示反对；（3）夫妻一方告知另一方，但另一方未作出明确意思表示。实务中的难点在于第三种情形，关于消极的默示行为，笔者认为若夫妻另一方未作出同意或拒绝的明确意见，但其行为已经表明其同意出售的，则可以直接认定其为"默示同意"。夫妻另一方"同意"的范围如何认定？夫妻另一方"同意"指的是对上述事项中的某一个或某几个的特定同意，还是对合同中全部事项的概括同意呢？合同内容包括双方在对合同标的、数量、质量、价款或者报酬、履行期限、履行地点和方式、违约责任和解决争议方法等。实践中存在夫妻另一方表示同意出卖房屋，但因订立合同时未到场，事后对交易价款表示反对，而以签订价格未经自己同意为由，要求受让人返还房屋。[②] 若房屋已交付使用多年，隐名共有人称其完全不知情则有违常理，此时可推定共有人主观上的"同意"。[③]

（四）对夫妻另一方的救济路径

根据《婚姻法司法解释三》第十一条第二款，若是夫妻一方擅自处分共同共有房屋造成另一方损失，夫妻另一方在离婚时可以请求配偶赔偿损失。共同共有不动产交易中的善意取得是以牺牲其

---

① 湖北省随州市中级人民法院（2016）鄂 13 民再 11 号。

② 广东省东莞市中级人民法院（2016）粤 19 民终 7217 号。

③ 河北省邯郸市丛台区人民法院（2016）冀 0403 民初 2798 号；浙江省平阳县人民法院（2016）浙 0326 民初 3742 号；广东省梅州市中级人民法院（2017）粤 14 民终 32 号；福建省莆田市中级人民法院（2016）闽 03 民终 2750 号；江苏省宿迁市中级人民法院（2015）宿中民终字第 01988 号；广东省云浮市中级人民法院（2016）粤 53 民终 542 号；山东省青岛市市北区人民法院（2016）鲁 0203 民初 3257 号。

他共有人的利益而保护善意受让人的利益。因此在实行中必须对其他共同共有人的损失给以妥善的救济使其受到侵害的权利得以恢复。① "夫妻另一方在离婚时可以请求配偶赔偿损失"体现出赔偿权利主体为夫妻另一方，义务主体为擅自出卖方，但请求时点为离婚时，虽然《物权法》也规定了处分人对其无权处分行为的赔偿制度，但权利受侵害的事实却难以弥补。现行《婚姻法》第四十七条规定对于离婚时隐藏、转移共同财产等不当行为的，分割共同财产时可以不分或少分。② 故而在损失的分配上应当分为普通情形与特殊情形，普通情形中具体的赔偿范围包括直接损失与间接损失。直接损失即共有物被处分所受到的损失，可参照共有关系消灭后，依分割原则共有人所应分得的数额。间接损失即该共有物被处分后，造成其他可得利益的损失。若房屋出卖价格低于市场价格，应当按评估价值的比例对另一方进行补偿。③ 如果共同共有不动产交易不构成善意取得，若不动产转让关系为无效，受让人应当返还价金。若不动产转让关系有效，但合同无法继续履行时，受让人请求让与人承担违约责任。特殊情形即当符合《婚姻法》第四十七条的情形时，在赔偿损失的基础上对于共同财产的分割仍可适用该条。④

参考文献

［1］张永：《擅自处分共有物合同的效力设计——基于司法裁判的解释论》，载《政治与法律》，2015 年第 1 期。

［2］孙若军：《论我国不动产善意取得制度的完善——以遏制夫妻共有房屋被一方擅自处分为视角》，载《浙江工商大学学报》，2013 年 5 月第 3 期。

---

① 杨立新：《共同共有不动产交易中的善意取得》，载《法学研究》，1997 年第 4 期。

② 温灏洁：《论〈物权法〉对夫妻共有房屋不动产交易安全的影响》，载《甘肃政法学院学报》，2010 年第 1 期。

③ 山东省济南市中级人民法院（2016）鲁 01 民终 4629 号。

④ 杭州市江干区人民法院（2014）杭江筧民初字第 511 号；宁波市江东区人民法院（2014）甬东民初字第 935 号。

［3］陈丽：《夫妻财产隐名共有人权利保护的法律思考——一则妻子擅自卖房案引发的思考》，载《云南大学学报法学版》，2006 年第 5 期。

［4］王利明、王轶：《动产善意取得制度研究》，载《现代法学》，1997年第 5 期。

［5］王泽鉴：《债法原理》（第一册），中国政法大学出版社 2001 年版。

［6］王利明：《善意取得制度若干问题研究——从一起冒名顶替行为说起》，载《判解研究》，2009 年第 2 辑。

［7］杨立新：《中国民法理论研究热点问题探究与意见》，载王利明主编《民商法前沿论坛》第 1 册，人民法院出版社 2004 年版。

［8］刘贵祥：《论无权处分和善意取得的冲突与协调——以私卖夫妻共有房屋时买受人的保护为中心》，载《法学家》，2011 年第 5 期。

［9］崔建远：《出卖他人之物合同的效力设计——善意取得构成要件的立法论》，载《河北法学》，2006 年第 3 期。

［10］魏振瀛：《民法》，北京大学出版社、高等教育出版社 2000 年版。

［11］黄松有主编《婚姻法司法解释的理解与适用》，中国法制出版社2002 年版。

［12］孙宪忠：《中国物权法总论》，法律出版社 2003 年版。

［13］谢在全：《民法物权论》（上册），中国政法大学出版社 2011 年版。

［14］［日］我妻荣，有泉亨补：《民法讲义 Ⅱ——新订物权法》，罗丽译，中国法制出版社 2008 年版。

［15］叶金强：《论善意取得构成中的善意且无重大过失要件》，载《法律科学》，2004 年第 5 期。

［16］李如霞：《夫妻共有房屋买卖中善意买受人的认定》，载《房地产法律》，2013 年第 3 期。

［17］［德］鲍尔、施蒂尔纳：《德国物权法》（下册），申卫星、王洪亮译，法律出版社 2006 年版。

［18］程啸：《论不动产登记簿公信力与动产善意取得的区分》，载《中外法学》，2010 年第 4 期。

［19］陈永强：《论德国民法上的不动产物权善意取得制度》，载《比较法研究》，2005 年第 3 期。

［20］王利明：《善意取得制度的构成——以我国物权法草案第 111 条为分析对象》，载《中国法学》，2006 年第 4 期。

［21］温灏洁：《论〈物权法〉对夫妻共有房屋不动产交易安全的影响》，

载《甘肃政法学院学报》，2010 年第 1 期。

［22］史尚宽：《亲属法论》，中国政法大学出版社 2000 年版。

［23］鲁春雅：《论不动产登记簿公信力制度构成中的善意要件》，载《中外法学》，2011 年第 3 期。

［24］于筱江：《夫妻一方未经对方同意签订抵押合同的效力》，载最高人民法院机关刊：《人民司法·案例》，2015 年第 8 期。

［25］张永：《擅自处分共有物合同的效力设计——基于司法裁判的解释论》，载《政治与法律》，2015 年第 1 期。

［26］孙永生：《时间与物权》，中国检察出版社 2010 年版。

［27］仲伟珩：《出卖人出卖登记在其名下的共有房屋不符合法律规定或者共有人约定的条件，买受人请求强制履行房屋买卖合同的纠纷处理》，载最高人民法院民事审判第一庭编：《民事审判指导与参考》2014 年第 1 辑（总第 57 辑），人民法院出版社 2014 年版。

［28］仲伟珩：《房屋登记权利人出卖共有房屋不符合法律规定或者合同约定条件的合同效力问题》，载最高人民法院民事审判第一庭编：《民事审判指导与参考》2013 年第 4 辑（总第 56 辑），人民法院出版社 2014 年版。

［29］《民事审判指导与参考》2014 年第 1 辑（总第 57 辑），人民法院出版社 2014 年版。

［30］陈苇、姜大伟：《论婚姻家庭住房权的优先保护——与"否定说"商榷》，载《现代法学》，2013 年第 6 期。

［31］杨立新：《共同共有不动产交易中的善意取得》，载《法学研究》，第 19 卷第 4 期。

［32］Franz Bydlinski, System und Prinzipien des Privatrechts（1996），S. 1（31f.）；Claus-Wilhelm Canaris, Systemdenken und Systembegriff in der Jurisprudenz（2. Aufl. 1983）；Karl Larenz, Methodenlehre der Rechtswissenschaft（5. Aufl. 1983），S. 420f.

家族企业发展与继承法的立法补缺

李 林*

摘要：家族企业的传递在我国现实中很难依照现行法律进行，很多家族企业采取协议传递或者遗嘱继承方式。在死者意外死亡，必须使用法定继承之时，出现了许多不公正的现象。特别是父母作为第一顺序继承人继承后，企业有可能在有亲生子女的情况下，部分企业财产流转给侄子女。所以，在我国制定民法典的继承编时必须更改法定继承人的范围和顺序，调整父母和子女为两个顺序，配偶不固定继承顺序。同时，需要取消现行继承法对于岳父母尽了赡养义务的丧偶女婿、对于公婆尽了赡养义务的丧偶儿媳列为第一继承顺序的规定。此外，还应当扩大继承人的范围，以免家族企业共同奋斗的情况下无人继承。这样，才能真正使家族企业在法定继承制度中得到切实保护，保持其活力。

关键词：家族企业 财产外流 继承顺序 继承问题

家族企业的可持续发展问题不仅受到民众的瞩目，而且也受到了国家层面的高度重视。正是因为家族企业在推动经济发展、促进就业以及改善国民福利等方面发挥着不可替代的作用，所以家族企业的继承问题显得尤为重要。我国现行《继承法》是于1985年制定的，该法律的出台是基于当时的历史发展背景、经济现实状况以

---

* 李林，男，1988年2月，山东临沂人，四川大学法学院2014级法律硕士研究生，研究方向：民商法学。

及社会人文环境等因素而颁布的。也许它能有效解决当时的继承纠纷，促进当时社会整体的稳定与和谐发展，但是以目前我国的社会发展状况来看，该部法律已经具有一定的滞后性。经济基础决定上层建筑，我国在历经改革开放将近四十年的有效物质积累后，家族企业的发展势头有如雨后春笋。而如果家族企业继续延续当前的继承顺序，则易于出现种种问题，导致家族企业财产外流至较远亲等人员，甚至会出现无人继承而由国家继承的情况。这对于家族企业自身的发展是极为不利的。为促进家族企业能够更好地发展，结合当前《继承法》中所凸显出来的主要问题，本文以继承顺序为主线，探讨家族企业继承问题。

一、家族企业及其继承顺序的相关概念

（一）家族企业的定义

美国的著名企业史学家钱德勒对于家族企业所下的定义是：企业创始人及其最亲密的合伙人一直握有大部分股权。他们与经理人员维持紧密的私人关系，且保留高阶层管理的主要决策权，特别是在有关资源分配、高阶层人员的选拔以及财务政策方面。① 透过钱德勒关于家族企业所给出的定义，我们能够看出其认为家族企业中最关键的是家族成员一直握有大部分股权，且拥有对企业的控制权，然而他却忽视了企业是处于不断发展变化之中的，家族成员的持股情况也不是一成不变的。尽管其给出的定义并不完美，但是钱德勒还是让我们深深感受到家族企业最为核心的部分是家族企业的所有权与控制权是重合的。

盖尔西克认为，区分家族企业和非家族企业的关键在于创办该家族企业的家族内部成员是否拥有企业所有权，而不能仅仅看到该企业是以家庭命名抑或企业高层领导机构里有好几位来自同一家庭

---

① 郭跃进：《家族企业经营管理》，经济管理出版社 2003 年版，第 7 页。转引自[美] 小艾尔弗雷德·钱德勒：《看得见的手——美国企业的管理革命》，商务印书馆出版社 1987 年版，第 21 页。

的亲属成员，从而被认定为家族企业。①

我国台湾学者叶银华，认为家族企业必须具有如下三种特征：（1）家族成员或者二等亲以内之亲属担任董事长或总经理；（2）家族成员或者三等亲以内之亲属担任公司董事席位超过公司全部董事席位的一半以上；（3）家族所控制的持股比率大于临界控制持股比率。② 由此可以得知，叶银华认为家族企业最为重要的两个特征是家族所持有的股份比例和家族成员担任企业高层领导数量一定占绝对优势且家族企业的领导者须来自家族成员或者二等亲以内的亲属成员。

尽管目前没有统一的关于家族企业的概念定义，但是通过以上学者的智慧结晶，我们还是能够看出来家族企业最为重要的两点是家族所有和家族控制，也就是家族企业的所有权归属于家族内部成员，而且家族成员在公司的战略决策、人事管理、财务审计等方面具有绝对话语权。

（二）继承顺序及其相关定义

1. 继承顺序的定义

继承人的继承顺序是指财产继承人继承遗产时的先后排列顺序。当财产所有人死亡之后，只有按照既有的继承顺序来对其遗产进行分配，才能不违背被继承人的意愿，也能减少继承纠纷，维护社会秩序。当位于第一继承顺序的法定继承人存在而且没有放弃或者丧失继承权的情况下，位于其后顺序的法定继承人则无权要求继承遗产。只有当前一顺序的法定继承人也全部死亡或者全部放弃或者其因为法定原因全部丧失了继承权，位于后面继承顺序的法定继承人才有资格获得继承权。

---

① 克林·盖尔西克：《家族企业的繁衍——家族企业的生命周期》，经济日报出版社 1998 年版，第 3 页。

② 付文阁：《中国家族企业面临的紧要问题》，经济日报出版社 2004 年版，第 12 页，转引自叶银华：《家族控股集团、核心企业与报酬互动之研究》，载《管理评论》（我国台湾地区），1999 年第 5 期。

2. 继承顺序的特征

（1）法定继承顺序具有强制性。我国《继承法》对于继承顺序有专门的相关法条予以规制。任何人都无权对继承的顺序予以私自的更换，但是被继承人可以依靠遗嘱继承的方式打破法定继承顺序的强行性规定。

（2）法定继承顺序具有排他性。如果继承顺序在先的人没有全部死亡、全部放弃、全部丧失继承权，继承顺序在后的继承人无权提出对相关财产的继承权。

（3）法定继承顺序具有法定性。法律的规定是确定法定继承人的范围的直接依据，而不是由被继承人生前自己所作出的决定。

二、我国及其他典型性代表国家、地区对于继承顺序的规定

（一）我国《继承法》对于继承顺序的规定

我国《继承法》第10条规定"遗产按照下列顺序继承：第一顺序是配偶、子女、父母；第二顺序是兄弟姐妹、祖父母、外祖父母。"[①]

此外，《继承法》第12条规定"丧偶儿媳对公、婆，丧偶女婿对岳父、岳母，尽了主要赡养义务的，作为第一顺序继承人。"[②]

由此可见，我国规定了两种继承顺序，而且法定继承人限定在二亲等以内的亲属成员，而关于丧偶女婿、丧偶儿媳的继承顺序的规定则属于中国的立法特色，纵观世界其他国家，姻亲结束则不存在《继承法》意义上的权利与义务关系。

（二）大陆法系代表国家、地区关于继承顺序的规定

1. 日本关于继承顺序的规定

根据《最新日本民法》[③] 关于《继承法》部分的规定，日本

[①] 参见《中华人民共和国继承法案例全解》，法律出版社2015年版，第62页。

[②] 参见《中华人民共和国继承法案例全解》，法律出版社2015年版，第75页。

[③] 渠涛译：《最新日本民法》，法律出版社2006年版，第192~193页。

的继承顺序有三个：第一继承顺序是子女或其晚辈直系血亲；第二继承顺序是直系血亲尊亲属；第三继承顺序是兄弟姐妹及其子女。而配偶的继承顺序问题借鉴了西方资本主义国家的相关规定，以无固定继承顺序参加遗产分配问题。

2. 德国关于继承顺序的规定

根据《德国民法典》第 1924 条至 1932 条的规定，[①] 第一顺序法定继承人是晚辈直系血亲；第二顺序法定继承人是被继承人的父母及其晚辈直系血亲，即被继承人的兄弟姐妹、外甥（女）、侄子女和侄孙女；第三顺序的法定继承人是被继承人的祖父母、外祖父母及其晚辈直系血亲，即被继承人的叔、伯、姑、舅、姨、堂兄弟姐妹、表兄弟姐妹及其晚辈直系血亲；第四顺序的法定继承人是被继承人的曾祖父母、外曾祖父母及其晚辈直系血亲。在继承开始时，第一至第四顺序的法定继承人都适用代位继承。配偶则适用不固定继承顺序。

3. 法国关于继承顺序的规定

根据《法国民法典》规定，"在配偶丧失继承权的情况下，亲属按照以下继承顺序来继承遗产：第一，子女及其晚辈直系血亲；第二，父母、兄弟姐妹及其晚辈直系血亲；第三，父母之外的直系尊血亲；第四，兄弟姐妹及其晚辈直系血亲以外的旁系亲属"。其中直系血亲不受亲等数限制，而旁系血亲延伸到六等亲以内，被继承人的兄弟姐妹的晚辈直系血亲可以延伸到十二等亲以内。配偶为无固定顺序继承人。在第一顺序继承人或第二顺序继承人中的父母均已死亡的情况下，配偶便获得所有遗产。

4. 西班牙关于继承顺序的规定

《西班牙民法典》[②] 关于继承顺序的问题规定在"第三卷财产取得的不同方式"（第 930 条 - 第 958 条），被继承人的晚辈直系

---

① 陈卫佐译：《德国民法典》，法律出版社 2006 年版，第 579 ~ 582 页。
② 潘灯、马琴译：《西班牙民法典》，中国政法大学出版社 2013 年版，第 260 ~ 264 页。

血亲位列第一继承顺序，被继承人的直系尊亲属位列第二继承顺序，如果既无晚辈直系血亲又无直系尊亲属，被继承人的兄弟姐妹及其子女先于其他旁系亲属取得继承权。

5. 韩国关于继承顺序的规定

韩国《继承法》中关于继承顺序的规定：被继承人的晚辈直系血亲位于第一继承顺序，直系尊亲属位于第二继承顺序，被继承人的兄弟姐妹位于第三继承顺序，被继承人的四亲等以内的旁系血亲位于第四继承顺序。配偶则属于无固定继承顺序人，在被继承人的父母与子女均已死亡的情况下，配偶获得全部遗产。①

6. 我国台湾地区关于继承顺序的规定

我国台湾地区当前所沿用的继承法是 1985 年所修订的"民法"继承编。在该继承编中具体规定了台湾的继承顺序为：第一继承顺序是晚辈直系血亲，且亲等越近越优先；第二继承顺序是父母；第三继承顺序是兄弟姐妹；第四继承顺序是祖父母、外祖父母。配偶则遵从了其他国家的立法惯例，属于无固定继承顺序人。

（三）海洋法系代表国家、地区关于继承顺序的规定

1. 美国关于继承顺序的规定

《美国统一继承法》② 规定，如果被继承人未立有遗嘱，继承人分为配偶继承人和血亲继承人。其中，血亲继承人的法定继承顺序分为四个顺序，第一继承顺序是晚辈直系血亲，第二继承顺序是父母，第三继承顺序是兄弟姐妹及其晚辈直系血亲，第四顺序是祖父母及其晚辈直系血亲。如果第四顺序继承人不存在，则会出现父母双方其他亲属继承的局面。配偶作为最重要的继承人，可与子女或父母一起继承遗产。如果被继承人的子女或者父母均已不存在的情况下，配偶继承全部遗产。

---

① ［韩］李庚熙：《家族法》（亲族·相续法）第 6 次修订本，法元社 2006 年版，第 354~356 页。

② 参见《美国统一继承法》第 85 条。

2. 英国关于继承顺序的规定

关于法定继承人的顺序问题，英国的具体规定如下：第一继承顺序是晚辈直系血亲；第二继承顺序是父母；第三继承顺序是兄弟姐妹、祖父母、外祖父母，而且全血缘兄弟姐妹的继承顺序优先于半血缘兄弟姐妹；第四继承顺序是叔、伯、姑、舅、姨，且全血缘的叔、伯、姑、舅、姨的继承顺序优先于半血缘的叔、伯、姑、舅、姨；第五继承顺序是父母的兄弟姐妹的直系卑血亲。配偶也像目前世界上多数国家规定的那样，属于无固定继承顺序。①

3. 加拿大关于继承顺序的规定

与资本主义世界其他国家关于配偶位于不固定继承顺序的规定不同，加拿大规定配偶、晚辈直系血亲位列第一继承顺序；父母位列第二继承顺序；兄弟姐妹及其子女位列第三继承顺序；侄子女位列第四继承顺序；同血缘且同一亲等的近亲属位列第五继承顺序。②

4. 我国香港地区关于继承顺序的规定

我国香港地区关于法定继承人的继承顺序规定在《无遗嘱者遗产条例》，它规定处于第一继承顺序的法定继承人为被继承人的子女及其晚辈直系血亲，处于第二继承顺序的法定继承人为父母，处于第三继承顺序的法定继承人为兄弟姐妹，处于第四继承顺序的法定继承人为祖父母、外祖父母，处于第五继承顺序的法定继承人为被继承人父母的兄弟姐妹。配偶采纳无固定继承顺序。③

三、继承顺序不同导致家族企业发展导向不同

（一）配偶在第一继承顺序的问题

我国《继承法》规定配偶位于法定继承人继承顺序的首位。虽然从名义上看配偶具有遗产的优先继承权，可以分得比较多的家

---

① 参见《英国遗产管理法》第 57 条。
② 焦阳：《论我国法定继承人的顺序》，大连海事大学硕士学位论文，2011 年。
③ 赵秉志：《香港法制度》，中国人民公安大学出版社 1998 年版，第 107 页。

族企业财产，但是如果被继承人子女众多，配偶将会分得的财产比例实际上占到很小一部分，再如果被继承人生前以夫妻共同生活名义背负债务，就需要由配偶从所继承财产中支付相应债务，这样算下来，配偶实际上所继承而来的财产可能微不足道。作为家族企业，其账目往来很多，如果作为家族企业掌门人的被继承人死亡，其家族企业运营期间的很多支出或许是以夫妻的共同名义向其他金融机构申请贷款而得，这就需要由配偶一方支付相应债务，剩余款项才可作为自己分得的被继承人的遗产；而在家族企业的创立过程中，有可能该家族企业的发展壮大是经过夫妻二人努力打拼才得以发展起来的，夫妻之间在事业上是共同的伙伴，在感情上是彼此共同的慰藉，一旦作为家族企业的所有权与控制权人去世之后，其配偶不仅经历精神上的高度打击，如果还在遗产的应继份额上没有获得相对较多的经济补偿，这不仅一定程度上损害了配偶继承权，而且也是被继承人所不愿看到的。

将配偶放在第一继承顺序的规定还可能造成以下问题：即夫妻二人如果是二婚，男方和二婚妻子结婚前经历千辛万苦创办起来的小型家族企业，男方的兄弟姐妹可能给予了很大的经济帮助和精神关爱，天有不测风云，男方因遭遇意外，失去了年轻的生命，而膝下又无子女的情况下，如果严格按照《继承法》的有关规定，创业初期，给予男方强大经济帮助的兄弟姐妹等近亲属因为处在第二继承顺序，反而因为男方配偶的存在，而没有继承权，那么男方创立的小型家族企业的财产将会由其妻子全部继承，而妻子如果再一次结婚，将会导致财产外流至其他家族。

综上所述，配偶在第一继承顺序会造成配偶的遗产应继份额没有法律所设想的多，而且将配偶放在第一继承顺序，也会在一定程度上也损害被继承人其他亲属的继承权。

（二）父母在第一继承顺序的问题

我们常说父母对于子女的爱是伟大而又无私不图回报的，对于父母来讲，白发人送黑发人的经历是痛心疾首的，所以一般情况下，如果被继承人作为家族企业的掌舵人去世后，在被继承人有子女的情况下，父母也更希望能够把自己的财产继承份额留给其孙子女，放弃属于自己的继承权，从而使家族企业能够更进一步的向前发展。实践中父母放弃继承权而给自己的孙子女的情况多见，但是如果家族企业中的所有权和控制权人死亡，法律虽然规定父母作为第一继承顺序，拥有被继承人的遗留财产继承权，即便父母同意放弃继承权，也会遭到被继承人的其他兄弟姐妹的反对，从而会让被继承人的父母陷入两难境地。一旦父母继承了被继承人的财产份额，等父母去世之后，原先父母所继承的家族企业的财产份额部分，将会以转继承的方式被被继承人的兄弟姐妹所分得。如此这样一来，家族企业财产将会外流至被继承人晚辈直系血亲以外的其他人。

（三）丧偶儿媳、丧偶女婿继承顺序的问题

我国《继承法》第 12 条，① 主要受中华民族历来崇尚的尊老爱幼的传统美德影响，也是中国立法史上具有特色性的一笔。立法者认为能够通过此条款来鼓励赡养老人、使老人在丧失亲人的同时能够获得些许精神慰藉。这款法律出台的背景是在当时经济发展水平比较落后、人民生活水平普遍不高、社会保障体系尚不完备的情况下制定的，希望能够通过此法律使得人民能够弘扬尊老敬老爱老的社会风气，不可否认的是，在当时的社会发展下，起着积极作用，使得很多鳏寡老人在失去儿女的同时，获得了心理的一丝安慰。

如果该条款被运用到家族企业中，被继承人一旦死亡，丧偶儿媳对公婆或者丧偶女婿对岳父母尽到主要赡养义务，就位列第一继承顺序，难免会遭到被继承人的其他兄弟姐妹的排斥，甚至引发家庭之间的混战，影响到社会的和谐与稳定。

因为其配偶的死亡，丧偶女婿或者丧偶儿媳与公婆或者岳父母之间的姻亲关系实际就此破灭，如果其配偶在世，他们履行照顾公婆抑或岳父母的义务属于家庭内部成员之间的互相照顾（因为姻

---

① 参见《继承法》第十二条规定："丧偶儿媳对公、婆，丧偶女婿对岳父、岳母，尽了主要赡养义务的，作为第一顺序继承人。"

亲的亲情纽带关系），而当其配偶死亡之际，他们在法律上并没有继续照顾公婆抑或岳父母的责任和义务，虽然他们因为配偶的死亡而停止照顾公婆抑或岳父母的行为会导致舆论的谴责或者道德的批判，但是法律仅仅是最低限度的道德，我们绝不可拿着道德的尺子来衡量他们的所作所为，因为法律并未赋予他们继续赡养离世配偶的父母的义务。

我国的《宪法》《民法》都没有把丧偶女婿照顾岳父母，丧偶儿媳照顾公婆的行为上升到法律层面，法律不是万能的，法律也更不应该把原本属于道德方面的义务经过法律的强行性规定而施加到普通民众身上。

（四）兄弟姐妹、（外）祖父母在第二继承顺序的问题

按照我国《继承法》对于继承顺序的相关规定，如果位于第一继承顺序的人已故离世或者全部丧失、放弃继承权的，财产才会被位于第二继承顺序的继承人所继承。

被继承人的兄弟姐妹、祖父母、外祖父母处于第二继承顺序。在家族企业的实际发展壮大过程之中，很多亲属，这其中包括被继承人的兄弟姐妹、祖父母、外祖父母等被继承人最重要的亲属关系，他们在被继承人的家族企业创业过程当中所给予的物质帮助抑或精神鼓励是付出颇多的。如果被继承人的配偶、子女、父母均在世抑或没有丧失、放弃继承权，则被继承人的兄弟姐妹，将不会分得被继承人的遗产，这对于曾经给予被继承人诸多帮助的兄弟姐妹、祖父母、外祖父母将会感到法律的漠视与呆板，从另一个侧面上也将会加剧人与人之间的矛盾，不利于社会团结与和谐局面的构建。

四、利用现行继承法框架对家族企业继承顺序的法律分析

（一）建议将父母列为第二继承顺序

通过对比大陆法系和海洋法系有关国家（或地区）对于继承顺序的规定，我们会发现绝大多数欧美资本主义国家的民法规定父

母的继承顺序位于第二位。我国继承法将父母列为第一顺序的行为不太符合世界立法的惯例，也许这与我国的传统价值观——孝敬老人息息相关。在继承人继承被继承人财产这件事情上，20世纪80年代的中国经济发展较为落后，继承法的出台，是为了促进家庭经济的稳定，促进中国社会主义社会的建设。由于我国目前仍然处于社会主义初级阶段，现阶段由政府完全承担全社会的养老育幼、照顾弱者的功能是不可能实现的。因此，我国《继承法》将《宪法》和《婚姻法》的有关规定予以具体的体现，使赡养、照顾老年人，关心、爱护和抚育未成年人的社会道德规范上升为法律规范，从而以法律的形式保护老人以及未成年人的合法权益。

正是基于当时的社会背景，以及我国传统的价值观，促使我国的立法者在制定继承法的过程中，将父母放在第一继承顺序。在这种情况下，作为被继承人的家族企业的所有权人一旦发生意外，将会产生配偶、子女、父母均分被继承人的财产的状况。由于生老病死乃自然之规律，任何人都无法改变人最终会死亡的这一事实，因而当被继承人的父母一旦去世之时，由被继承人父母所继承的财产份额部分，又会以代位继承或者转继承的方式被被继承人的兄弟姐妹所均分。这样将会最直接的导致家族企业的控制权分散，一旦家族企业继承人没有绝对控制权，家族企业的经营将会陷入困顿状态。

其实在我国民间的传统习惯中，一旦被继承人死亡，作为被继承人的父母在考虑到被继承人有自己的子女的情况下，一般都会放弃继承权，而使得被继承人的财产让其配偶及其子女获得。

借鉴世界其他国家立法惯例以及我国的民间传统习惯，笔者认为将父母的继承顺序由第一位调整至第二位是有实际可行性的。作为父母来讲，希望自己的孙子女继承其父母的财产，将家族企业的发展带向更广阔的领域，而作为被继承人来讲，将自己的家族企业交给自己的晚辈直系血亲也是符合其内心真实想法的，毕竟被继承人也不希望自己家族内部财产因为继承关系而被变得支离破碎。

（二）建议将配偶列为无固定继承顺序

就配偶的继承顺序而言，当前主要存在固定继承顺序和无固定继承顺序两种立法体例。

固定顺序立法体例的代表国家有中国、加拿大、蒙古等国家。以中国为例，将配偶放在继承顺序的第一位，与同样处于第一继承顺序的父母、子女平分被继承人的遗产份额。虽然把配偶放在了很重要的继承顺序的位置，但是实际上不利于保护配偶继承权。在家族企业中，家族企业的发展从小到大，由弱及强，有可能是夫妻二人共同苦心经营的结果，家庭支出与企业支出有可能会出现财务交叉状况，而家族企业的企业负债问题有可能会以夫妻共同借贷的名义借用，之后家族企业所有权人死亡之后，配偶将会以夫妻共同债务的方式偿还债务。配偶在与父母和子女均分遗产的同时，还要偿还企业债务，配偶继承权的保护力度亟待加强。

无固定顺序立法体例的代表国家有美国、英国、日本、德国、法国等国家。这种无固定继承顺序立法既能实现保护配偶继承权的立法初衷，又能使得被继承人的其他亲属有获得继承权的可能。不至于出现配偶位于第一继承顺序时候，当家族企业所有权人死亡，而又没有父母、子女的情况下，配偶独享被继承人的遗产的情况。如果家族企业所有权人是在兄弟姐妹的抚养下成长起来，又在其创业过程中给予足够多的经济帮助和精神帮助，按继承法的相关规定，只有第一继承顺序法定继承人死亡、放弃或者丧失继承权的条件下，其他顺序的法定继承人才能继承被继承人的遗留财产，这将是被继承人极不情愿看到的情况。

我国尽管把配偶继承顺序规定在第一顺序，但是我国历经多年的封建社会，很多落后地区还存在封建思想残余，认为妇女是不存在继承权的。实际上，法律对于女性配偶的继承权在那些经济发展落后、思想比较闭塞的地方形同虚设，被继承人的父母、子女有时也会逼迫女性配偶放弃继承权。所以，我国应该学习其他国家关于配偶无固定继承顺序的立法惯例，顺应世界立法潮流。

对作为家族企业中的主心骨的被继承人而言，夫妻间的感情是深厚的，当被继承人离配偶而去，从被继承人内心深处来讲，还是希望自己的配偶能够获得大部分财产，毕竟其与配偶生活在一起的日子远比和自己的父母、子女时间长得多，所以在继承法中着重保护配偶的继承权，适当提高配偶继承份额是不违背被继承人的主观意愿的。将被继承人的配偶置于无固定继承顺序，既可以有效维护配偶的继承权，又可使被继承人的其他亲属的继承权得以保护，因而建议将配偶的继承顺序改为无固定继承顺序。

（三）建议取消丧偶儿媳、丧偶女婿继承权

根据我国《继承法》第十二条①规定，在家族企业中，丧偶儿媳对公、婆，丧偶女婿对岳父母尽了主要赡养义务的话，则会以第一继承顺序继承人参加遗产继承。我国民间习惯都是希望遗产保留在直系血亲之内，一旦丧偶儿媳或者丧偶女婿再婚，将会直接导致家族企业财产外流；再者，该法条的界定比较模糊，对于尽了主要赡养义务没有任何直接的衡量标准。另外，如果丧偶女婿或者丧偶儿媳加入到家族企业财产的继承，将会引发很深的继承权纠纷问题，影响企业正常运作，影响家族内部成员之间的团结。

同时，根据权利与义务相一致的原则，这条立法彰显了立法者鼓励尊老爱老的传统美德的初衷，对于丧偶儿媳对公婆、丧偶女婿对岳父母如果在被继承人死亡后对其父母的生活提供了主要经济来源，或在劳务等方面给予了主要扶助的，应该认定其已经尽了主要赡养义务。② 在取消丧偶儿媳、丧偶女婿继承权之后，如果丧偶儿媳或丧偶女婿，他们夫妻育有共同的子女，则由子女代位继承。没有共同子女的，且又对直系姻亲尽了赡养义务的，在继承被继承人的遗产时，虽然其不参与法定继承顺序，但遗产中的一定份额可以适当给予他们，作为对他们赡养老人行为的肯定。

（四）建议增加兄弟姐妹的子女为第四继承顺序人

当下的中国，人口老龄化日益严重，且由于计划生育政策的问

---

① 参见《继承法》第十二条规定："丧偶儿媳对公婆，丧偶女婿对岳父母，尽了主要赡养义务的，作为第一顺序继承人。"

② 参见《继承法意见》第三十条规定："对被继承人生活提供了主要经济来源，或在劳务等方面给予了主要扶助的，应当认定其尽了主要赡养义务或主要扶养义务。"

题，每个家庭的子女数量不多。中国是一个特别看重亲情情结的人情社会，由此带来自己的子女往往会与自己的侄子女、外甥、外甥女等（堂）表兄弟姐妹联系较多，（堂）表兄弟姐妹之间虽然不是直系血亲的关系，却胜似直系血亲。当前我国的法定继承人范围较小，很容易使得被继承人的遗产沦为无主遗产，不利于公民私有财产的保护和传承，也不能充分发挥所继承遗产的最大效能。因此增加兄弟姐妹的子女作为第四继承顺序人，从被继承人的角度来看，基于亲情纽带关系，从内心深处来讲，被继承人是认可和情愿的。

五、结语

首先，借鉴国外其他国家的相关规定以及我国的民间习惯，分析我国现行《继承法》第十条关于法定继承人的范围和顺序所反映出的问题，笔者提出的关于法定继承人的范围和顺序建议是：第一顺序是子女；第二顺序是父母；第三顺序是兄弟姐妹、祖父母、外祖父母；第四顺序是兄弟姐妹的子女；配偶作为不固定继承顺序，可与任一顺序继承人共同参与分配遗产，且继承顺序越靠后，配偶继承份额越高。当配偶与第一顺序继承人继承遗产时，配偶可分得 1/2，与第二顺序继承人继承遗产时，配偶可分得 2/3，与第三顺序继承人继承遗产时，配偶可分得 3/4，与第四顺序继承人继承遗产时，配偶可分得 4/5，如果没有以上顺序的继承人，配偶分得全部遗产。配偶在分配遗产时的比例偏高，是因为配偶与被继承人长期生活在一起，配偶彼此之间不仅是生活上的伴侣，还是事业上的合伙人，不能因为被继承人的死亡，使得配偶在精神方面受到严厉打击的同时，而又在继承财产份额上给予二次伤害。

其次，取消对于岳父母尽了赡养义务的丧偶女婿以及对于公、婆尽了赡养义务的丧偶儿媳的第一继承顺序。即使他们不属于法定继承人任何顺序范围内人员，当他们与被继承人有共同子女的由其子女代位继承即可，无共同子女又对直系姻亲尽了赡养义务的，在遗产分配上适当照顾即可。

最后，目前我国《继承法》将继承人的亲等关系限定在二等亲之内，这将在一定程度上导致家族企业遗产出现无人继承局面的出现，容易造成被继承人有些亲属尚在，却无权继承遗产的现象。

我国古代在亲系关系处理上，一般认可在五服之内的亲属都是具有特别亲近关系的亲属，超过五服之外的亲属可以算作关系比较疏远的亲属；而按照我国当前法定继承人的亲系范围来看，只是二亲等关系之内的亲属具有法定继承权，这在一定程度上，是不符合我国民间习惯的。因此，将法定继承人的亲系关系范围扩大，符合我国《继承法》发展的需要，同时，也顺应民间习惯，易于被民众所接受。

参考文献

［1］郭跃进：《家族企业经营管理》，经济管理出版社 2003 年版。

［2］［美］小艾尔弗雷德·钱德勒：《看得见的手——美国企业的管理革命》，商务印书馆出版社 1987 年版。

［3］克林·盖尔西克：《家族企业的繁衍——家族企业的生命周期》，经济日报出版社 1998 年版。

［4］付文阁：《中国家族企业面临的紧要问题》，经济日报出版社 2004 年版。

［5］叶银华：《家族控股集团、核心企业与报酬互动之研究》，载《管理评论》（台湾），1999 年第 5 期。

［6］《中华人民共和国继承法案例全解》，法律出版社 2015 年版。

［7］渠涛译：《最新日本民法》，法律出版社 2006 年版。

［8］陈卫佐译：《德国民法典》，法律出版社 2006 年版。

［9］潘灯、马琴译：《西班牙民法典》，中国政法大学出版社 2013 年版。

［10］［韩］李庚熙：《家族法》（亲族·相续法）第 6 次修订本，法元社 2006 年版。

［11］赵秉志：《香港法制度》，中国人民公安大学出版社 1998 年版。

［12］焦阳：《论我国法定继承人的顺序》，大连海事大学硕士学位论文，2011 年。

商法新论

企业社会责任边界与履行方式探讨

——空姐之死引发的"滴滴打车事件"评析

刘　坚[*]

摘要： 滴滴事件引发媒体口诛笔伐，媒体标签化的处理将滴滴公司推上风口浪尖。滴滴公司就两起刑事案件采用企业社会责任理论中社会响应理论作为声明的理论基础，但是，社会响应理论的固有缺陷将致使企业承担不可承受之重。我们认为企业履行社会责任，应当以合规性为基础，辅以自我承担，建立企业"规"之来源，从而确定企业履行社会责任的边界与规则。我国现有制度不足以指导企业社会责任实践，我国应当基于社会需求建立符合国情的社会责任标准。

关键词： 滴滴　企业社会责任　企业社会责任边界　法定义务　约定义务　社会契约义务

一、"滴滴打车事件"回顾

据报道，2018年5月5日晚上，空姐李某在执行完郑州—连云港—郑州—绵阳—郑州的航班后，在郑州航空港区通过滴滴出行公众号叫了一辆车赶往市里，结果惨遭司机杀害。[①]

---

* 刘坚，四川大学法学院民商法学2018级博士研究生。

① 百度百科：《5·6郑州空姐打车遇害案》，见于 https://baike.baidu.com/item/5%C2%B76%E9%83%91%E5%B7%9E%E7%A9%BA%E5%A7%90%E6%89%93%E8%BD%A6%E9%81%87%E5%AE%B3%E6%A1%88/22572396? fr = aladdin，2018年9月20日访问。

另据此后有关报道，2018 年 8 月 24 日下午，浙江温州乐清市女孩赵某在虹桥镇乘坐滴滴顺风车前往永嘉县，在向朋友发送"救命"讯息后失联。8 月 25 日，警方在柳市镇抓获犯罪嫌疑人滴滴司机钟某，钟某交代了对赵某实施强奸并将其杀害的犯罪事实。①

相继两起刑事案件，犯罪嫌疑人均具有一个共同的身份——滴滴司机。所有媒体报道均将矛头对准滴滴，一时间网络上铺天盖地的攻击将运营滴滴出行的北京小桔科技有限公司推上风口浪尖，国内各大媒体口诛笔伐、十余政府部门进驻小桔科技公司。② 2018 年 8 月 26 日，新华社发文直指滴滴的安全底线在哪里?! 8 月 27 日，交通运输部官网刊文称，要堵住"滴血"的漏洞! 滴滴公司从成立至今，6 年时间，从推动共享经济的标杆，到成为网络评论、媒体舆论口诛笔伐攻击的"凶手"，滴滴公司公众形象低至谷底。2018 年 8 月 28 日，滴滴发布致歉声明：《因为我们的无知自大，造成无法挽回的伤害》，③ 声明中滴滴负责人程维、柳青代表滴滴公司极尽谦卑之态，表示"承担责任""在逝去的生命面前，我们没有任何借口，再次向所有人郑重道歉"。

2018 年 9 月 1 日，交通运输部所属中国交通新闻网发布《合法合规经营才是保障乘客安全的"护身符"》一文，④ 交通运输部以官方机构，对滴滴公司开出治本之药方："合法合规经营采取预防性措施是治本之策"。2018 年 9 月 27 日，交通部新闻发布会通告滴滴存在九大问题，⑤ 包括公共安全隐患问题巨大；顺风车产品

① 读聚慧眼：《8 月 24 日，温州女孩乘滴滴顺风车被奸杀事件》，见于 http://www.sohu.com/a/250337159_99930341，2018 年 8 月 27 日访问。

② 李春晖：《交通部等 10 部门人员组成检查组进驻滴滴，程维反思安全底线》，见于 http://finance.ifeng.com/a/20180906/16488880_0.shtml. 2018 年 9 月 6 日访问。

③ 程维、柳青：《因为我们的无知自大，造成无法挽回的伤害》，参见 http://news.sina.com.cn/o/2018-08-28/doc-ihiixzkm1891031.shtml，2018 年 8 月 28 日访问。

④ 该文章网络地址为：http://www.mot.gov.cn/jiaotongyaowen/201809/t20180901_3080043.html，2018 年 9 月 8 日访问。

⑤ 李博：《交通部通报滴滴检查情况：网约车存在九大问题》，北京晚报，http://news.cctv.com/2018/09/28/ARTIzd29oz9q0daWCxTKvZpe180928.shtml，2018 年 9 月 27 日访问。

安全隐患问题巨大；应急管理基础薄弱、效能低下；非法营运问题突出；安全生产主体责任落实不到位；企业平台诚信严重缺失；个人信息安全问题突出；社会稳定风险突出；涉嫌行业垄断。

随着时间的推移，处于风口浪尖的滴滴公司逐渐被逃税的范冰冰被追缴税款事件所代替，成为公众茶余饭后的谈资。但是，滴滴事件背后，尚有一系列问题值得我们去进一步反思。

二、公众期待与滴滴不可承受之重

（一）犯罪率对比

为对比犯罪率，笔者汇编国家机关公开数据，如表 1 所示。

表 1　　　　　　　网约车司机犯罪率、传统出租车
司机犯罪率与全国犯罪率比较　　　　单位：%

2017 年网约车司机 万人案发率 *	2017 年传统出租车司机 万人案发率 **	2014 年全国 万人案发率 ***
4.8%	6.67%	8.66%

＊孙航：《中国司法大数据研究院发布专题报告揭示网约车与传统出租车犯罪情况》，参见人民法院报 http://www.court.gov.cn/zixun-xiangqing-120421.html，2018 年 9 月 8 日访问。

＊＊ 同前引。

＊＊＊因数据来源问题，未能准确找到 2017 年可靠数据计算犯罪率，故选择最近的有可靠数据来源的 2014 年数据作为对比数据。犯罪率计算数据来源：分母数据为中国统计年鉴 2017 中 2014 年中国人口数为 136782 万人，网络地址为 http://www.stats.gov.cn/tjsj/ndsj/2017/indexch.htm，2018 年 9 月 7 日访问。分子数据来源于 2014 中国人权白皮书，犯罪一审判决犯罪人数为 118.4 万人；网络地址为 http://www.beijingreview.com.cn/wenjian/201506/t20150608_800033967.htm，2018 年 9 月 8 日访问。

在表 1 中，我们可以看到，出租车司机的犯罪率是网约车司机犯罪率的 1.39 倍，全国犯罪率是网约车司机犯罪率的 1.8 倍。按照概率，乘坐网约车乘客面临的犯罪损害可能性远远低于国人正常情况下日常面临的犯罪损害可能性。但是，为什么自 2018 年 5 月 5 起，滴滴公司被推上风口浪尖，成为舆论挞伐的对象？翻看新闻

报道，笔者注意到一个细节，近乎所有的媒体在发布关于本文开始所列两例刑事案件的时候，所有文本均被打上"滴滴"标签，均采用"滴滴司机"的类型化的称呼来描述犯罪分子。媒体在进行新闻报道或者自媒体进行信息传播时，均采用此类标签化的处理，博取了眼球的关注，满足了媒体的需求。媒体标签化的报道，不独在滴滴事件中得到淋漓尽致的体现，在2010年富士康连环14跳的事件中亦同样表现如此。

（二）社会响应理论：滴滴不堪承受之重

相继两起刑事案件，滴滴公司相继发布致歉。2018年5月10日发布致歉，称"滴滴真诚地向李女士的家人道歉，作为平台辜负了用户的信任，在这件事情上，负有不可推卸的责任"。① 2018年8月28日，滴滴再次发布致歉，称"因为我们的无知自大，造成了无法挽回的伤害"。② 两次致歉，滴滴公司极尽谦卑之态，认为是滴滴公司负有不可推卸的责任，并造成了损害结果。从企业公关角度来看，滴滴公司以负责任的态度表明愿意承担责任并寻求改进。滴滴公司第一次致歉可以说在很短时间内对企业商誉的挽回发挥了正面作用；但是，第二次致歉并未达到第一次公关所获得的结果。滴滴公司负责人程维、柳青在第二次声明中表示，"大家陷入了自我审视、自我怀疑、自我否定的情绪中。"究其原因，在于企业内部未能正确认识企业应当承担的社会责任的边界。在政府不是万能的共识的认知下，也应当认识到企业更不是万能的。企业不应当也负担不了社会公共产品的供给！当然，企业可以在力所能及的范围内做出自己的社会贡献。

分析两次滴滴的公关声明，声明背后，滴滴公司采取的企业社

---

① 马金风：《空姐打顺风车遇害，滴滴公开道歉》，参见北京青年报，http://news.ifeng.com/a/20180514/58296229_0.shtml，2018年8月28日访问。

② 程维、柳青：《因为我们的无知自大，造成无法挽回的伤害》，http://news.sina.com.cn/o/2018-08-28/doc-ihiixzkm1891031.shtml，2018年8月28日访问。

会责任理论是社会响应理论。[①] 公司响应社会呼吁无可厚非，但是，公司一定需要认识到公司能力的有限性，即公司应当在合法合规的运行的情况下，考虑企业竞争力本身的情况下，分析社会呼吁的情况下，结合自身情况作出有限度的响应，而不是无限度的自我委赋。换言之，社会响应理论在一定程度上并不适合指导我国公司履行企业社会责任。

（三）企业社会责任基础理论选择

现有企业社会责任理论有利益相关者理论、企业公民理论、金字塔理论、责任层次理论、竞争力理论、社会响应理论等[②]理论，企业多根据自身的需求选择性地使用各理论指导企业履行社会责任的实践。笔者认为，在前述理论中，可以综合各理论、结合我国的情况建立我国的企业社会责任履行的指导性理论，进而建立我国的企业社会责任标准，为企业履行社会责任提供明确行为范式，并建立相关规则施行制度体系。笔者认为，我国建立企业社会责任标准可以选择企业立足于利益相关者理论，界定利益相关者范围，再采用企业公民理论根据相关者的范围确定企业应当履行的义务范围，进而再根据企业获得竞争力的需要，以企业承诺的方式作为企业与社会的"社会契约"选择企业承担的"社会契约"义务的范围。即企业以合规性为基础，辅以自我承担，建立企业"规"之来源，从而确定企业履行社会责任的规则与标准。

三、企业社会责任的边界分析与履行方式

在讨论企业社会责任的边界前，笔者认为有必要就企业社会责任的相关基础概念与性质进行讨论。在厘清企业社会责任、社会义务以及企业社会责任的性质的基础上，将更有利于我们进行企业社会责任边界的分析与探讨。

---

① 社会响应理论认为，企业履行社会责任，应当就社会对企业的呼吁作出响应。
② 刘坚：《企业社会责任法律化研究》，四川大学法学院硕士论文，2017 年。

（一）企业社会责任与企业社会义务

企业社会责任这一概念，对我国而言，属于舶来品词汇。究其概念本身，我们亦回到英语本身来讨论其真确含义。在英文使用中，亦经常出现"social accountability"与"social responsibility"皆用的情形。"accountability"英文解释为"a situation in which someone is responsible for things that happen and can give asatisfactory reason for them"，"responsibility"英文解释为"a duty to take care of something or blame for something that has happened"。从解释中我们可以发现，accountability 侧重于指为某件事、某个过失承担责任，尤其是职责范围内的事情没有做好，出了问题，就要承担责任。而 responsibility 更侧重于对职责负责，含义更近似于 duty。

两个词在使用中，如 SA8000，使用 accountability 一词，苹果供应商责任标准中使用 responsibility 一词，① 在翻译成为中文时，均直接翻译成为责任一词。通观 SA8000 以及 Apple 供应商责任标准文本，我们可以发现，就内容而言，更多的是要求企业按照文本指引建立一定的行为模式，即履行一定的义务。

在中文中，责任一词意指需要承担某项职责或者因未做好某事需要承担一定的不利后果。义务一词意指为满足权利人的利益，义务主体须为一定行为或者不得为一定行为的强制性。结合中英文的差异以及根据 SA8000 与 Apple 供应商责任标准文本内容，笔者认为，企业社会责任概念，称之为企业社会义务无疑更为准确。企业社会义务包含三个组成部分：法定义务、约定义务以及社会契约义务。换言之，企业社会义务是企业法定义务、约定义务以及社会契约义务三个方面义务的总称。法定义务是指企业所在国家或者企业经营行为发生国家法令规定的企业所需要遵循的义务。约定义务是指企业与利益相关人之间达成的合同约定的义务。社会契约义务是指企业单方面承诺与"社会"达成"契约"所约定的企业应当履

---

① Apple 供应商责任标准链接地址为 https：//www.apple.com/cn/supplier-responsibility/pdf/Apple-Supplier-Responsible-Standards.pdf，2018 年 9 月 6 日访问。

行的义务。三个方面的义务构成企业合规的"规"之来源。笔者认为，概念上的名称调整，能够更准确地反映企业社会责任的本质，亦更能指导企业实践。企业社会责任即为企业社会义务。①

（二）企业社会责任性质再判断：道德性要求与法定义务

在现行对企业社会责任的各种认知中，有一种观点比较普遍，那就是认为企业社会责任是企业采取行为响应社会呼吁，让企业行为更符合社会的道德性的要求。就该观点，笔者认为，在我国公司法第五条②未明确设定企业应当承担社会责任的原则性要求前，我们可以认为企业社会责任是一种道德性质的要求。但是，公司法第五条明确了企业应当承担社会责任的情况，再认为企业社会责任是一种道德性质要求不符合实际情况。我们认为，公司法第五条明确设定了企业应当承担社会责任的义务。企业履行社会责任，不再是一种完全自我选择式的自我要求，而是企业在履行法定义务。纵然公司第五条仅仅是原则性的规定了企业承担社会责任，在其他法令亦尚未完全建立企业履行社会责任的行为范式的情况下，企业履行社会责任依然是一项对企业而言的法定义务。

需要说明的是，本处所称法定义务是指在整体上企业承担社会责任作为一项法定义务；前文中所列企业社会责任包含三个方面的义务组成，其中所称法定义务是指各部法令明确设定企业应当承担的义务的汇总。

（三）企业社会责任边界分析与履行方式

笔者认为，企业履行社会责任，应当按照法定义务、约定义务、社会契约义务三方面作为企业履行社会责任的边界，企业应当保护自身合法权益，在法无明文禁止皆自由的范围内坚持自主经营权，不应当过度承担不堪承受之重。

---

① 为保持文本用词的统一性，本文后续用词企业社会责任一词均指企业社会义务。

② 《公司法》第五条：公司从事经营活动，必须遵守法律、行政法规，遵守社会公德、商业道德，诚实守信，接受政府和社会公众的监督，承担社会责任。公司的合法权益受法律保护，不受侵犯。

1. 法定义务

法定义务是指国家法律、行政法规、地方性法规规定的企业应当承担的义务，包括作为义务与不作为义务两个方面。企业应当以法定义务作为企业履行社会责任的底线，在坚持合法合规经营的基础上，根据自身情况作出符合企业的利益的决定。

在法定义务履行上，企业可以根据企业的主体性质、企业经营行为性质、企业产品或者服务的性质系统性地梳理企业应当遵循的法定义务项目，进行法律法规辨识，建立法律法规辨识清单，并根据法令的要求内化为企业内部的行为准则。就不作为义务设定为企业行为的边界条款，就法令设定的企业义务，建立企业内部的履行机制，并纳入企业内部各部门的工作职责与工作计划中去，分层级的细化落实执行企业法定义务。

2. 约定义务

约定义务是指企业与利益相关人之间达成的合同约定的义务。根据利益相关者理论，利益相关人包含股东、员工、供应商、客户、竞争对手、政府部门等一切相关主体。[①] 企业在运行中以合同的方式与利益相关者发生联系，约定义务更多地体现为合同义务。

在约定义务履行上，企业可以建立合同风险管理的部门或者岗位，内化为企业内部法律风险防范机制，防止企业出现违约的情况，避免因违约导致被追责的情况。企业是否全面适当履行协议约定，直接与企业的商业信誉相联系，法律规定的违约责任、合同约定的违约责任以及市场机制将督促企业在适当的范围内履行约定义务。

3. 社会契约义务

社会契约义务是指企业单方面承诺与"社会"达成"契约"所约定的企业应当履行的义务。企业在运营过程中为获取商品或服务的美誉度，采取内生性的策略性手段，[②] 为企业自身建立一定的行为

---

① 刘坚：《企业社会责任法律化研究》，四川大学法学院硕士论文，2017年。
② 刘坚：《中国公司企业社会责任标准功能定位探讨》，载杨遂全主编《民商法争鸣》，2016年第10辑。

标准要求，作为企业遵循的义务性规范。该类规范，非法定或者合同约定义务性规范，而是企业自主承诺并向社会宣示企业将承担的义务性规范。该类规范，可以将此视之为企业与"社会"达成的"契约"，如支付宝宣布将就用户账号被盗产生的损失进行全额赔偿。

在社会契约义务履行上，企业应当根据自身情况，分析内生性的需求，着眼于企业自身利益，在坚持企业法人盈利本质的基础上，选择企业将履行的社会契约义务的内容与范围。

四、国内现有企业社会责任制度分析

我国发布的与企业社会责任相关的文件，如表 2 所示。

表 2

序号	法令效力层级	颁布机关	法令名称	主要内容简介
1	法律	全国人大	《公司法》	第五条原则性规定企业承担社会责任
2	行政法规	国务院	无	无
3	地方性法规	地方立法权主体	无	
4	规章	工商总局	《网络交易平台经营者履行社会责任指引》	网络交易平台经营者履行社会责任的方式
5	其他规范性文件	上交所、深交所	《上市公司社会责任指引》《关于加强上市公司社会责任承担工作的通知》《上海证券交易所上市公司环境信息披露指引》	指导上市公司履行社会责任的方式，包含股东利益保护、员工权益保护、供应商、消费者、债权人权益保护、环境保护、社会公益事业、信息披露等
		国家质量监督检验检疫总局、国家标准化管理委员会	《社会责任指南 GB/T36000－2015》	企业履行社会责任的主要方式包含人权、劳工实践、环境、公平运行实践、消费者问题、社区参与和发展等内容

需要特别说明的是，表2不包含上述文件所引用的与企业社会责任相关的其他法令，比如劳动法、劳动合同法、安全法等其他法令。

如表2所示，我国在公司法中对企业承担社会责任进行了原则性的规定，但是并无其他法律或者行政法规、地方性法规承接公司法的规定，系统规定企业承担社会责任的方式。工商总局发布的《网络交易平台经营者履行社会责任指引》效力层级为规章，且适用对象有限，仅仅为网络交易平台经营者。深交所与上交所发布的企业社会责任相关文件效力层级更低，且适用对象仅仅为上市公司。国家质量监督检验检疫总局与国家标准化委员会发布的《社会责任指南》，仅仅是推荐性国家标准，企业可以选择遵循，亦可选择不遵循，该规范更无法完成承接公司法第五条设定的企业应当承担社会责任的指引性规范的任务。

国内企业在履行社会责任参照的标准文件上，有诸多的企业选择 EICC、SA8000 等外来文件作为企业履行社会责任的依据。但是，基于我国企业社会责任法律化的需求分析，[①] 我们认为，此类外来文件不适合作为我国企业社会责任的标准。我国对企业社会责任标准，有五个方面的需求，分别为落实公司法规定的需求、道德话语权的全球争夺、中国制造到中国品牌的需要、国内企业对蓝色壁垒的需求、中国政治安全的需要。前述文件不能满足我国的社会需求，我国需要建立自有的满足社会需求的社会责任标准。

五、结语

基于我国现有法令中，并无企业社会责任的内涵外延的准确界定，更无关于企业履行社会责任方式的准确指引，为规范、指引企业履行社会责任实践，我国亦需要建立符合我国需要的企业社会责任制度，明确企业社会责任的边界，并为企业履行社会责任提供法定范式。

---

① 刘坚：《企业社会责任法律化研究》，四川大学法学院硕士论文，2017 年。

参考文献

［1］刘坚：《企业社会责任法律化研究》，四川大学法学院硕士论文，2017 年。

［2］刘坚：《中国公司企业社会责任标准功能定位探讨》，载杨遂全主编《民商法争鸣》，2016 年第 10 辑。

我国巨灾保险及其证券化立法研究

摘要：风险社会下，健全的巨灾保险制度因其自身的公益性、有偿性、对冲性，能够给个人和国家带来更多的安全保障和经济支撑。但是，就目前来看，我国巨灾保险还处于机制探索、试点推广阶段，并且在我国的法律法规体系中仍有许多空白，多是以部门政策文件等形式出现。由于巨灾保险具有准公共产品的特性，巨灾保险无法通过完全市场化实现供需平衡，巨灾保险需要政府通过法律的形式进行干预。本文从我国巨灾保险的立法进程入手，对比国外相关立法经验，探索完善我国巨灾保险立法模式、立法路径的选择，以及巨灾保险再保险和证券化等问题。

关键词：巨灾保险　立法　模式　再保险　证券化

一、巨灾保险的概念及其特性

目前，国际上对"巨灾"并没明确统一定义，各国基本上都根据本国实际情况对其进行定义和划分。例如，美国保险服务局（ISO）以定量的方法以 1998 年的物价水平为依据，将巨灾风险定义为：引起至少 2500 万美元被保险财产损失并影响许多财产和意外险保户以及保险公司的事件。参考相关文献，可以将"巨灾"从文义上定性为：对人民生命财产造成特别巨大的破坏损失，对区

＊ 蒋恬良（1992—），男，四川大学灾后重建与管理学院，2017 级博士研究生，研究方向：民商法学、灾害法学。

域或国家经济社会产生严重影响的自然灾害事件。巨灾保险是指为应对上述潜在自然灾害对社会造成巨大财产损失和严重人员伤亡的风险，通过保险的形式，分散各社会主体风险。[①] 巨灾保险主要有以下三个特性：

第一，公益性。保险作为一种商业行为，从商事主体的角度来看，是一种经营行为，从个人来看是一种保障性投资消费，但是巨灾保险不同之处在于其往往设定了"不盈不亏"条款，自身具有准公共产品的属性。从国际上的众多巨灾保险法来看，它是在保险体系日趋成熟的过程中形成的，以政府或者部分社会主体为主导，通过金融手段将政府或者社会资金有效聚合放大，目的是化解灾时风险、补偿个人损失、减轻国家负担，是一种具有公益性的保险。

第二，有偿性。巨灾保险的参与主体包括保险人、被保险人、投保人，连接这些主体的是货币。一方面灾前需要资金投入，另一方面巨灾发生时，需要有人支付赔偿金。这不同于单纯的政府救助，前者包含了商事行为，后者是纯粹的社会福利。

第三，对冲性。巨灾保险具有对冲经济风险的作用，包括个人经济风险以及国家财政风险。举例来说，美国的国家洪水保险计划，在 1978~2003 年期间，其保费收入是 230 亿美元，支付赔偿金是 123 亿美元，每年可减少洪灾损失约 10 亿美元。[②]

二、近年来我国巨灾保险的发展及实践状况

从法律、法规、政策文件来看，各级政府、部门纷纷对巨灾保险进行了背书。其中，政策文件、部门规章居多，发布了一系列的"意见"和"决定"。例如，2006 年 6 月，国务院颁发了《关于保险业改革发展的若干意见》，其中明确我国要建立国家财政支持的

---

① 《巨灾风险保险体系》，载中央政府门户网站 http://www.gov.cn/2008ysbg/content_929162.htm，2018 年 8 月 28 日访问。

② 卓强：《中国建国以来洪水损失分析和中美洪水保险比较研究》，载《金融经济》，2007 年第 22 期，第 22 页。

巨灾风险保险体系；2013 年 11 月，十八届三中全会《中共中央关于全面深化改革若干重大问题的决定》提出建立巨灾保险制度。2014 年 8 月，《国务院关于加快发展现代保险服务业的若干意见》确立建立巨灾保险制度的指导意见。值得一提的是 2016 年 5 月，中国保险监督管理委员会（简称保监会）、财政部联合印发《建立城乡居民住宅地震巨灾保险制度实施方案》，选择地震灾害为主要灾因，以住宅作为保障对象，这对于我国巨灾保险制度建设的探索迈出了实质性的一步。在法律、法规方面，比较有指导性的是 2013 年开始实施的《农业灾害保险条例》。另外，自 2009 年《保险法》修订之后，2015 年 10 月，国务院法制办公室发布的《关于修改〈中华人民共和国保险法〉的决定（征求意见稿）》中有关于巨灾保险的明确表述，但是在正式文本中并没有出现。

从各地实践来看，笔者将其总结为三种模式：一是深圳宁波模式；二是川滇模式；三是粤黑模式。

深圳宁波模式可以概括为"综合巨灾保险模式"，产品形态为损失补偿型保险产品，投保人为政府，具体由民政局和保险公司签署协议，被投保对象为灾害发生时处于行政区域范围内的所有人口，赔付包括人身险和财产险。保障范围包括地震、台风、海啸、暴雨、泥石流及其次生灾害，具有较强的综合性。另外，深圳在后续实践中，引入"共保体"承保模式，以一家首席保险承保机构为主，多家保险承保机构为辅，共同承保深圳巨灾风险。

川滇模式可以概括为"地震专项保险模式"。川滇两地自古以来多地震，云南省大理白族自治州政策性农房地震保险试点自 2015 年 8 月启动，为全州境内因 5 级（含）以上地震造成的农村房屋直接损失和城镇居民死亡提供风险保障，保费全部由政府财政承担。同年，四川省城乡居民住房地震保险试点在乐山、绵阳、宜宾、甘孜相继启动承保工作。从 2015 年 11 月至 2016 年 6 月底，试点共计为 54.54 万户居民提供风险保障 140.30 亿元，实现保费收入 3378.83 万元。保费主要来自地方政府财政补贴、社会捐赠、居民购买。①

粤黑模式可以概括为"指数保险模式"。广东省从 2016 年起在湛江、汕尾等 10 个地市开展试点，按照"一市一案"的原则，承保公司针对当地的特点和地市政府的需求，量身定制个性化的保险方案。保险责任范围主要针对台风、强降雨、地震。与上述两种模式不同之处在于，巨灾指数保险赔付触发机制是基于气象、地震等部门发布的降雨量、台风等级、地震震级等参数，按照不同的参数施行分层赔付。与此类似，黑龙江省启动农业财政巨灾指数保险试点，其参照指数包括干旱指数、低温指数、降水量和洪水淹没范围指数等，针对各地不同灾害类型，设置了高、低两个赔付标准。②

总结我国近年来巨灾保险的发展和实践，可以用"政策先行，实践支撑，百花齐放，百家争鸣"来形容。近年来试点成果不少，一方面创新了政府治理机制、整合了救灾资源，另一方面激活了保险市场、强化了公民的保险意识。但是，我们不能忽视其空间和时间上的局限性。许多政策、实践具有临时性、任务性、盲目性的特点，缺少一个总体指导、基本规范。究其原因，主要是缺乏立法先行的支撑。法律具有稳定性，是一种明确、肯定、普遍的行为规范，法律规范具有调节社会关系、指导行为的作用。③ 同时，法律的概括性和普遍性，具有天然的制度设计优势，能够有效地弥补我国巨灾保险现在面临的许多问题。

三、我国巨灾保险立法的缺陷

如前所述，目前巨灾保险在我国的法律法规体系中仍有一大片

---

① 四川省财政厅首年度为试点工作预拨 4000 余万元保费补贴资金，省级财政和市（州）财政合计拨 2000 万元成立四川省地震保险基金，同时按照实收保费的 20% 计提并接受社会捐赠，同时，对投保的城乡居民给予 60% 的保费补贴。

② 丁玉龙：《我国巨灾保险各地试点情况综述》，载《中国保险报》，2017 年 11 月 9 日。

③ 邹瑜著：《法学大辞典》，中国政法大学出版社，1991 年 12 月。

空白待填补。从上面各机构、部门发文以及地方试点来看，尚无制定或出台巨灾保险专项法律、法规的突破，巨灾保险距"有法可依"仍有一段路要走。缺少法律、法规的支撑，是现阶段我国巨灾保险制度建设面临的瓶颈。[①] 纵观国际，巨灾保险实践较早且取得成功的国家都出台了一系列的法律法规，例如美国的《联邦洪水保险法》、法国的《自然灾害保险补偿制度》、日本的《地震保险关联法》等。从我国巨灾保险立法发展来看，主要有以下几点问题。

一是巨灾保险的基本法律缺位。由于巨灾保险的特殊性，其在经营目标、组织形式、投保方式等方面都与传统保险存在不同，不能简单地套用现行的《保险法》来规范，其经营规则、监督管理、法律责任等内容都应有专门的法律规定。已有的相关保险指导、意见多属于政策性文件或者保监会等的部门规章，不能满足稳定性、概括性、普遍性的需求。同时，巨灾保险涉及的利益关系众多，包括个人、商事主体、国家等。所以如果没有一部专门的"巨灾保险法"来统筹指导，是很难实现全国范围内的巨灾保险推广、落实的。现行实践中可以看出，缺少法律法规的约束，单从保险公司来看在巨灾保险业务经营方面就表现出随意性、间断性和盲目性的特点。[②]

二是现有条文过于原则化，部门色彩严重。我国在 21 世纪初就开始提出建立巨灾保险制度，在现行 20 多部相关法律、法规中也多次出现"巨灾保险"字样，[③] 但是细看之下，并无具体内容，在多个部门法都提到巨灾保险制度，却没有一部法律、法规作为收口，实现法律的自洽性。虽然在 2013 年 3 月实施了《农业保险条

① 任自力著：《中国巨灾保险法律制度研究》，中国政法大学出版社 2015 年版，第 70 页。

② 曾文革、张琳：《我国巨灾保险立法模式探讨》，载西华大学学报（哲学社会科学版），2009 年第 4 期。

③ 《防洪法》《防震减灾法》《森林防火条例》《国家突发环境事件应急预案》等都提到巨灾保险的应用。

例》，但是该法规只是调节规范农业保险活动、保护农业保险活动当事人的合法权益，① 是一部部门色彩浓厚的法规，其局限性还是可见一斑。

三是现有立法不完善，部门规章制度等级效力过低。《保险法》作为我国保险市场的根本大法，在历次修订中并未涉及巨灾保险，② 类似于《保险法》中的一般规定，巨灾保险的性质、承保范围、投保方式、费率标准、监管方式等都没有基本法律作为支撑。虽然保监会有提到巨灾保险制度不设全国统一模式，但这个仅是对各地方政府、各保险公司在操作层面上的建议。除了 2013 年实施的《农业保险条例》外，其他关于巨灾保险的规定，多是以保监会、财政部、中国人民银行等部门单独或联合发布的"通知"或"决定"出现。部门规章制度的好处是效率较高，但是不足之处也显而易见，容易出现部门多头、规章多头、管理多头的情况；政策随意性较大，往往出现在一个政策释放之下，相关文件的集中井喷，但实际工作中难以有效推进和维系，往往出现雷声大雨点小、争权诿责等不良现象。

四是保险模式支撑不足，难以有效推广复制。从上述我国实践总结的三种模式来看，它们都有一个最大的共同点，即政府购买。质言之，现有的巨灾保险都由政府出资。此举是有意避开了巨灾保险立法先行的难题，创新了管理模式，但是它们就像无源之水一样，如果没有持续的资金作为支持，很难长时间开展下去，这对于地方政府的财政门槛要求比较高，很难在经济欠发达地区施行，以这样的模式发展，无疑具有经济和地域的双重局限性，难以实现全国范围的推广。

综上，巨灾保险及其立法进程在中国已有十余年历史，但是仍处在初级阶段，面临的问题还很多，实质性的立法突破还没出现。2014 年，保监会会同有关部委制定了"中央统筹协调、地方破题

---

① 中华人民共和国国务院令第 629 号。

② 仅在 15 年征求意见稿中有所体现。

开局、行业急用先行"的巨灾保险战略，提到在中央层面积极推动立法，研究制定《地震巨灾保险条例》。① 按照保监会此前规划，建立我国巨灾保险制度分三步走：第一步，2014 年前完成巨灾保险的专题研究，明确制度框架；第二步，2017 年年底前，完成相关部署工作，推动出台《地震巨灾保险条例》，建立巨灾保险基金；第三步，在 2017 年至 2020 年，全面实施巨灾保险制度，并将其纳入国家防灾减灾体系当中。② 虽然，从形式上这是一部专项立法，但是以地震巨灾为突破口，本身可以囊括很多灾种进去，同时，它能够打破《农业保险条例》农与非农的割裂，具有全国性和综合性灾害保险的指导意义。这无疑是我国巨灾保险法治顶层设计的至关重要一环，未来也是有法可期。

四、国外巨灾保险立法启示

从巨灾保险相对比较成熟的几个国家来看，大部分都经历了巨灾不可保性到巨灾保险的转变，并且都是以立法先行的模式来指导巨灾保险的良性发展，具体对比如表 1 所示。

表 1

国家	起始时间	法律名称	立法模式	经营模式	投保模式
美国	1968	《联邦洪水保险法》《加州地震保险法》	专项立法	政府主导	准强制
法国	1982	《自然巨灾补偿制度》	综合立法	公私合作	强制
日本	1966	《地震保险法》《地震再保险特别会计法》	专项立法	公私合作	准强制

---

① 《保监会："三条线，齐步走"，加速推进巨灾保险制度》，载人民网，2014 年 1 月 7 日，参见 http://finance. people. com. cn/insurance/n/2014/0106/c59941 - 24038343. html，2018 年 2 月 10 日访问。

② 《〈地震巨灾保险条例〉正在征求意见》，载中国证券网，2016 年 5 月 16 日，参见 http://www. zbbx. org/article - 2 - 1715. aspx，2018 年 5 月 20 日访问。

国家	起始时间	法律名称	立法模式	经营模式	投保模式
英国	2002	《洪水保险供给准则》	综合立法	商业主导	准强制
澳大利亚	1984	《保险合同法》	补充立法	商业主导	自愿
新西兰	1995	《地震委员会法》	专项立法	公私合作	强制
挪威	1998	《自然灾害保险法》《自然灾害共保规制》	综合立法	商业主导	强制
土耳其	2000	《强制地震保险法令》	专项立法	公私合作	强制

资料来源：作者整理。

从国际上的巨灾保险立法来看，起始时间都比较早。主要有针对单灾种的专项立法和针对多灾种的综合立法两种模式，另外还有澳大利亚采用的补充立法模式，其特殊之处在于巨灾保险的法律内容本身是其国家保险法体系的一部分，所以在发展过程中只需要出台相关单项法案对其进行补充。但是专项立法也并不排除对多灾种的涉及。在经营模式上主要有三种，包括政府主导模式、市场主导模式、政府与市场合作的公私合作模式。三种模式源于不同的治理理念，优劣各异。在投保方式上，严格来说是两种：一种是强制性，被大部分国家所采取；一种是自愿方式。在强制模式下，可以细分为完全强制和准强制模式，准强制模式可以简单理解为"被动购买"，例如美国的《洪水保险法》规定，区域内个体想要得到相关救灾及修缮资金，必须购买洪水保险。

从上文我国巨灾保险实践来看，三种模式中也能看到以上部分国家立法模式的影子，但是孰优孰劣，不能一概而论。他山之石可以攻玉，我们应该在国内外的经验参考之下，积极探索适合我国的巨灾保险的立法模式及路径。

五、针对我国巨灾保险立法的建议

通过对我国巨灾保险立法现状、实践、缺陷以及国外相关经验的论述，笔者将探讨在现有基础上，进一步提出我国巨灾保险立法的相关建议。

第一，明确巨灾保险的保险目标定位，即植根商业逻辑、运用金融工具的公益保险。

第二，立法模式上，可以考虑两种方式：一种是综合立法下的地方专项立法探索，另一种是专项立法下对其他灾种的兼顾。前者在中央层面出台"巨灾保险法"进行统一指导，地方在此基础上，根据各地环境条件等差别，在上位法的基础上，选择制定适合自身的法规。但是，从我国首先要制定《地震巨灾保险条例》来看，[①]后者是近年来我国政府部门和实践更倾向的方式。

第三，保险机构的建立问题。保险机构如何设置，也是我国巨灾保险立法不可回避的一个问题。在保险机构的设置上，目前学界大致出现三种意见：一是由商业保险公司承保；二是政府管理；三是成立专门的巨灾保险组织。笔者认为，巨灾保险的保险机构在设立条件、设立程序以及运营规则上可以与现行《保险法》的相关规定协同，再根据巨灾保险机构的特征对其设立、营运做出特殊规定，形成完善、有效的保险机构建立机制。

第四，经营模式建议以公私合作为基础。政府主导的理论渊源来自公共利益理论，政府作为公共利益的维护者，应该做到权责一致。[②] 商业主导模式是以自由市场理论为基础。巨灾保险的本质还是保险产品，保险本是一种商业行为，应该由市场决定其供需和配置。根据我国国情来看，是社会主义制度下的特色市场经济，主要还是强调政府主导下的市场化，所以符合公私合作的基础。

第五，投保方式上，建议采取强制为主、自愿投保作为补充的方式。现阶段，纵观国内外巨灾保险的投保方式，主要有以下三种类型：一是自愿投保，即投保人自愿与保险人签订保险合同，国家

---

① 《保监会：巨灾保险制度不设全国统一模式》，载经济参考报，2014 年 1 月 7日；参见 http://jjckb.xinhuanet.com/2014-01/07/content_485731.htm，2017 年 11 月 20日访问。

② 王银成著：《巨灾保险制度研究》，中国金融出版社 2013 年版，第 21 页。

不对该类险种进行干预，我国《保险法》中的商业保险属于这种方式；二是作为普通财产保险的强制附加险，即将巨灾保险与普通财产保险绑定，在购买普通财产保险时要求对其进行强制购买；三是针对特定人群的强制巨灾险，该特定人群一般是指处于某种灾害多发区域的居民。由于我国国民保险意识还未完全建立，尤其对巨灾保险的认识不足，若是单纯采取自愿投保，效果必然不佳。所以有必要采取强制巨灾险，这里可以将该险种范围圈定在比较基础的几种灾害中，比如地震、洪水等，这种方式下人群覆盖面大，但是只做基础性的补偿。对于有更多保险需求的人群，则采取自愿的方式，由此也能发挥保险公司对保险产品设计的自主性。

第六，巨灾保险的适用范围，包括人身险和财产险两部分，这是近年实践的发展趋势。

第七，创新巨灾保险的理赔。在巨灾风险发生后，强制范围内的保险赔偿金直接由保险公司赔付给地方政府，再由政府统一安排救灾。通过政府转移支付，使保险赔付资金全面覆盖受灾地区，特别是那些没有保险意识或没有经济能力购买商业保险的群众。自愿保险部分，由保险人或被保险人主动申报，一是自愿部分本属于小部分购买者，二是有购买意愿的人群很大程度上也有相应理赔意识。

第八，相关法律责任问题。任何一部规范性法律制度都不可缺少权利、义务、责任三要素。如果没有法律责任的规定，就无法保证权利的实现与义务的履行。巨灾保险法作为一部规范性法律，其中有关法律责任的规定就显得尤为重要。笔者认为，有关法律责任的规定仍可建立在现行《保险法》的相关法律责任内容之上。对保险公司及其代理人、投保人、被保险人、受益人等相关主体的法律责任的规定可以现行《保险法》中的相关内容为基础，再加上巨灾保险特质涉及的新的法律责任内容作为补充，就能实现法律责任的全面整合与覆盖。

六、巨灾保险立法的延伸

我国采取的是由国家财政支持的政府主导型巨灾风险管理模式。一旦发生巨灾损失，往往是政府逐级财政拨款，组织社会捐助救灾，剩余损失缺口只能由受灾群众自担。尽管剩余损失缺口由受灾群众自担，但相关研究表明，尽管保险不可能满足灾民即被保险人的所有需求，但仍是提供灾害救助最有效、最合理的方式。[①] 但是这种行政救灾机制，有可能会忽略市场资源配置的功能，缺乏效率性，给政府财政资金带来很大压力；另一方面也忽略了商业保险制度损失补偿功能发挥、资本市场筹资补偿损失等市场化风险防范机制的建设。[②]

从国内外以往实践经验来看，巨灾保险一般以商业化经营为主，但不管我国巨灾保险采取商业化经营模式，还是沿用政策性经营模式，甚至是以国家财政为后盾的传统方式，巨灾保险的再保险和证券化对国家财政负担、企业经营风险的减轻作用是显著的。所以在巨灾保险立法中，应该对巨灾保险的再保险制度和证券化进行相关规定，保证其在合理的轨道上运行，通过对巨灾保险的结构设计，起到减轻负担、缓冲风险的作用。

我国理论界对于巨灾风险的再保险和证券化已有研究。比如许均在《巨灾保险法律制度研究》中建议巨灾风险证券化所涉及的权利义务主体的复杂性、特殊性，应在巨灾保险基本法中予以明示，必要时进行专项立法。

再保险和证券化都是作为分散风险的手段被应用于巨灾保险市场，但其本身也是具有一定风险性的，且证券化相对于再保险在具有资产证券化等优点的同时，也是将潜在风险放大化了。所以，将

[①] Saul Jay Singer. Flooding the Fifth Amendment: The National Flood Insurance Program and the 'Takings' Clause, 17 B C Envtl. Aff. L. Rev. (1990), p. 326 – 327.

[②] 杨汇潮：《建立巨灾保险制度须引入市场机制》，载《中国保险报》，2011 年 9 月 20 日。

巨灾保险的再保险和证券化纳入法治的轨道之下，对于人民福祉和保险行业的良性发展是十分有必要的。在再保险领域，应该着重注意"危险单位"和"自留额、分包额"的问题。可以参考《保险法》第 101 条规定："保险公司对危险单位的计算办法和巨灾风险安排计划，应当报经保险监督管理机构核准。"另外，许多国家通过立法将再保险的自留额列为国家管理保险业的重要内容。类似条文出现在我国《保险法》第 99 条、第 100 条规定，这对于巨灾保险立法一样具有指导意义。在巨灾风险证券化领域，立法主要面临三方面的问题：一是"特殊机构"的法律构建。主要包括特殊机构的主体、经营方式、运作机制以及如何有效化解风险。二是证券化基本资产真实销售的规定。重点是巨灾证券化基本资产的范围、证券化资本如何转移以及如何认定真实销售。三是监督问题，包括对监管主体、监管范围、监管机构及如何运作进行规定。[①] 以上问题，留待更深入细致的研究。

七、结语

巨灾保险立法是现阶段我国巨灾保险领域最为紧要的议题。其作为"制度救灾"重要一环，扮演着依法救灾、整合救灾资源、降低救灾成本、减少社会风险的作用。巨灾保险源于商法体系中的《保险法》，但是又不完全适用于商事逻辑，所以需要有专门的立法来明确规定。随着各地实践不断推进，以及《地震灾害保险条例》的逐渐明晰，相信在未来，我国巨灾保险立法也会日趋完善。

参考文献

［1］卓强：《中国建国以来洪水损失分析和中美洪水保险比较研究》，载《金融经济》，2007 年第 22 期。

［2］丁玉龙：《我国巨灾保险各地试点情况综述》，载《中国保险报》，

---

① 方印、刘洋：《我国巨灾保险法与相关法的规范协同问题》，载《贵州警官职业学院学报》，2014 年第 26 期，第 3～10 页。

2017 年 11 月 9 日。

［3］邹瑜：《法学大辞典》，中国政法大学出版社 1991 年 12 月。

［4］任自力：《中国巨灾保险法律制度研究》，中国政法大学出版社 2015 年版。

［5］王银成：《巨灾保险制度研究》，中国金融出版社 2013 年版。

［6］杨汇潮：《建立巨灾保险制度须引入市场机制》，载《中国保险报》，2011 年 9 月 20 日。

［7］方印，刘洋：《我国巨灾保险法与相关法的规范协同问题》，载《贵州警官职业学院学报》，2014 年第 26 期。

［8］Saul Jay Singer. Flooding the Fifth Amendment：The National Flood Insurance Program and the 'Takings' Clause，17 B C Envtl. Aff. L. Rev. （1990），p. 326 – 327.

论信托对所有权的削弱

罗美菊　雷秋玉 [*]

摘要： 信托法律关系中的所有权规则，其核心是所有权的弱化。造就这一物权弱化现象的原因无法通过法律行为理论求解。其本质在于制度的混合移植，即移植自德国民法中的经济所有权人与法律所有权人、英国法中的普通法所有权人与衡平法上所有权的混合三分制度理念，从而形成了我国信托法律制度的基本风貌。所有权人的三分法注定了三种所有权必须相互牵制，这其中就包括经济所有权人与衡平法上所有权人的法定形成权，而这一权利设置使得受托人的普通法上所有权人法律地位极为弱化。同时，三分所有权人之间的相互权利牵制关系必然淡化不同所有权的功能及所有权人的角色，使得三种所有权的面貌都极为模糊。

关键词： 信托　经济所有权　法律所有权　普通法所有权　衡平法所有权　形成权

一、信托关系分析的制度史实铺垫

（一）信托在英国及大陆法系发展的概况

我国《信托法》乃是西洋的移植，虽说强调中国特色，但是

---

* 罗美菊：法学硕士，昆明理工大学教育技术与网络中心助教。

雷秋玉：法学博士，昆明理工大学法学院副教授。

其中的规范内容及精神，则无疑均来自移植。因此，为剖析信托的混合结构，先有必要简单了解一下这种信托的主要发源地英国、德国的信托发展情况。

我们现在通常以 1536 年的英国《用益权法》为分界线，之前的信托，被称为"用益"（use），之后的称为信托。17 世纪，诺丁汉勋爵对其进行体系化整理与阐述，信托制度完成了其体系性建构。至 19 世纪，英国信托制度完成了其向投资信托的飞跃。① 海因·克茨先生曾不无赞美地说："几乎没有其他的法律制度能像信托制度如此这样好地体现普通法的独特风格。"② 但是这一制度的初衷，却是迫于形势不得已而为之的法律规避。"用益"出现在中世纪，根据当时的采邑法，只要受封人死亡时，其继承人还是未成年人，封建主就有权利占有采邑地。为了规避这一规定，受封人在有生之年，通过"用益"的方式，使得受自己信赖的朋友取得对采邑地的"用益"，而在受封人的继承人成年后，将采邑地转移至他们手中。这种规避采邑法的做法，在十三、十四世纪时并未得到普通法法官的认可，直至 15 世纪，因衡平大法官的许可，受益人的这种权利才得到保障，故受益人的此种权利，也常被称为衡平法上的所有权，优先于受托人所取得的普通法上的所有权。这种状况为英国国王所不满，于是 1535 年《采邑权法》得以制订，以排除"用益"。该法直至 1925 年才正式失效，但是实际失效的时间则要早得多，17 世纪时，英国大法官采用司法判决悄悄地排除了《采邑权法》的适用，"用益"取得"信托"的名义。1660 年，英国废除了采邑上的负担，信托制度按理说应该退出历史舞台，而事实上恰恰相反，衡平所有权与普通法所有权的区分制度早已经在很多领域，尤其是婚姻法与公司法领域结出了累累硕果，迫使立法者不

---

① 陈颐：《〈信托法〉的现代化：19 世纪英国的贡献》，载《民商法论丛》（梁慧星主编）第 49 卷，法律出版社 2011 年版，第 182～225 页。

② ［德］海因·克茨：《信托：典型的英美法系制度》，邓建中译，载《比较法研究》，2009 年第 4 期。

得不先在这两个领域内以立法形式承认了衡平法的创制。① 衡平所有权与普通法所有权的并存，也在实际上促成了英国信托财产的独立性规则，即将受托人的自有财产与信托财产分开。

在英美法之外，德国法上的信托也是一条线索。我国学者赵立新指出，希伯特（Siberte）1933 年的论著《关于法律行为中信托关系、一般信托问题的解释说及比较法论考》奠定了现代德国法信托制度的基础。② 希伯特认为，信托可以分为以管理信托为中心的非自益信托与以担保信托为中心的自益信托。非自益信托也可称为真正的信托（受托人与受益人非同一人）；自益信托也可称为非真正的信托（受托人与受益人系同一人），例如让与担保就是可以采用自益信托的方式。非自益信托可划分为全权信托、授权信托与代理信托。全权信托的受托人取得信托财产的所有权，授权信托与代理信托的受托人均不取得信托财产的所有权。其中，授权信托的受托人以自己的名义对委托人的财产权利进行处分，代理信托则与代理十分相似。对全权信托，又可将之划分为罗马法全权信托与日耳曼全权信托，这两种信托的区分，是以是否能够附解除条件为标准。罗马法全权信托不能附解除条件，受托人获得的信托权利是完全的，只在信托关系内部受到债权的限制；日耳曼全权信托是附解除条件的信托，在信托完成时或者受托人违反信义务时，信托财产的权利要回复于委托人。③ 希伯特希望能够将罗马法全权信托与日耳曼法全权信托的技术结合，解决德国民法在处理类似于让与担保等使用了信托结构的法律技术时所可能遭遇的难题。"二战"之后，随着信托在德国的运用，判例和学说进一步发展了信托理论。两类特殊信托出现了：一是信托账户；二是投资领域的信托，它是通过 1957 年《投资公司法》创设的，更多地吸收了英美信托法的

---

① 同前引。

② 赵立新：《日本、德国信托法的发展路径及其比较》，载《民商法论丛》（梁慧星主编），第 54 卷，法律出版社 2013 年版，第 652~665 页。

③ 孙静：《德国信托法初探》，载《比较法学》，2004 年第 1 期。

思路。① 德国信托制度发展的总体情况是，以罗马法与德国本民族的信托理论为基础，20世纪中期以后对英美信托的借鉴，事实上只是停留在制度上，从而保留了大陆法系的根骨，呈现的只是英美信托的皮相。

同为大陆法系的日本，基本是效仿英国，存在制度移植后的不适症，例如民事信托极不发达，所发达者唯有商事信托，这种情况与我国信托事业发展的情况类似。法国则属于后发国家，然而却有着后来者所具有的兼收并蓄、包容万象的首创精神。②

（二）我国的《信托法》概况

我国《信托法》是从行为的角度对信托进行界定的："委托人基于对受托人的信任，将其财产权委托给受托人，由受托人按委托人的意愿以自己的名义，为受益人的利益或者特定目的，进行管理或者处分的行为。"这一概念的"行为"定位，也在暗示着我国并无依据法律规定、司法判决等非法律行为而产生的信托关系，可见对"行为"的重视。从行为角度对信托进行界定的我国《信托法》所涉及的内容是十分广泛的，但是主要还是限定"信托行为"以及由"信托行为"所框定的各种法律关系的范畴内，并非一个关于信托业的法律。《信托法》包括总则、信托的设立、信托财产、信托当事人、信托的变更与终止、公益信托、附则等七章。其主要的规范集中于第三、四、五章。第三章规定了信托财产的独立性的两个基本原则：信托财产与委托人的其他财产相区分；信托财产与受托人的固有财产相区分。第四章则从委托人、受托人、受益人的角度，对各方的权利义务进行了清晰的规定，从这里也可以清楚地看到信托关系所呈现的复杂面相。第五章的主要内容为委托人与受益人的形成权及信托关系终了时的财产权归属。

---

① 赵立新：《日本、德国信托法的发展路径及其比较》，载《民商法论丛》（梁慧星主编）第54卷，法律出版社2013年版，第652~665页。
② 李世刚：《论〈法国民法典〉对罗马法信托概念的引入》，载《中国社会科学》2009年第4期。

在总体上，笔者认为，我国民法制度属于大陆法系，故对其的理论解读与整理，也主要应当以大陆法系尤其是德国民法中的信托理论为基础，再借鉴英美信托的某些理念。只有这样，才能对我国信托所呈现出来的纷繁复杂的权利面相有一个根本的、清晰的把握。

二、基于法律行为理论对信托关系的求解缺陷

金锦萍认为《信托法》对于"行为"的关注度是很不够的，有必要明确处分行为与负担行为在"信托行为"中的不同法律地位，以大陆法系的法律行为工具厘清信托财产权利的归属。[①] 这无疑是一个好的思路。

这一思路很好地吻合了常鹏翱先生提出的物权与债权规范关系的第一种类型——引导与发展，即意定债权→意定物权。[②] 其意图是将信托合同与信托做一个切分，其中，信托合同为诺成合同，而信托为要物合同。但是，这一语境中的"要物"，并非物的简单交付或者移交那么简单，而是要将物权移交给受托人，动产当然要交付，不动产则需要登记，如此这般之后，信托才能成立生效。这种分析思路的确简化了信托的设立，但也存在不少含糊不清的地方：

一是意定债权中不少内容随着意定物权的设定，进入了信托关系之中，这是如何发生的？区分说没有给出确切的答案；

二是按照意定债权→意定物权的关系思路，只是让人清楚了受托人的地位，但是对于委托人的地位、受益人的地位，却难以有清楚的界定。再者，受托人的地位，恐怕也不是简单的处分行为所能够解释得了的；

三是信托财产地位。按照我国《信托法》第15条、第16条的规定，信托财产既要区分于委托人的其他财产，也要区分于受托

[①] 金锦萍：《论法律行为视角下的信托行为》，载《中外法学》，2016年第1期。

[②] 常鹏翱：《物权法的基础与进阶》，中国社会科学文献出版社2016年版，第19~23页。

人的固有财产，这又是如何发生的？恐怕按照意定债权→意定物权的思路也没有办法进行解释。

信托关系是民法人自治的结果，这是确定无疑的。但是，这种自治被法律预设了一些前提，这些前提是不能被自治的，它们是当事人进行法律行为的条件，不容当事人以自治的方式消解。如果解释信托关系，又不关注这些前提，则无法给予信托关系以正确的解读，应是确定无疑的。故对信托关系的分析，一方面固然要遵守法律行为的思路，强调其乃是民法人意思自治的结果，但是另一方面，又要遵守信托制度所固有的，不由当事人自治所撼动的那种框架。这种框架，就是委托人、受托人、受益人的法律地位关系。在法律地位确定且不由撼动的前提下，民法人可以在这个框架内装填自治的内容。从这一角度上看，信托关系三方当事人的法律地位法定，乃是不争的事实，这就如同物权法定一样。

对物权法律关系的把握，由于物权法定原则的存在，所以首要的任务是明确那些法定的、不能由当事人改变的法定内容；同样，要设定物权法律关系，也必须以这些法定的内容为前提，遵守类型强制与类型固定的原则。对于信托法律关系的把握，也是如此。本书认为，英美信托法中的双重所有权人的观念与德国信托法的经济所有权人与法律所有权人的二元划分，还有法定的形成权，是信托法律关系法定的骨架，遵守法定的原则，沿着这条思路，几乎所有的信托关系的疑难问题均可以得到合适的解释。当然，本书这种观点也不是主张舍弃法律行为理论，而只是认为，单纯的负担行为与处分行为的二元划分方法不足以揭示信托中复杂的权利义务关系，需要对之进行改良，才能增加解释力。

三、信托关系的"所有权"的三分格局与强大的形成权

（一）德国信托法中的经济所有权人与法律所有权人的区分

经济所有权人与法律所有权人的区分，是德国信托法中经由判例所形成的法律制度，目的在于解决作为法律所有权人的受托人于

破产或者因债务而被强制执行时，委托人的法律地位问题。在德国信托法中，真正的信托实际上就是全权信托，也就是全面的权利移转的信托。但是，当权利由委托人移转于受托人之后，按照常理，委托人已经脱离对信托财产的控制，因为他/她已经不再是信托财产的所有人。但是德国信托法又希望在受托人破产或者因债务而被强制执行时，授予委托人以取回权或者提出第三人执行异议的权利，以平衡委托人权利的失衡状态。在传统民法理论中，这几乎是无解的。于是德国法院借助于其特殊的法律地位，创设了一条规则：在这种特殊的情形下，委托人可视为经济上的所有权人，在作为法律的所有权人即受托人破产或者被强制执行的情况下，经济上的所有权人可主张其所有权，向破产管理人行使其取回权，或者向法院主张执行异议。

与德国信托法的这条规则类似的规则，事实上在我国《信托法》中可以找到。我国《信托法》第16条第2款规定："受托人死亡或者依法解散、被依法撤销、被宣告破产而终止，信托财产不属于其遗产或者清算财产。"该条规定与德国信托法的类似规则相比，适用范围更宽，因为我国《信托法》还吸收了英美信托法的制度，在受益人并非委托人的情况下，存在受益人的取回权问题。此外，《信托法》第17条还规定了信托财产"一般"不得强制执行的规则，这实际上也意味着，在强制执行这一"特殊"情形下，如果委托人即为受益人，可以提出执行异议。

不过，德国信托法上的经济的所有权人与法律的所有权人的区分，只是一种应景之策，即只是为了应对受托人破产或者其财产被强制执行而被创设出来的规则，故其无法为信托财产的独立性规则提供充分的理论支撑。尽管如此，正是由于这种类似于罗马法上的"决疑术"的制度安排，[①] 为德国民法广泛运用信托技术，创设让与担保制度提供了必要的制度空间。去除上述情景，在一般情况

---

① 关于德国信托与罗马法的关系，可参见史志磊：《论信托与罗马法的关系》，载《青海师范大学学报》（哲学社会科学版），2015年第3期。

下，经济上的所有权人与法律的所有权人规则并不能适用，也就意味着全权信托是财产权的完全移转，经济上的所有权人并不存在，受托人将信托财产混同于其固有财产，由此，为让与担保的设立创设了必要的制度空间。让与担保制度设置的前提，就是使受托人同时成为受益人即让与担保的受益人，如果受托人不能将信托财产与自己的财产混同，将之当作自己的财产，就没有办法在逻辑上成为让与过来用以担保的信托财产的受益人，让与担保也就无从设立。

（二）英美法上的普通法所有权人与衡平法所有权人的区分

普通法所有权人与衡平法所有权人的区分，是英美法处理信托问题的关键枢纽。我国学术界对于此种双重所有权制度，多有提倡，① 但也存在质疑的观点。② 在众多质疑的观点中，给人留下极为深刻的印象的是周威先生的观点。周威先生提出该观点的时间是在 20 世纪 80 年代中后期。他首先批判了罗马法上的双重所有权观点，认为裁判官法上的所有权与市民法上的所有权区分，实际上是一个误解，其本质不过是裁判官法优先于市民法的适用问题。接着，他又批判了英美法上的双重所有权理论，认为所谓的双重所有权，实质上不过是所有权与他物权的关系。这种观点颇具启发性，至少表明大陆法系国家学者以本法系思维对英美法进行过独立的思考。按照周威先生的这一思路，委托人要进行双重让与：一是要将所有权移转于受益人；二是要提前在所有权人上设定他物权，以便在所有权移转时，将他物权负担一并移转。当然，这一理解是错误的，没有必要非得以大陆法系的概念去强解英美法的制度。总之，我国学者都在试图接受英美法的普通法所有权人与衡平法所有权人在信托关系中的区分理论，虽有质疑，但是至少没有反对，这是一

① 冉昊：《"相对"的所有权：双重所有权的英美法系视角与大陆法系绝对所有权的解构》，载《环球法律评论》，2004 年冬季号；陈雪萍：《信托财产双重所有权之观念与继受》，载《中南民族大学学报》（人文社会科学版），2016 年第 4 期。

② 周威：《双重所有权是否"古已有之"》，载《法律学习与研究》，1986 年第 6 期；于海涌：《论英美信托财产双重所有权在中国的本土化》，载《现代法学》，2010 年第 3 期。

个很好的开始，表明我们的态度不是封闭的。

不论我们以何种方式在学理上继受英美法的上述区分理论，不容置疑的是，我国《信托法》受到这一区分理论的重大影响，并借助它构建了《信托法》的一些重要规范。首先，英美法上的普通法所有权人与衡平法所有权人的区分与并存，是信托关系中恒定的存在，这与德国信托法完全不同。这种区分的存在，为信托财产的独立性提供了直接的理论支撑。由于信托财产既属于受益人的衡平法所有权范畴，也属于受托人的普通法所有权范畴，故其不能等同于受托人固有财产，有必要区分受托人的固有财产与信托财产，由此信托财产的独立性得以建立。同时，在受托人破产或者其财产被强制执行时，信托财产不应被强制执行，这又为受益人的取回权与执行异议权提供了坚实的法理基础。事实上，我国《信托法》所着眼的，主要是受益人的取回权与执行异议权，如上所述，委托人在同时为受益人的情况下，始有取回权与执行异议权。只有确立了信托财产的独立性，《信托法》第三章的核心条款即第15条至第18条才能有所依附，其错综复杂的关系才能得以厘清。我国学者赵磊认为，应将受益人的权利认定为一种特殊的物权，这种观点有其曲折隐晦的道理，即在大陆法系的权利概念无法涵盖受益人的法律地位的时候，将其认定为一种特殊的物权，虽然差强人意，但总比任其处于英美法的概念之下要强。① 但是这种学术态度仍不够开放，既然已经进行了制度移植，那么，就应该在制度移植来源地的法律语境下去解释源于移植的法律概念及制度，没有必要牵强附会地非得用"特殊物权"的概念去置换原本来自移植来源地的"衡平所有权"的概念。

（三）委托人与受益人的法定形成权

所有权的三分格局，尤其是委托人作为经济所有权人、受益人作为衡平法上所有权人的理念，对于整个信托法律关系的构成影响

---

① 赵磊：《信托受托人的角度定位及其制度实务》，载《中国法学》，2013年第4期。

巨大。其中，尤其以委托人与受益人强大的法定形成权为其表征。

委托人的法定形成权，在我国《信托法》中，体现于第22条所规定的委托人对受托人有害处分行为的撤销权、第23条所规定的委托人申请法院解任受托人的解任权。其中，第22条是对处分行为的撤销权，牵涉到因处分行为而受让信托财产的第三人，我国《信托法》规定此种撤销权以第三人"明知"为要件。第23条所规定的解任权，除法定的申请法院解除受托人的解任权外，还包括由信托合同规定的解任权。此种解任权从表面观察，似乎只是解除受托人的职务，然而其本质却在于对受托人经由信托行为所取得的所有权的剥夺，故属于物权性的形成权。

受益人的法定形成权，在我国《信托法》中，体现于第49条的准用性的规定，即第22条、第23条所规定的法定撤销权，可由受益权人行使。关于受益人与委托人之间的不同意见，该条规定可以申请法院裁定如何取舍。此外，在委托人为受益人的情况下，委托人或者委托人的继承人有对信托的任意解除权（第50条）。在委托人与受益人不一致情况下，委托人可在以下情形下变更或者处分受益人的信托受益权：（1）受益人严重侵害委托人的权益；（2）受益人之一对其他受益权人存在严重侵权行为；（3）征得受益人的同意；（4）信托文件规定的其他情形。在这四种情形中，存在第（1）、（2）情形时，委托人对受益人的受益权有部分取消或者全部取消的法定形成权。其中，在存在第（1）情形时，委托人还有单方面解除信托的法定形成权（第51条）。在《信托法》第52条所规定的信托关系法定终止的理由中，信托的存续违反信托目的，信托目的已经实现或不能实现，信托被撤销等均在其列。这三种理由，均需要委托人主张和实现，也在委托人的法定形成权范围内。

当然，除了上述法定的形成权之外，我国《信托法》还规定了诸多可由当事人自由设置形成权的情形，例如第51条第4项、第23条第2款，等等。

四、三分"所有权"的自身弱化与被弱化

（一）委托人的模糊法律地位

如前所述，委托人通过信托行为设定信托之后，按照意定债权→意定物权的关系图式，其就应该功成身退，退出信托。但是事实上却非如此，其还保留着经济的所有权人的名头，可以行使取回权或者执行异议权。当然，委托人不再实际支配信托财产，作为"所有权人"，其也只有这两种由所有权派生出来的权能可以行使。再者，委托人事实上没有退出意定债权，可以通过债权继续行使由债权派出来的形成权，包括法定的形成权与意定的形成权。其形成权的客体，除了指向受托人的处分行为和受托人的法律地位，例如，受托人对受托信托财产的支配权；同时，其形成权也指向受益人的法律地位，可以取消受益人的受益权，指向整个信托关系。委托人不仅没有退出信托，而且其债权地位经过形成权的广泛设置得到了极大的加强。委托人既是经济的所有权人，也是权力极为广泛的债权人。

这种情形的存在，首先应当属于苏永钦先生所说的"选择"的范畴，即当事人通过对物权关系与债权关系的搭配，以达到对信托财产最有效益的使用；它也同时属于法律规范的配置范畴，立法者通过对物权规范与债权规范的有效配置，达到促使当事人物尽其用、促成公平正义的目的。

（二）受托人的模糊法律地位

在信托关系中，受托人的地位极其重要，是信托财产可以直观地观察得到的所有人。占有、使用和处分信托财产，所有权的核心权能，受托人均可以行使。但是，其所作所为，是在信托合同所授权的范围之内的，不能逾越、违背信托合同的目的及授权范围，否则其行为就可能面临着被委托人或者受益人撤销的命运，甚至于其作为受托人的法律地位，也可能面临被委托人解除的危险。同时，在所有权的权能之中，其也一般性地没有收益的权能。无论是在大

陆法系的德国，还是在英美法系，真正的收益权能是由受益人享有的。当然，在受托人同时又是受益人的情况下，受托人可以作为受益人获得信托财产的收益。可是这种收益权也是与作为受益人的法律地位联系在一起，而非与受托人这一法律地位联系在一起。德国信托法中的信托让与担保权人，以及我国信托法第 43 条第 3 款的规定（不得为唯一受益人），部分说明了受托人可以在特殊的限定条件下同时作为受益人的情形。总体而言，受托人的作为所有权人的法律地位，与所有权绝对的大陆法系之观念，可谓相距甚远，我国有学者将之称为形式上的所有权人，[①] 以与实际的所有权人所区别。

在存在报酬的信托关系中，受托人表现为更为积极正面的角色，他可以向委托人主张信托报酬。我国《信托法》第 57 条强化了这一倾向，规定了受托人可基于报酬请求权留置信托财产，也就是规定受托人的留置权；第 37 条第 1 款第 1 句也通过规定受托人的优先受偿权强化了这一印象。除此之外，受托人承担着基于信托合同及法律直接规定的各种信托义务，这些义务在本质上都可以归于一点，即其承担着信义义务，包括对委托人和受益人的信义义务，如果违反，还要承担违约责任（第 37 条第 2 款）。

总之，受托人同时作为信托财产的所有权人，与运作信托财产的债务人、债权人，这几种不同的角色，是同时产生并融合在一起的，且其作为所有权人的角色色彩是比较弱的。因此，很多时候，这种角色混搭的状况，难免使人产生错觉，不知如何确定其法律地位。

（三）受益人的模糊法律地位

关于受益人的法律地位，如前所述，我国有学者将之等同于特

---

① 彭插三：《信托受托人法律地位比较研究：商业信托的发展及其在大陆法系的应用》，北京大学出版社 2008 年版，第 32 页。

殊物权，但也有学者直接将之定位为债权。① 而从我国《信托法》制度移植的源头，它应当是"衡平法所有权人"，总之，应具有类似于所有权的地位。本书认为，不如将之称为"类所有权人"，这样既保持了其本真的意味，也能够与大陆法系的传统相匹配。为何此处将受益人的地位称为"类所有权人"，而在前文中却不将委托人改为这种称谓，那是因为德国信托法中本就有经济的所有权人之称谓，不宜改动。"经济的"一词不宜望文生畏，应解释为事实上的，或者有事实的经济利益的，等等，与"类所有权人"没有什么本质区别，它是德国判例法为满足现实需要而被创造出来的概念。

　　受益人法律地位，主要体现为从信托财产中获得收益。但是，这种收益的获取，却是通过受托人的给付实现的，而不能直接取得。在这层意义上，它实际上就是债权。当受托人不按照信托合同支付收益时，受益人只能行使请求权及违约诉权，这是受益人法律地位具有债权性的一面。但是同时，受益人的法律地位因为《信托法》的规定，而得到支配权性质的保障，例如，剩余信托财产的分配权（《信托法》第 54 条），我国有学者将之解释为"剩余索取权"，试图用这一中庸的权利，淡化其在权利划分上的尴尬局面。② 这是将经济学的理论用于法学，不见得贴切。处于清算期间的信托剩余财产的归属顺位，与破产债权的清偿还是有较大区别的。我国《信托法》第 54 条所确定的是一个信托剩余财产的"归属"顺位，是"所有权"地位的确定顺位，不是分配顺位，更不是清偿顺位。这一顺位是相互排斥的，有前一顺位的人，后一顺位的人即不能参加信托剩余财产的分配，这与继承顺位的功能相当。按照《信托法》第 54 条的规定：第一顺位人是信托合同规定的信

---

① 于海涌：《论英美信托财产双重所有权在中国的本土化》，载《现代法学》，2010 年第 3 期。

② 赵谦慧：《信托受益权法律性质解除——"剩余索取权"理论的引入》，载《中国政法大学学报》，2015 年第 5 期。

托剩余财产归属人；第二顺位人是受益人或者其继承人；第三顺位人是委托人或者其继承人。

根据《信托法》第46条至第48条的规定，信托受益权可以由受益人进行处分，也可以依法被继承。从上述条文的内容看，受益人对信托受益权的处分包括：（1）放弃信托受益权。在受益人仅一人的情况下，受益人抛弃信托受益权，将导致信托关系的终止；（2）在不能清偿到期债务的情况下，受益人可以用信托受益权来清偿债务；（3）受益人可以以遗嘱处分其受益权。对于这三种情况，应当仔细考查，尤其是对第（2）种情况。《信托法》第47条所规定的放弃与遗嘱之外的受益人对信托受益权的处分方式，只有一种，即只有在不能清偿到期债务的情况下，用信托受益权来进行清偿，不能再对信托受益权为他种处分。从这一背景出发，不能认为受益人在《信托法》第47条之下的处分行为，包含对受益人身份的处分。基于受益人身份所产生的权利很多，包括作为"类所有权"的破产取回权与执行异议权，也包括作为债权的法定与约定的形成权，还包括以债权形式体现出来的"类所有权"的侵权损害赔偿请求权与恢复原状请求权（第49条、第22条）。这些权利是不可能随着用信托受益权来清偿债务的行为而当然发生流转的，[①] 但是，为保障受让信托受益权的债权人的权利，在受益人怠于行使这些相关权利且危害到债权实现的时候，可以允许受让人代位行使上述权利。

总体而言，受益人作为"类所有权人"的所有权，与其作为债权人的受益权的法律地位是纠缠在一起的，在一般人看来，这一法律地位相当模糊不清。

---

① 相反观点参见李晓云：《已出让信托受益权的信托受益人还能否向信托公司索赔——兼论〈信托法〉第22条的信托财产损害赔偿请求权》，载《法律适用》，2015年第12期。

五、结语

综上所述，作为法律制度之舶来品的信托制度，其源头本来就是英美法，又抑或源自更为古老的罗马法，或者借由对德国信托制度的移植而间接受到古罗马法以及古日耳曼法的影响。这一混合的背景，在一定程度上影响了坚持物债二分财产权体系特征的德国民法财产权划分体系的纯正性。

信托是人类应对复杂市场交易的产物，在某种意义上可以说，体系不仅仅只是一个认识论或者知识论上的问题，也是一个实践论上的问题，不能因为体系而害及制度实践价值。德国民法的实践证明，并非不能在体系上做一些妥协。信托关系的存在，表明所有权的概念纯粹性受到侵蚀，但是这并不等于说信托制度破坏了民法的体系性，相反，它可能圆融了民法的体系性特征，使其看起来不会显得那么僵硬。

信托关系的当事人，虽然都拥有着"所有权"，但是无论是何方当事人，其所有权的权利特征都不够典型，尤其是委托人与受益人的"所有权"。在信托之中，所有权似乎被分割给了三方当事人，因为针对同一信托财产，存在三个"所有权"。这岂不突破了所有权"一物一权"的原则？事实上，通过德国信托法上的委托人的经济所有权，本文提出受益权人的类所有权，以及受托人的所有权这一概念的三分体系，我们可以发现，"一物一权"的原则并没有被突破，而被所谓的"三分"所有权的概念软化了，其边缘变得模糊了，如此而已。信托关系中的真正的所有权只有一个，那就是受托人对信托财产的所有权，其他都是拟制意义上的。从大陆法系的法学观念看，并非真正的所有权，它们或许只是像所有权而已；可是这些拟制的所有权分割了所有权的权能，使得三方当事人的"所有权"都变得模糊、淡化起来。

在信托关系中，每一方当事人不仅拥有着较弱的"所有权"，而且同时拥有着债权，或者还同时承担着债务。债权之中又被配置了大量的形成权，形成一张错综复杂的权利义务之网，相互生发、相互制约，甚至于相互助力，从而使得信托关系在整体上呈现出一张复杂的、变幻莫测的面相。符琪先生将其称为"三重二元"结构，^① 但更为本质的东西，是弱化了的所有权。

参考文献

［1］陈颐：《〈信托法〉的现代化：19世纪英国的贡献》，载《民商法论丛》（梁慧星主编）第49卷，法律出版社2011年版。

［2］［德］海因·克茨：《信托：典型的英美法系制度》，邓建中译，载《比较法研究》，2009年第4期。

［3］赵立新：《日本、德国信托法的发展路径及其比较》，载《民商法论丛》（梁慧星主编），第54卷，法律出版社2013年版。

［4］孙静：《德国信托法初探》，载《比较法学》，2004年第1期。

［5］李世刚：《论〈法国民法典〉对罗马法信托概念的引入》，载《中国社会科学》，2009年第4期。

［6］金锦萍：《论法律行为视角下的信托行为》，载《中外法学》，2016年第1期。

［7］常鹏翱：《物权法的基础与进阶》，中国社会科学文献出版社2016年版。

［8］史志磊：《论信托与罗马法的关系》，载《青海师范大学学报》（哲学社会科学版），2015年第3期。

［9］冉昊：《"相对"的所有权：双重所有权的英美法系视角与大陆法系绝对所有权的解构》，载《环球法律评论》，2004年冬季号。

［10］陈雪萍：《信托财产双重所有权之观念与继受》，载《中南民族大学学报》（人文社会科学版），2016年第4期。

［11］周威：《双重所有权是否"古已有之"》，载《法律学习与研究》，1986年第6期。

［12］于海涌：《论英美信托财产双重所有权在中国的本土化》，载《现代法学》，2010年第3期。

［13］彭插三：《信托受托人法律地位比较研究：商业信托的发展及其在

---

① 符琪：《论信托财产权的三重二元结构》，载《上海财经大学学报》，2013年第5期。

大陆法系的应用》，北京大学出版社 2008 年版。

［14］赵谦慧：《信托受益权法律性质解除——"剩余索取权"理论的引入》，载《中国政法大学学报》，2015 年第 5 期。

［15］李晓云：《已出让信托受益权的信托受益人还能否向信托公司索赔——兼论〈信托法〉第 22 条的信托财产损害赔偿请求权》，载《法律适用》，2015 年第 12 期。

［16］符琪：《论信托财产权的三重二元结构》，载《上海财经大学学报》，2013 年第 5 期。

有限责任公司股东优先购买权制度的完善

——以法经济学为分析路径

邓媛媛①

摘要：我国优先购买权制度的设立目的是保持有限责任公司资产的稳定，维护公司运营的秩序，维系公司股东之间的信任，防止不受公司欢迎的第三人成为有限责任公司资产的共有人。2017年施行的《最高人民法院关于适用〈中华人民共和国公司法〉若干问题的规定（四）》对优先购买权制度下的"同等条件""行使期限"等法律规定进行了完善和改进，但在法经济学的视角下仍存在不能充分发挥股权价值、资源难以有效配置、阻碍公司发展等弊端。为了使优先购买权制度能更好地实现其设立目的，同时有限责任公司股权能充分发挥应有的价值，笔者提出将法律推定的优先购买法定权利变更为公司章程或股东间约定所赋予的约定权利，同时施行第三人竞价制度。

关键词：有限责任公司　股权对外转让　优先购买权

优先购买权一般指依法律规定或约定而享有的在出卖人出卖标的物于第三人时，得以同等条件优先于他人而购买的权利。② 按照此概念，在有限责任公司股东转让股权时，优先购买权指按照公司

---

① 邓媛媛：四川大学法学院2017级在读研究生，民商法方向。

② 王泽鉴著：《民法学说与判例研究》（第一册），中国政法大学出版社2005年修订版，第475页。

章程或股东之间的约定或者法律的规定给予特定对象优先于其他对象购买股权的权利。在我国，有限责任公司股东对外转让股份时，才存在优先购买权，且《公司法》①将优先购买的权利赋予公司其他股东。此时，优先购买权的存在是为了维持有限责任公司股东之间的信任关系和合作关系，保护公司人合性及原股东的利益。然而，运用法经济学的方法对我国优先购买权制度进行分析，却可以得出该项制度不利于公司发展、不利于社会财富最大化、不利于资源有效配置的结论。笔者将以法经济学为研究方法，分析我国有限责任公司股东优先购买权制度的不足之处，并通过比较该制度的优劣而提出关于该项制度的完善建议。

一、我国优先购买权制度

我国法律规定：有限责任公司股东对外转让股权时，经过半数股东同意，在同等条件下，其他股东有优先购买权。公司章程对股权转让另有规定的，从其规定。②也就是说，在公司章程有规定的情况下，法定的优先购买权制度不再优先适用。公司章程可以对优先购买权设定限制条件也可以细化规定优先购买权的适用条件。但在章程无规定的情形下，股东对外转让股权都必须受法定优先购买权的限制。笔者将我国法定优先购买权的行使模式称为推定适用模式。

（一）法定优先购买权行使的条件

股东的优先购买权不同于其他基于物权或共有关系而产生的优先权利。其不能独立于股东资格而存在，也不能与股份相分离，不能独立转让或单独放弃。法定的优先购买权不同于公司章程自主约定的情形，股东行使优先购买权要符合以下几个条件：

第一，过半数股东同意拟转让股份的股东对外转让股份。首

---

① 《中华人民共和国公司法》第71条至73条，有限责任公司股东优先购买权制度。
② 《中华人民共和国公司法》第71条。

先，拟转让股东应当书面或者以其他能够确认知悉的方式通知公司其他股东。若半数以上的公司股东不同意转让，则不同意的股东应当购买拟转让的股权，否则视为同意对外转让。此时发生两种结果：拟转让股权被公司内部股东购买或半数以上股东同意。

第二，股东提出"同等条件"下的优先购买权利。优先购买是一种权利，股东有权放弃或行使，行使权利需要股东以可知悉的意思表示做出。根据《最高人民法院关于适用〈中华人民共和国公司法〉若干问题的规定（四）》（以下简称《司法解释（四）》）第十八条，"同等条件"的标准应当考虑转让股权的数量、价格、支付方式及期限等因素。[①] 并且，拟转让股东应当向主张权利的股东以书面或者其他能够确认收悉的合理方式通知其他第三人提出的条件。此处，对于"同等条件"的理解与适用，司法解释并没有给出具体的硬性标准，只是给出了一些参考标准，笔者认为条件是否同等，需要在具体案件中结合公司内部经营情况及股权价值和第三人与拟转让股东的交易约定内容以及提出优先权的股东自身财产状况来确定。

第三，优先购买权在有效期限内行使。此处有效期限的确定首先以公司章程的规定为主，章程规定的日期即为优先购买权有效期。章程无规定的，则由拟转让股东发出通知书确定期限，记载期限小于三十日或无准确记载的，统一有效期限为三十日。

第四，拟转让股东愿意转让股权。虽然通说认为优先购买权属于形成权，可以由主张权利的股东通过其单方行为来改变拟转让股东与公司的法律关系，但由于公司股东身份与股权是一致的，具有不可分割性，拟转让股东可以放弃转让股权。此时，由于拟转让股东不再转让股权，主张优先购买的股东又不能强迫拟转让股东继续转让股权，优先购买权利将消灭。

---

① 《司法解释（四）》第18条：人民法院在判断是否符合公司法第七十一条第三款及本规定所称的"同等条件"时，应当考虑转让股权的数量、价格、支付方式及期限等因素。

（二）优先购买权制度设立的意义

相较于股份有限公司，有限责任公司的设立规模较小，设立要求更低，股东相对稳定。成立有限责任公司的股东往往互相具有很强的信任感，有着一致的经营目标和管理方式，使得有限责任公司在体现"资本合一"的法人特征之外也体现着股东"人情合一"的特点。为了维护有限责任公司此种独特的存在特征，优先购买权制度应运而生。

第一，保持有限责任公司的"人合性"。人合性促进了有限责任公司的形成，人合性也是有限责任公司区别于股份有限公司最显著的特点。这种人合性表现为公司设立主要基于公司股东彼此间的信赖，合作的纽带主要不是在于各自资本的集合，而是在于彼此之间的尊重、信赖和共同创业的内心确认。[①] 也就是说，有限公司的运行与维持，很大一部分在于股东之间的合作和信赖，而不在于哪一位股东所占股份最大、拥有话语权最大。资本的权力在有限责任公司内部要受到股东之间情谊和信赖感的限制。在某股东想要对外转让股权的情况下，其他股东有理由恐惧倾尽自己心血的公司因为原始股东的离去而不再符合设立时的初衷及经营计划。此时，他应当拥有一项维持公司保持原样的权利，使公司的股东依旧是自己信赖的、熟悉的、便于合作的那些原始股东。一个特定的公司总是有自己的一系列特征，如果一个人在某个公司购买了股份，他就有权期望自己作为这个公司的投资者的身份得以延续，无论谁都不能强迫他变成另一个不同的企业的投资者。[②] 优先购买权有利于保证有限责任公司股东的信任和资产的稳定。

第二，防止不受欢迎的人成为公司资产的投资人。有限责任公司的股东不仅仅只是出资人，他们往往又是公司的管理者、事务的

---

① 赵青：《论有限责任公司股东的优先购买权》，载《人民司法》，2008年第21期，第85页。

② 罗伯特·C·克拉克著，胡平、林长远、徐庆恒、陈亮译：《公司法则》，中国工商出版社1999年版，第355页。

决策者、公司经营活动的实施者，股东的变化在很大程度上意味着公司管理人员的变化、经营策略和投资模式的变化。在股东对外转让股权时，公司少数股东可能极度不欢迎欲购买股权的第三人，却又无法阻止过半数股东同意对外转让股权。此时，法律赋予股东优先购买的权利，使得想退出公司的股东既可以转让股份退出公司，又使原始股东阻止了不受欢迎的第三人进入公司、妨碍公司的经营现状。

第三，增强股东对公司的控制力。笔者提到，有限责任公司的股东还是公司的管理者、事务的决策者，作为股东，肯定希望能够增强自身对公司的控制力。股东越少，或者说股东之间的合作关系越牢固，股东对于公司的掌控肯定更加全面和深入。优先购买权的存在，可以使想要增加持股数的股东优先拥有购买股份的权利，使其可以拥有对公司事务决策的更大话语权。对于中小股东而言，如果其不能获得更多股份以达到控制公司某些事项的目的，通常情况下中小股东将不会再次购买公司股权，也会失去管理公司的积极性。股东优先购买权的设立，可以减少股东人数，提高决策、管理效率。

第四，优先保护原始股东的权利。立法者选择优先保护公司内部成员的利益，而不是第三人投资者的利益。首先，立法者认为维持公司内部股东间的信赖关系能够稳定公司运行，使有限责任公司保持更强的活力、竞争力和更加稳定的经营秩序，可以鼓励更多创业者设立有限责任公司，进入市场，创造更多的市场财富。其次，新股东的出现，可能使公司股东之间面临意见相左和矛盾频出的境地，对公司的持续经营带来不确定性风险。这无疑增加了股东之间合作的难度，增加了公司运营的成本和阻碍，也在无形中损害了公司原股东的利益。

（三）股东优先购买权受侵害的救济

立法者给予了有限责任公司股东优先购买股权的权利，也设置了其合法权利受损害时的救济途径。有限责任公司的股东向股东以外的人转让股权，未就其股权转让事项征求其他股东意见，或者以欺诈、恶意串通等手段，损害其他股东优先购买权，其他股东可以诉请人民法院支持其优先购买权。[①] 如果拟转让股份的股东在其他股东提出优先购买权后又不再继续转让股份的，其他股东可以主张拟转让股东赔偿其合理损失。在股东行使优先购买权的情形下，想要购买股权的公司外第三人只能根据其与拟转让股东的交易约定请求拟转让股东赔偿损失，不能要求拟转让股东继续履行转让协议。

二、优先购买权制度存在的不足

优先购买权有其存在的意义及立法目的，但这不代表优先购买权本身就毫无瑕疵，也不代表优先购买权制度的设置能够完美地实现该立法目的。笔者将首先分析优先购买权制度设置的漏洞，再用法经济学的分析方法分析优先购买权制度的不足。

（一）优先购买权制度内部的逻辑矛盾

笔者在上节内容中分析了优先购买权存在的意义，也说明了支持优先购买权制度成立的理由，但这些理由本身就有逻辑漏洞。

第一，优先购买权的行使条件之一是过半数股东同意转让股东对外转让公司股份，也就是说，大部分股东是同意和接受第三人成为公司新股东的。此时，主张优先购买权的股东可以是同意转让的股东，也可以是不同意股份对外转让的股东。如果是同意转让的股东主张优先购买权，无论此处的同意是其真实的意愿还是法律推定的同意，[②] 都与其最先的选择存在矛盾。如果主张优先购买权的股东是最初不同意对外转让的股东，那么这些股东的数量是未过半数的，阻止第三人进入公司就是公司少数股东的意愿。为何此处保护小部分股东的意愿就代表着公司人合性的保护呢？是否法定优先购买权的存在就已经违背了公司股东自主选择、意思自治的基本权利？

---

① 《公司法司法解释（四）》第 21 条。

② 此处推定的同意是指《公司法》71 条规定的：股东半数以上不同意转让的，不同意的股东应当购买该转让的股权；不购买的，视为同意转让的情形。

第二，优先购买权制度的确可以保护有限责任公司股东相互的信任和现存的"股东熟人社会"，但影响公司股东相互信任度的根本因素是股东之间的人际关系状态和各自的价值选择，而不是新股东的加入。在法律推定优先购买权成立的情况下，我们如何能够断定公司的"人合性"就会因新股东的加入而损害？如果加入新股东真的可以摧毁公司"人合性"的话，那么公司的"人合性"本身就脆弱不堪，与有限责任公司成立基础是极高人合性的观点相互矛盾。并且，拟转让股东对外转让股份退出公司，也可以理解为公司人合性已经出现裂缝，不然转让股东可以直接对内转让公司股份以维护股东彼此的人合性，更不用提法律对股东对内转让股份的限制很少且变更程序更加简易。

第三，优先购买权的确可以阻碍不受欢迎的第三人成为公司股东，但这样的选择是否是对公司的发展有利呢？笔者再次强调，优先购买权的行使前提是过半数股东同意对外转让股份，这也就代表着大部分股东都同意第三人成为公司股东。这里的不受欢迎又是如何界定的？有限责任公司作为商主体，股东作为有限责任公司的投资者、管理者，有意思自治的权利，也有在市场经济中自我选择并承担经营风险的义务，此处多数股东的意见已经确认了其不赞成保持公司固有股东结构的决定。但在推定优先购买权成立的情况下，多数股东的这一选择却得不到实现，笔者认为此时很可能会激化持对立观点的股东之间的矛盾。

第四，优先购买权的确可以保护公司股东结构、资本构成的相对稳定，但这却不代表该权利制度保护了有限责任公司的"人合性"。人合性是股东之间的信任和依赖感，而不等于公司不可以有新的股东。人合性的稳定也不代表必须固守原始股东，不再相信公司外的第三人。新的股东加入，也不意味着人合性的丧失。

这些支持优先购买权存在的理由存在有待证实的部分，也有自相矛盾的漏洞。笔者想要说明的是，不能将优先购买权绝对化，不能将优先购买权推定化，不能将其看作是维护公司稳定的必需品，不能强迫地将其用于所有的股份对外转让的情形中。

（二）以法经济学为分析方法的可行性

法经济学，英文名称为 Law and Economics，是法学与经济学科际整合的边缘学科：一方面，它以人类社会的法律现象为研究对象，另一方面，它以经济理论和方法为其指导思想和研究方法、工具。[①]

法经济学的产生基于两个前提条件：第一，法学与经济学在研究主题和价值观上有相当的共通性；第二，在分析方法上，经济学提供了一套分析人类行为完整的架构，而这套架构是传统法学所缺少的。[②] 也就是说，法学和经济学有共通的研究对象和研究特点，经济学还能够以其独特的分析方式为传统法学的理论研究注入新鲜的血液。在当代公司法学研究中，效率是一个指导性的理论范式；因而，以效率为价值取向的法经济学，无可争议地成为公司法学研究中最具解说力的分析工具。[③]

经过几十年的发展，法经济学不断扩展其在法学研究中的适用范围，其运用的经济学研究理论也十分丰富，有价格理论、福利经济学、公共选择理论、博弈论等。将经济学的思维和研究方法作为商法制度研究的工具具有可行性。法经济学可以给股东优先购买权制度的研究提供的新的思路和研究路径。

（三）法经济学视角下优先购买权制度的不足

第一，优先购买权制度增加了股权转让的交易成本。在转让股东与第三人达成交易合意，准备进行股权转让之时，按照法定或约定之规定，转让股东需要向其他股东发出能确认对方知悉的通知书，此时，若股东主张优先购买权，第三人将不能获得有限责任公司股权。也就是说，第三人与转让股东之间为订立合同而进行的磋

---

① 理查德·波斯纳著，蒋兆康译：《法律的经济分析》（Economic Analysis of Law）（第七版），法律出版社 2012 年中文第二版，作者序言第 35 页。

② 钱弘道：《法律经济学的理论基础》，载《法学研究》，2002 年第 4 期，第 14 页。

③ 罗培新：《公司法学研究的法律经济学含义——以公司表决权规则为中心》，载《法学研究》，2006 年第 5 期，第 44 页。

商努力都付之东流。只要有公司股东以同等价格购买，那么无论拟转让股份的股东与第三人进行了多少谈判、协商，也无济于事。正如法经济学家科斯所说："行使一种权利的成本，正是该权利的行使使别人蒙受的损失。"①对于机会成本（opportunity cost）——行使一项权利或得到一件物品而放弃的利益而言，无论是转让股东还是第三人均付出了更多的机会成本，同时也无法把握自己的机会成本，因为不知道主张优先购买权的股东在何时会提出何种要求。对于股权转让、转让股东退出有限责任公司这一结果而言，交易成本显然过高，交易周期变长。

还有一种可能，转让股东可能会与第三人虚构合同，抬高购买价格或购买数量等等条件以顺利进行股权买卖。这无疑增加了交易成本，多付出的交易成本被用来逃避股东优先购买权的实现。同时，《公司法》希冀的优先购买权制度立法目的也没有得到实现，反而引起了无谓的交易损失，浪费了社会资源。

在法经济学研究中，衡量一项法律制度的重要标准就是这项法律制度能否实现以最低的成本达到最大的经济效果的目的，符合这一标准的法律才是高效率的法律，才是使社会资源得到最大配置的法律。根据这一标准，优先购买权制度显然没有达到效率最优。

第二，优先购买权制度增加了股权转让的交易风险。优先购买权的存在会更加滋生"一股二卖"的情形，也会使许多具备生效要件的合同被依法可撤销。在实践中，股东行使优先购买权之时，会利用优先购买权进行故意拖延。比如，股东仅仅主张权利而不提出具体条件，给出具体条件后又时时变更，或者与转让股东达成合意后又不积极履行义务，使第三人和转让股东的交易作废，给第三人和转让股东带来了很大的交易风险。此时，按照通说，转让股东和第三人之间的转让股权协议将被撤销，转让股东要赔偿第三人的合理损失，承担相应的民事责任。在市场经济环境下，任何商事交

---

① 罗纳德·科斯：《社会成本问题》（the problem of Social Cost），载《法律与经济学期刊》第三卷，1960 年。

易的风险都应当是市场竞争下的风险，而不是由法律强迫分配给一方商主体的风险。让市场发挥作用，促进交易的完成，才是最有效率的。当政府要干预商事交易、影响市场作用发挥时，政府的行为应当是审慎的，被确认为更有效率的，否则其行为就是无效率、不促进经济发展的。

如果在公司法的支配下，存在着交易主体不可控的、使交易合作预期不确定的因素，那么交易双方往往会基于对交易安全的忧虑以及自身利益的保护而考虑放弃协议或者重新协商违约责任的内容。如此一来，优先购买权制度不利于商事交易的顺利进行，会影响公司运营的秩序。

第三，优先购买权制度限制了有限责任公司股权的价值最大化。股份的自由转让性既确保了公司股东的投资积极性，刺激了商事社会的繁荣，也确保了股东利益的不受损害性。[1] 根据法经济学的观点，财产的可转让性是财产发挥最大价值的重要保证。任何物品，在对其支付意愿最强的人手中才能实现最有效率的资源配置。通过自由转让的方式，资源可以不断从低效率主体的手中转向高效率主体，高效率主体利用资源可以产生最大的资源效益。此时，物品也就得到了有效率的利用，被投入了最有价值的用途。"股权的自由转让能够最大限度地反映财产的价值，任何财产的价值都是由使用价值和交换价值构成。在使用价值相同的条件下，交换价值越高，财产的价值就越高"。[2] 股权的可转让性是股权价值的重要体现，限制了股权的自由转让，也就限制了股权价值的最大化实现。优先购买权制度本身就是针对有限责任公司股权转让自由度的限制，而商法是为了保护交易效率存在的，在考虑如何使资源产生最大价值的角度，优先购买权制度显然是存在不足的。

第四，优先购买权制度不具备高法律效益，没有对社会资源进行最佳配置。法律效益一般是指法律调整的实际状态与法律的社会

---

① 张民安：《公司法上的利益平衡》，北京大学出版社 2003 年版，第 232 页。
② 施天涛：《公司法论》，法律出版社 2014 年第三版，第 13 页。

目的之间的重合程度。① 法律效益越高的法律，在实际状态调整和立法目的之间的重合度很高。高效益的法律会对权利、义务和责任进行法定的权责明晰、确权分配和公力救济，实现对社会资源的有效利用并力求达到最佳配置，从而满足社会主体的现实需求与价值诉求。② 法律效益是经济学理论研究中成本效益理论在法学领域的具体展现。著名的科斯定理说明，"在一个交易成本为零的世界里，无论如何选择法律、配置资源，只要交易自由，总会产生高效率的结果。而在现实交易成本存在的情况下，能使交易成本影响最小化的法律是最适当的法律。交易成本的影响包括交易成本的实际发生和希望避免交易成本而产生的低效率选择"。③ 交易自由会产生高效率的结果，这一点也与笔者在第一点交易成本中的论述十分符合。能使交易成本最小的法律才是最高效益的法律，才是最佳适用的法律，那么，优先购买权有没有能够完善的地方，使得其焕发新的生命力，同时也符合法律效益标准呢？笔者将在接下来的论述中说明。

三、完善我国优先购买权制度的理由

任何法律制度都有其符合特定时代的立法目的，但没有一个法律制度能做到十分完美，因为我们总是在权衡利益，总是在进行立法选择。立法有价值选择，并根据该选择做出了特定的价值保障，保护特定群体的利益。经过利益权衡，优先购买权制度的目的在于实现社会整体的公正和原始股东的保护，但其存在不仅不能很好地实现该目标，也没有很好地发挥市场的作用。笔者认为目前我国有限责任公司股东的优先购买权制度需要完善。当一个制度的存在意义在当下的经济环境中不能充分实现时，其应当被完善；当一个制

---

① 公丕祥：《法理学》，复旦大学出版社 2002 年版，第 533 页。
② 范愉：《非诉讼纠纷解决机制研究》，中国人民大学出版社 2000 年版，第 405 页。
③ 理查德·波斯纳著，蒋兆康译：《法律的经济分析》（Economic Analysis of Law）（第七版），法律出版社 2012 年中文第二版，第 51～52 页。

度的自身不足能够得到补充完善而又不影响其施行时，其应当被完善。比较优先购买权制度的意义与不足，便可以找出既充分发挥其立法意义又完善其自身不足的方法。

（一）比较约定成立模式和推定适用模式

在法经济学理论中，商事外部性是指商主体的商事交易对他人和社会造成的损益影响。我们不如将优先购买权制度的设置目的看作是内化有限责任公司股权对外转让的外部性。

外部性分为正外部性和负外部性：正外部性是指行为之外的第三人在行为影响下受益且无须付出代价；负外部性是指行为之外的第三人在行为影响下受损且得不到补偿。外部性的内化是指改变激励，以使人们考虑到自己行为的外部效应。一般而言，对外部性的内部化措施分为两类：一是利用公共政策，二是利用私人解决方法。公共政策一般有管制、征税和补贴等，私人解决方式有合同约束、社会道德约束及慈善行为等。

有限责任公司股东对外转让股份，表面上是转让股东与欲购买股份的第三人之间的商事交易，但股权转让这一行为却对该公司内部的原始股东产生了影响。如果现有的股权结构不合理或者现有的股东与公司的长期发展存在分歧甚至现有的股东可能会阻碍公司的扩张，对于有限责任公司而言，吸收优势战略投资方对公司股权结构进行调整、以最低的成本获取更大的经济效益更符合公司及公司原有股东的利益。如此一来，转让行为对原始股东产生了正外部性，不仅激活了公司更大的潜能，也为股东带来了更多的利益。但是，如果对外转让股份这一行为冲击了公司原有的牢固的人合性，阻碍了股东间默契的合作，加大了公司运营的成本，则转让行为对原始股东产生了负外部性。此时，转让行为不仅限缩了股东的利益，也妨碍了公司的发展甚至是正常的经营。笔者看来，设立优先购买权的原因是立法者想要减少或者预防这种负外部性。这的确是一种选择，而且是一种强有力的公共政策选择。但同时，此制度也忽略了保护股权对外转让的正外部性。如果将优先购买权行为看作是转让股东与其他股东之间的行为，则其会对公司外部第三人产生外部性。优先购买权会阻碍第三人与转让股东之间的股权转让交易，会对第三人产生负外部性，虽然第三人可以请求转让股东承担违约责任以弥补自身遭受的负外部性，但仅仅依靠违约赔偿是无法完全消除该负外部性的。第三人会谨慎地进行下次投资，因为其会重新评估买入有限责任公司股权的风险。

《公司法》第七十一条规定，公司章程可以优先约定排除或改变优先购买权。此种情况下，优先购买权可以得到限制，有限责任公司的股东可以根据自身条件和现状，结合当下的经济环境和第三人的身份及资产等，做出最符合公司发展和个人利益的约定。但章程设立在先且不可穷尽所有可能的情况，章程在公司股东之间出现管理矛盾和巨大争执的情况下实现成本高，修改成本也高，可能无法实现，即使实现也可能不再具有时效性和有效性。如果章程做概括性的规定，就无法对每一个交易个体的利益进行最佳的保障。尽管公司章程可以排除法定的优先购买权，但作为一种私人解决方式，公司章程的排除力度却达不到保护转让行为的正外部性的程度，在公共政策的面前，章程约定往往力不从心。

基于私法领域意思自治的理念，公司人合性的有无、是否维护以及怎样维护应由当事人自己决定，而不宜由立法者确立推定适用的优先购买权制度予以维护。[①] 约定优先购买权的成立，是指在当事人无约定的情况下，商事法律也不能推定优先购买权的存在，相反，必须在当事人有约定的情况下才产生优先购买权。如此一来，优先购买权的范围将大大缩减，而且将成为有限责任公司股东一致的选择。股东可以在章程或者公司内部约定，允许股东对外转让股权时其他股东行使优先购买权。通过股东间自由的意思表示，确认了公司"人合性"的重要，以及在股东对外转让股权时优先保护公司其他股东意思表示的期待。而法律所要规定的不再是法定优先购买权的种种条件和方式，而是确认和保护股东之间的这种意思表

---

① 白开荣：《股权转让中的优先购买权研究——以案例分析为路径的考察》，吉林大学硕士学位论文，2011 年。

示，使其对外也具有法律效力。

（二）法律制度的设置要求

法经济学家科斯认为，"只有当政府矫正手段能够以较低的成本和较高的收益促成当事人的经济福利改善时，这种矫正手段才是正当的。在一个零交易成本的世界里，不论权利的法律原始配置如何，只要权利交易自由，就会产生高效率的社会资源配置"。[①] 科斯定理说明，私人经济主体可以解决他们之间的外部性问题。无论最初的权利如何分配，有关各方总可以达成一种协议，在这种协议中，每个人的状况都可以变好，而且，结果是有效率的。[②] 但在现实生活中，因为有交易成本的存在，交易各方都不能解决行为带来的外部性问题。科斯将市场失灵（market failure）视作市场作为资源配置机制的代价，即交易成本。当人们不能用私人方法解决经济外部性问题时，政府就会介入，但即使有了政府的干预，商事交易也不能完全放弃市场的力量、忽视商主体的自由意思表示。科斯表示，"各种法律对行为产生影响的主要因素是交易成本，而法律的目的正应该是明确界定财产权、保障并推进市场自由交换，促成交易成本最低化"。[③] 在交易成本为零不可能存在的情况下，要保障资源的有效配置和交易行为的效率，需依靠法律的规定。而此时，法律的意义就在于降低交易成本、提高资源的配置效率、促进经济的发展。

按照法经济学的观点，法律的存在是为了减少交易成本，明确产权，确保市场的自由程度。波斯纳认为：如果市场交易成本过高而抑制交易，那么，权利应赋予那些最珍视它们的人。在笔者看来，最珍视交易成本的人应该就是交易当事人各方，法律要将更多

[①] 罗纳德·科期：《社会成本问题》（the problem of Social Cost），载《法律与经济学期刊》第三卷，1960 年。

[②] 曼昆著，梁小民、梁砾译：《经济学原理（微观经济学分册）》（Principles of Economics）（第七版），北京大学出版社，第 227 页。

[③] 理查德·波斯纳著，蒋兆康译：《法律的经济分析》（Economic Analysis of Law）（第七版），法律出版社 2012 年中文第二版，第 37～38 页。

的选择权交付于商事主体，而不是法律自己。

综合前述理由，笔者认为我国有限责任公司股东优先购买权制度在设置时应该给予商事主体更多的选择权，由公司自主决定是否适用优先购买权，而不应由法律主张推定适用。如此，才能降低商主体的交易成本，保障股权价值，并充分考虑商主体的意思自治。

四、股东优先购买权制度的完善建议

实践中发生优先购买权纠纷的主要原因在于优先购买权制度本身的漏洞与不足。制度的设置者赋予了优先购买权过多的实施目标和过重的管理职责，却没有对当下市场经济环境做充分的考虑，也没有设计辅助优先购买权制度实施的其他相关制度。笔者认为要完善优先购买权制度，使其既符合法经济学的制度设计要求，又兼顾有限责任公司股东的正义需求。

第一，变更法定优先购买权推定制度为约定优先购买权设立制度。

优先购买权的成立条件、实现条件、有权主体、实施对象、消灭情形等，均由公司自治规定。也就是说，优先购买权的内容须根据公司章程或者是公司内部约定来确定。其中，公司可以做出许多细节上的约定。比如，赞同股份对外转让的股东没有优先购买的权利，股东不能优先购买全部的转让股份，或者公司指定第三人成为股权对外转让的对象等。这样，不仅实现了股权的对外转让，也顾及了公司股东的意愿与公司"人合性"的要求。

公司设立的目的是追求利益，实现交易的效率，达到该目标需要以公司稳定为基础。在股权对外转让中，除非发生了极其不公正的现象和十分不公平的结果，法律应当尊重股东之间的约定，尊重公司自治的结果。从公司管理来说，各股东在公司章程订立或内部规章确立之时都无法确定自己是否会成为公司股权的转让人，这就会迫使每个股东都综合考虑各方利益，做最好的利益平衡，制定相对公平的公司管理制度。

第二，设立股权转让的竞价制度。

如果公司约定了优先购买权，法律需要赋予公司这类内部规定的对抗效力。但必须要注意的是，"同等条件"依旧是必不可少的实现优先购买权的情形，法律对此应当特别强调。虽然优先购买权的设立可以完全由公司自治约定，但实现优先购买权的情形依然需要法律规定，因为这涉及商事交易的安全和公平。为了使股权转让交易尽可能多地创造社会财富，使公司尽可能多地融资和发展，使股权价值得到最大体现，笔者认为应当设立竞价制度。

竞价制度，指公司股东主张优先购买股权之时，公司外第三人与股东一起合理竞争，出价高者、数量多者或者是整体条件更优者、提出计划更符合公司未来发展者胜出，获得股权。竞价制度其实是"同等条件"的另一种体现，但又更加体现了市场的力量，能够激发而不是压抑股权的价值，也能够激发第三人的购买积极性，使有限责任公司股权转让更加灵活、交易过程更加公平公正。实现该制度需要商事法律设立主要的竞价程序和透明的竞价平台。这其实也是为了减少交易成本。按照法经济学的理论，公司不断和新的第三人签订契约，进行竞价交易其实增加了很多交易成本，此时若有一套可以直接参照的规定将会减少很多机会成本和损失。

第三，设立其他辅助实施制度。

其实，优先购买权最主要的存在原因是维护有限责任公司的"人合性"，人合性也是有限责任公司区别于其他公司法人最主要的特征。约定优先购买权的设立也许会对公司人合性产生一定冲突，虽然这些冲突是股东允许的、在其承受范围内的，但我们依然需要其他制度来辅助实现有限责任公司"人合性"的特征。比如职业经理人的存在，可以弥补公司股东管理经验不足、欠缺市场经济竞争能力的问题。公司股东依旧是一个团结的合作伙伴群体，公司运营依旧依靠着股东之间的信赖度，职业经理人的选择也由股东决定。职业经理人可以在不影响公司人合性的基础上，帮助股东更好地管理公司。再比如，工商行政部门应制定与股东优先购买权相适应的股权变更登记程序，保障股权转让的顺利进行；也可以简化股东优先购买股权后的变更登记程序，使公司转让股权更加便捷。

由于公司章程可以约定优先购买权内容，工商行政部门也应当制定一系列章程检验制度，以防止因章程规定不合法、不合理而损害股东或第三人权益的情况频发而无救济渠道。

五、结语

优先购买权是有限责任公司股东拥有的重要权利，在股东对外转让股权之时会发挥巨大的作用以保护公司人合性以及原始股东的利益。但同时，该制度也会损害转让股东和第三人的利益，甚至牺牲公司更大的发展空间。在法经济学的视角下，发挥物的最大价值，减少交易成本，实现资源的最佳配置是设立法律制度的最主要的目的。完善我国优先购买权制度，可以重新平衡公司股东与第三人之间的利益天平，可以更好地实现股权价值最大化，调和公司股东之间的矛盾，从而使公司有更多的发展机会和自治权利，使股权转让行为更加符合市场经济的选择。

参考文献

［1］王泽鉴：《民法学说与判例研究》（第一册），中国政法大学出版社2005年版。

［2］曼昆著，梁小民、梁砾译：《经济学原理（微观经济学分册）》（第七版），北京大学出版社。

［3］施天涛：《公司法论》，法律出版社2014年版。

［4］理查德·波斯纳著、蒋兆康译：《法律的经济分析》（第七版），法律出版社2012年中文第二版。

［5］亚当·斯密：《国民财富的性质和原因研究》（上册），商务印书馆1972年版。

［6］弗兰克·伊斯特布鲁克、丹尼尔·费希尔著，张建伟、罗培新译：《公司法的经济结构》，北京大学出版社2005年版。

［7］罗伯特·C·克拉克著，胡平、林长远、徐庆恒、陈亮译：《公司法则》，中国工商出版社1999年版。

［8］公丕祥：《法理学》，复旦大学出版社2002年版。

［9］张民安：《公司法上的利益平衡》，北京大学出版社2003年版。

［10］范愉：《非诉讼纠纷解决机制研究》，中国人民大学出版社 2000 年版。

［11］罗纳德·科斯：《社会成本问题》，载《法律与经济学期刊》第三卷，1960 年。

［12］胡大武、张莹：《有限责任公司股东优先购买权的理论基础》，载《西南民族大学学报：人文社会科学版》，2007 年第 8 期。

［13］袁锦秀、段方群：《股权优先购买权研究：交易成本视角》，载《时代法学》，2005 年第 3 期。

［14］李珂、王军：《有限责任公司股东优先购买权的法经济学分析》，载《甘肃省经济管理干部学院学报》，2006 年第 4 期。

［15］赵青：《论有限责任公司股东的优先购买权》，载《人民司法》，2008 年第 21 期。

［16］钱弘道：《法律经济学的理论基础》，载《法学研究》，2002 年第 4 期。

［17］罗培新：《公司法学研究的法律经济学含义——以公司表决权规则为中心》，载《法学研究》，2006 年第 5 期。

［18］高永周：《论有限责任公司的人合性》，载《北京科技大学学报（社会科学版）》，2008 年第 4 期。

［19］李劲华：《有限责任公司的人合性及其对公司治理的影响》，载《山东大学学报（哲学社会科学版）》，2007 年第 4 期。

［20］白开荣：《股权转让中的优先购买权研究——以案例分析为路径的考察》，吉林大学硕士学位论文，2011 年。

［21］石鑫：《中国有限责任公司股东优先购买权立法重构——约定与法定之辩》，中国政法大学硕士学位论文，2011 年。

［22］武志红：《论有限责任公司股东优先购买权制度的完善》，中国政法大学硕士学位论文，2009 年。

附录

《民商法争鸣》投稿说明

　　《民商法争鸣》系四川大学法学院主办的民商法学学术著作文集，由杨遂全教授担任主编，创办于 2009 年岁末。

　　本书视所辑稿多少和质量，每年出版 1－2 辑，以学术论文为主，杂谈、案例研究、调查报告等形式皆可。真诚欢迎法学理论及实务工作者惠赐佳作。

　　来稿要求：

　　1. 稿件应属未公开发表且有创意的作品，5000 字到 2 万字皆宜。

　　2. 本书优先采纳关注民生、具有社会责任感和时效性的争鸣论文。

　　3. 本书设有民法泛论、人身权论、劳动法论、债权法论、亲属法论、商法新论等专题。即将出版的本书第 14 辑除了现有的各个栏目以外，将另设专题："民法典编纂重大问题探究"，欢迎针对本专题来稿。

　　4. 稿件应主题明确，层次清楚，叙述准确。引文务必注明出处，注释采每页下脚注，反对伪注。注释体例以《经济科学出版社脚注格式当页脚注要求》为准。

　　5. 来稿匿名两轮审稿，投稿后 30 天未接通知，可另投他处。请勿一稿两投。

　　6. 来稿中请详写姓名、作者简介、文章完稿时间、电子邮箱或手机、通信地址、邮编等信息，以便及时联系。

7. 所有文章均由作者授予自发表之日起十年的专有使用权，任何转载、摘登、翻译或结集出版等事宜，均须事先得到本书编辑部的书面许可。作者文责自负，不代表编者观点。抄袭等侵害他人权利的一切后果完全由作者自己承担。

8. 本书所辑文章已被《中国学术期刊网络出版总库》及 CNKI 系列数据库收录。本书收录的作者文章著作权使用费与稿酬按照本说明第 10 条约稿条件一次性给付。免费提供作者文章引用统计分析资料。如作者不同意文章被收录，请在来稿时向本刊声明，本书将做适当处理。

9. 本书采用网络投稿形式，每稿必复。邮件主题请写明"《民商法争鸣》投稿"。投稿邮箱：minshangzhengming@163.com。

10. 本书系学术著作，因资助经费有限，仅一次性向作者赠送样书 2 册作为稿酬。如另有出版补贴以外的赞助，将酌情另付薄酬。

《民商法争鸣》编委会

2018 年 10 月 19 日